조선 후기 사상사의 미래를 위하여
-개념과 사유 체계의 지속과 대립으로 본 18, 19세기 한국의 사상

조선 후기 사상사의 미래를 위하여

개념과 사유 체계의 지속과
대립으로 본 18, 19세기 한국의 사상

이경구
지음

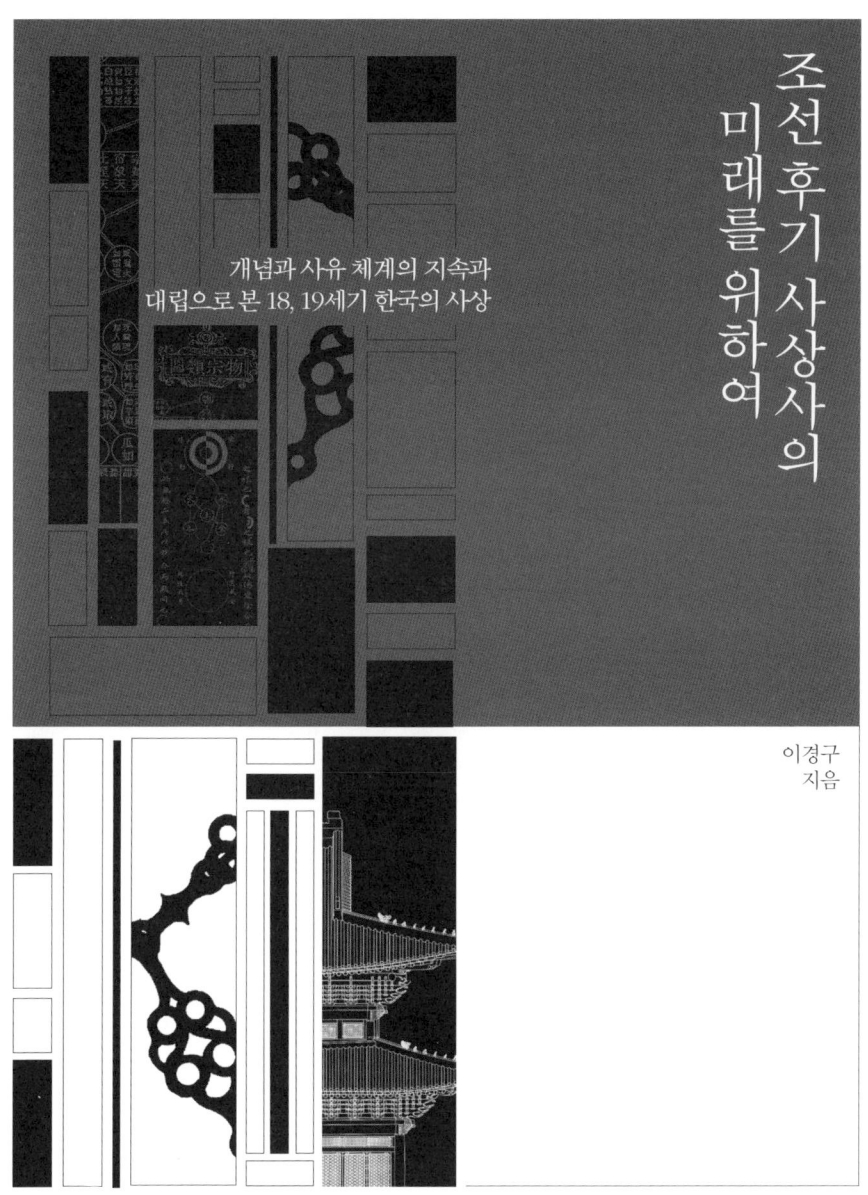

푸른역사

책머리에

누구에게나 익숙한 미국 민요 〈클레멘타인〉의 한국어 가사는 '바닷가의 쓸쓸한 오두막집, 늙은 어부와 철모르는 딸 그리고 영영 떠나버린 딸을 그리워하는 아버지'가 뼈대이다. 어렸을 적 내게는 '철 모르는'과 '영영 떠나버린'이 무의식적으로 연결되어, 철모르는 딸은 답답한 아버지의 세상을 버리고 저 넓은 바다로 떠나버렸거나 아니면 연인을 따라 가버렸는가보다 하고 막연하게 느꼈던 것 같다. 생각해 보면 애잔한 음조와 뭔가 어울리지 않는다는 어색함도 있었던 듯하고.

원래 가사가 딸을 잃어버린 금광 노동자의 슬픔을 노래한 것이라는 걸 알고, 어부의 딸 역시 하늘로 떠나갔구나 하고 알게 된 건 훨씬 커서였다. 최근에는 우연히 라디오에서 중국의 신년 노래를 들었는데, '신니안하오야[新年好呀]'로 시작하는 경쾌한 곡조가 바로 〈클레멘타인〉이었다. 19세기에 미국에서 만들어지고 20세기 초에 한국에서 번안된 〈클레멘타인〉은 내겐 엉뚱한 연상을 불러일으키게 했고, 지금 중국의 인민에게 희망의 신년을 알리는 동요로 탈바꿈하였다.

최근 몇년간 내가 진행한 연구를 소개하기 위해 작은 사례를 하나 끄집어내 보았다. 별 것 아닌듯 싶은 동요 한 자락에도 근대 백년의 문화 교류 중에 생겨난 다양한 변수가 도사리고 있다. 너무 익숙해 '예전부터 항상 그랬었지'라고 느끼는 우리의 일상은 개인, 사회, 나라들이 교류하는 과정에서 복잡하게 반응하며 생성시킨 언어, 기호, 사유, 문화의 자취로 온통 얽혀 있다. 내가 최근에 진행한 연구는, 그 복잡한 자취 중에서 한국과 동아시아 근대 형성에 상당한 영향을 미쳤던 사유와 그 사유의 핵심이라 할 수 있는 개념의 형성과 작용 과정을 밝히는 일이었다. 나에게 분에 넘쳤던 그 작업은 한림과학원의 연구 프로젝트가 시발이었다.

한림과학원은 2005년부터 '한국 인문·사회과학 기본개념의 역사·철학사전 편찬사업'을 시작하였다. 이 사업은 '동아시아 기본개념의 상호소통 사업'으로 확대되어, 2007년에 한국연구재단의 인문한국Humanities Korea 지원사업에 선정되었다.
 처음부터 한림과학원의 프로젝트에 참여했던 나에게, 그 사업은 애초에는 그저 의무로 다가왔다. '동아시아', '개념', '소통', '근대' 등의 키워드는 조선 후기를 주욱 공부해 왔던 내겐 가물가물한 먼 산과 같았다. 그 산을 향한 여정은 나에게 익숙했던 독서, 해석, 글쓰기 방식을 벗어나 새 길을 탐색하는 작업의 연속이었다. 그렇지만 연구를 진행할수록 기존에 공부하면서 어설프게 느끼고 있던 생각들이 새롭게 정리되거나, 새로운 방식으로 윤곽을 드러내기 시작했다. 예를 들자면 이런 것들이다.

첫째, 18세기에 의미 있게 부상했던 어휘, 개념들을 관심 있게 살펴보게 되었다. 18세기 중·후반에 도시화를 반영한 어휘, 개념의 부상은 확실히 이전에는 찾을 수 없는 현상이었다. 그러나 그 개념은 파격적이지 않았으며 가치의 재조정 정도에 불과하였다. 그나마도 19세기 전반前半에 소강 상태가 되었다가 19세기 후반에 여러 변동을 겪는다. 그 과정은 한국 사상사의 기존 논지를 보강하게도 했고 수정하게도 했다.

둘째, 새로운 개념들의 부상을 둘러싼 사람들의 반응을 보는 일이었다. 성리학 주요 개념들의 균열을 봉합하여 더욱 단단한 질서를 구상하는 흐름이 주류라고 한다면, 유학의 개념 내에서 균열을 조정하거나 유학 자체의 틀을 확대하려는 흐름도 있었고, 아예 새로운 구상을 기도한 부류도 있었다.

셋째, 한국의 개념 수용이나 변화의 특징을 제한적이나마 중국, 일본과 비교해 보는 일이었다. 한국의 지식인들은 '교敎' 차원의 가치에 대한 내면화를 어느 사회보다 철저히 훈련하였던 경험이 있었다. 흔히 우리가 말하는 19세기의 문명 충돌을 당시 조선인은 교 차원의 충돌로 인식하였고 중국이나 일본에 비해 극적인 전환을 겪은 듯하였다.

넷째, 유교의 사유 체계와 한자로 표현되는 어휘, 개념에 대한 고찰이다. 19세기 이전에 사람들의 생각을 지배했던 성리학의 사유 방식을 조금 떨어져서 보기도 했고 한자로 표현되는 어휘나 개념들의 속성을 어설프게나마 살필 수도 있었다.

이상은 한림과학원의 아젠다에서 직간접으로 자극받아 내가 고민했던 주제들이다. 그 와중에 박사학위논문 이후 내가 저술한 일련의 연구들, 예컨대 호락논쟁湖洛論爭, 18~19세기의 지식인 동향, 영조·정조·세도정치기 정치가의 정치관 등이 새로운 각도에서 음미되기도 하였다. 이 과정을 거쳐 아래 논문들이 나올 수 있었다. 이 책은 아래 논문들을 수정할 곳은 수정하고 보완할 것은 보완하여 재구성한 것이다.

2008, 〈18세기 時와 俗 관련 용어의 변화와 그 의미〉, 《한국실학연구》 15.
2009, 〈華夷觀과 文明·野蠻觀의 思惟 接點과 批判的 省察〉, 《儒敎思想硏究》 35.
2009, 〈조선 후기 주변 인식의 변화와 소통의 가능성〉, 《개념과소통》 3.
2010, 〈西學의 개념, 사유 체계와 소통·대립 양상〉, 《한국사상사학》 34.
2010, 〈한국에서 중화中華의식과 기독교적 문명의식의 비교사적 고찰〉, 《개념과소통》 6.
2011, The Horak Debate from the Reign of King Sukjong to King Sunjo, *Korea Journal* Vol.51 No.1.
2012, 〈개념사와 내재적 발전: '실학' 개념을 중심으로〉, 《歷史學報》 213.
2012, Korean Conceptual History and Modern Paradigm, 《東亞觀念史集刊》 2.
2012, The Multi-layered Character of Modern Concepts in Korea, *Concepts and Contexts in East Asia* No.1 (양일모 공저).
2012, 〈조선 후기 '朱子主義'의 동향과 利用厚生 개념의 부상〉, 《개념과소통》 10.

이상의 논문 가운데, 중화中華와 기독교 문명의식을 비교한 논문과 개념사와 내재적 발전을 다룬 논문 두 편은 이미 다른 책의 일부로서 독자와 만났다(《개념의 번역과 창조》, 2012, 돌베개; 《정조와 18세기》, 2013, 푸른역사). 다만 그 논문들도 이 책에서는 내용을 일부 수정하였다. 논문을 다시 엮고 깁고 하면서 더 욕심을 내서 몽땅 분해하고픈 욕심도 났다. 그러나 더 큰 그림을 그리기에는 공부가 많이 부족하다고 느꼈다. 이 책은 일차 정리로 삼고 앞으로 구멍들을 메꿀 공부를 차근차근 진행하도록 하겠다.

이제 가물가물했던 먼 산의 발치 정도에는 다다른 느낌이다.

이 책이 나오기까지 도움주신 분들을 소개드린다. 한림과학원의 연구 프로젝트를 입안하고 지휘해 오신 김용구 원장님께 먼저 감사드린다. 그분은 연구책임자 이전에 세월조차 어찌해 볼 수 없는 열정을 지닌 학자로 내 앞에 서 계셨다. 한림대학교의 박근갑·송승철 선생님, 서울대학교의 오수창·양일모 선생님의 도움 또한 잊을 수 없다. 때론 선생으로 때론 선배로서 이끌어 주신 그분들의 배려와 조언은 이 책 곳곳에 배어 있다. 인문한국사업을 함께 한 허수, 이행훈 선생님을 비롯한 한림과학원의 전, 현직 인문한국 교수 모두에게도 진심으로 감사드린다. 그분들과의 공동 연구가 없었더라면 이 책은 빛을 보기 힘들었다.

마지막으로 미흡한 원고를 항상 좋은 책으로 만들어주시는 푸른역사의 박혜숙 사장님과 직원 여러분들에게 진심으로 감사드린다.

2013년 4월 춘천 봉의산 자락에서
이경구

차례 | 조선 후기 사상사의 미래를 위하여

● 책머리에 _ 12

서장 : 한국의 개념사 연구와 근대 패러다임

제1부. 변화의 조짐

1장. 유교 질서를 꿈꾸고 보완하다 : '주자주의'의 구축과 균열 _ 32
2장. 시간과 공간 인식의 변화 : '시時'와 '속俗' 관련 용어들의 부상 _ 54
3장. 외부에서 불어오는 바람 : 연행燕行이 불러온 나와 세계에 대한 인식 _ 82
4장. 가치의 조정, 신념의 변화 : 이용후생利用厚生의 부상과 서학西學의 파장 _ 108

제2부. 개념의 지속과 대립

5장. 중화와 문명을 선취하라 : 중화·문명의 접점과 비판 _ 140

6장. 근대에 재발견된 전통 : 실학實學과 내재적 발전 _ 170

7장. 가치의 내면화와 동일시 : 중화와 기독교 문명의 경험 _ 198

결론 : 소회와 전망 _ 224

- 부록 _ 233
- 주석 _ 244
- 찾아보기 _ 276

서장 : 한국의 개념사 연구와 근대 패러다임

독일의 역사학자 라인하르트 코젤렉R. Koselleck이 주창했던 개념사는, 서유럽을 모델로 삼아 형성되었던 독일의 근대사를 비판적으로 성찰하는 데서 출발하였다. 그의 주요 작업은 유럽의 전통적 세계관과 상징 체계를 바꾼 개념들의 유동적 의미를 탐구하거나 해석하는 것이었다.[1]

개념사의 문제의식과 이론은 유럽 특히 독일에서 기원했으므로 그 방법론을 비서구 지역에 적용하는 것에 대한 우려가 제기될 수도 있다.[2] 그러나 개념사는 중심인 이른바 선진 서구에서 기원한 개념들에 대한 주변, 즉 유럽의 변방·아시아·남아메리카 등지에서의 개념의 선택과 재창조 과정을 규명하고, 주변에서 이룩한 주체적 근대화 과정을 다양한 층위에서 조명하는 측면이 있다. 21세기 들어 개념사 연구는 일국사를 벗어나 다중심적 비교사로 확대되고 있다. 그 현상은 사회역사적 맥락 속에서 개념의 구체적 발화를 중시하였던 개념사의 본래 의도가 자연스럽게 진화한 것이라고 긍정할 수 있다.

출발부터 근대성 규명과 씨름해 온 개념사는 동아시아, 특히 한국의 경우에서도 나름의 진화를 계속하고 있다. 한국에서는 1980년대 이후부터 근대 형성기의 주요 개념들에 대한 연구가 정치사, 문학사, 철학사를 중심으로 활발하게 일어났다. 2000년 이후는 새 경향도 나타났다. 첫째, 유럽 특히 독일의 개념사적 방법론이 본격적으로 번역, 소개되어 많은 시사를 하고 있다. 둘째, 개인들의 연구를 넘어, 대학 연구소와 출판사를 중심으로 각종 총서 등의 장기 프로젝트가 나타나기 시작했다. 이 연구들은 한국, 나아가서는 동아시아 근대의 정체성을 규명하는 것에 일조할 것으로 기대된다.

하지만 넘어야 할 산이 아직도 많다. 한국의 개념사 연구자들이 주목했던 개념들은 서양에서 기원하고, 근대 형성기에 번역되어 익숙해진 개념들이 다수이다. 그 개념만을 위주로 설명할 경우 개념의 번역과 동시에 한국의 근대가 형성된다는 착시錯視 현상을 빚을 수도 있다. 그 착시는 한국의 '전근대와 근대'[3] 사이의 단절을 부각하는 역사 인식에 일조할 수도 있다.

단절이라는 함정에 빠지지 않으려면 무수히 명멸하고 진화했던 전근대·근대 개념들의 다양한 경로를 파악하고 배치하는 패러다임과 씨름하지 않을 수 없다. 전근대와 근대를 아울러서 주목해야 할 개념들이 무엇인지, 개념들의 역사를 어떤 기획 속에서 배치해야 하는지를 통해 우리는 한국과 동아시아의 근대에 대한 성찰을 얻어내야 한다. 그렇다면 무엇을 문제제기할 수 있고 어떤 가능성을 찾을 수 있는가.

한국 개념사 연구의 패러다임

아래는 한국을 포함한 동아시아에서 유럽의 문명과 개념을 수용하는 양상과, 한국에서 이루어진 개념사 연구의 패러다임을 잘 보여주고 있다. 정리해서 인용하였다.

① 동아시아 국가들은 유럽과 수세적으로 접촉하였다. 짧게는 반 세기 길게는 한 세기 반 만에 상당한 수준에서 수용하였다. 빠른 수용 덕분에 서양식 근대국가체제를 성공적으로 구축하였다.
② 빠르고 효과적인 근대 건설은 유럽 외에서는 처음이다. 유럽보다 더 긴 국가 역사의 경험이 유럽 근대 질서의 성공적 수용을 가능케 했다. 동아시아의 전통문화는 근대화 과정에서 여전히 강력한 준거틀로서 작용하며 영향력을 행사했다. 따라서 일방 수용이 아니라 전통 사유, 가치 체계와 외래 체계 사이의 충돌이었다.[4]

단락 ①은 연구자들의 기본 시각과 한국 개념사의 얼개를 잘 나타낸다. 대상 시기는 서양과의 접촉이 전면화한 19세기 중후반 이후이다. 이 시기 동아시아는 서양을 목표로 바라보고 열심히 그들을 모방하였다. 오로지 두 배우만 등장하는 이 무대에서는 두 개의 주체, 능동과 수동이라는 이분법이 뚜렷하다.

단락 ②는 동아시아 성공의 원인이다. 동아시아의 역사적 경험, 문화, 가치 등이 능동적으로 작용했고, 따라서 한 발 떨어져서 보면 일방 수용이 아니라 충돌이었다. 이 단락을 통해 동양은 수동적 이미지에서 벗어나는 듯하다. 하지만, 이미 테두리(①)가 정해져 있으므로 그 자율성은 제한적이다. 동아시아는 서양에 대비되어 설명되는 틀을 벗어나지는 못한다.

구조의 중심에는 '앞선 서양과 뒤따르는 동아시아'라는 이분법이 놓여 있다. 한국을 포함한 동아시아의 거의 모든 연구자가 이를 경계하지만, 개념사의 개별 연구 사례를 대체적으로 보면, 서양 근대 개념의 유입과 개념 체계의 재구성을 전제한 연구가 흔하다. 이 같은 연구들은 서양 개념의 도입과 정착 과정에 초점을 맞추기가 쉽다. 뒤집어 보면 그것은 근대 이후 이미 동양에서 익숙하게 느끼는 서양 개념들의 어원 추적과 '원래의 정의 찾기'가 될 수도 있다.

서양에서 기원한 개념들의 '원래 정의'를 추적하는 일이 무용하다고 주장하고 싶지는 않다. 그것을 통해 번역 과정에서 거치게 마련인 일정 정도의 굴절을 밝히거나, 정치적 왜곡이나 의도적 과장을 경계할 수 있다. 그러나 이 같은 계몽 작업은 어디까지나 부분적인 긍정성만을 갖는다. 원뜻 찾기의 부정적 효과는 원래부터 변할 수 없는 정의가 존재했던 것처럼 개념을 고정시키거나, 심하면 절대화·신비화하는 시각을 빚어내는 데 있다. 이것은 개념사의 의도와는 완전히 동떨어진 곳으로 우리를 인도할 수 있다. 많은 개념사가들이 '원래 정의'란 없고 오로지 역사적 개념, 혹은 개념을 둘러싼 논쟁만이 존재했다라는 지적을 지속적으로 제기해 왔기 때문이다.

전통—근대 패러다임과 내부 시선

개념사가 정의된 개념 찾기가 아님에도 불구하고 '원래 정의'를 찾는 일이 자연스러웠던 것은 어째서인가. 나는 한국, 동아시아의 전통이 서양의 충격에 의하여 단절되고 근대가 시작한다는, 이른바 '전통—근대 패러다임'이 암묵적으로 작용하였기 때문이라고 본다.

 그 패러다임이 한국의 전통과 근대를 어떻게 단절시키는지에 대한 일례로, 18세기에 정치사회적으로 새롭게 등장했던 '시체時體'라는 용어가 20세기에 '유행流行'으로 대체되는 과정을 들어보겠다.[5]

 시체는 지금도 국어 사전에 '한 시대의 풍습이나 유행'으로 실려 있긴 하지만, 일상에서는 '시쳇말' 정도를 제외하면 거의 사라졌다. 조선 시대에는 당대의 풍속·문화·문제 등으로 지금보다 의미가 조금 넓었는데, 쓰인 사례는 그다지 많지 않았다.

 시체가 정치·사회적 문제를 지칭하는 용어로 부상한 것은 18세기 영조의 통치 기간(1724~1776)이었다.[6] 당시에는 '분수를 따르지 않고 누군가 유행을 선도하면 바로 퍼진다'는 의미로 쓰였다.[7] 특히 영조는 집요할 정도로 시체라는 말을 자주 사용하였다. 영조는 사치의 유행, 사회 기강의 해이, 신기한 문체에 대한 숭상, 명예만을 추구하는 사대부, 심지어 명예를 추구하는 정파 등을 시체 혹은 시체에 물든 무리로 규정하였다. 당시 영조를 비롯한 몇몇 지식인들의 용례를 보면 시체는 대개 18세기에 나타난 서울 중심의 도시화, 사치와 유흥, 세련된 문화 풍조 등을 지칭함을 알 수 있다.

시체가 다시 주목된 것은 20세기 초 생활 방면에서 서양식의 급격한 변화를 경험하면서였다. 1930년대 시체를 정의한 글을 정리해서 소개한다.

> 어느 시대, 어느 사회에나 시체는 있다. 시체는 사상의 시체[시대사조], 외모의 시체[유행]를 포함한다. 시체 속에 변천이란 관념이 있긴 하나 금일처럼 중요한 지위를 점한 것은 인류사상 보지 못했다. 1차 대전 후에 조선의 재산 있고 학식 있는 계급의 청년남녀가 결연한 스피드로 '모더니즘'의 시체 중에 돌진하였다. '모더니즘'이란 시체는, 구미에서 조국에 대한 애국심이 소멸하고 개인적 관능과 향락과 그것을 가능케 하는 돈만을 유일한 실제로 아는 데서 발생하고 성숙한 것이다. 조선은 일본을 통하여 모더니즘의 결과를 받았다.[8]

여기서 시체는 당대의 사조·양식을 포괄하는 일반적인 용어로도, 도시의 유산자와 젊은이를 중심한 가속적인 변화를 지칭하는 용어로도 쓰였다. 후자의 실체는 1차 세계대전 이후 주로 일본을 통해 전래된 개인주의적 모더니즘이었다. 시체와 모던 혹은 모더니즘이 동일하게 쓰인 것이다. 그러므로 신조어인 '모던보이'는 '근대아, 시체아, 시체사내'로, '모던걸'은 '근대처녀, 시체처녀, 시체계집애'로도 쓰였다.[9]

그러나 혼용의 시기는 전환의 시기이기도 하였다. 이 시기에 '모던'은 점차 시체를 밀어내고 1920~1930년대라는 특정한 시기를 지칭하는 고유명사가 되고 있었다. 그리고 모던의 고유명사화는 '유행'이라는 말의 일반화를 낳는다.[10] 유행이 일반적으로 쓰이자 시체는 더 이상 용어로 기능하지 않으며 시체병時體病(돌림병·유행병), 시쳇말 등에 부분적 흔적을 남기고는 거의 일상에서 사라졌다.

이제 현대인은 '유행'에 익숙하고 '시체'는 매우 낯설게 느끼게 되었다. 시체에 낯선 현대인은, 유행이란 용어를 보면서 '유행은 전근대에 천명天命의 유행이라는 성리학적 의미와 새로운 사회 풍조의 확산이라는 의미를 가지고 있었으나 근대 이후 서양의 'fashion, modern'의 번역어로 기능하고 일반화되었다'라고 자연스럽게 연상한다. 문제는 여기서 발생한다. 이 연상에서 서양의 fashion, modern과 흡사한 내용을 이미 획득했었던 시체에 대한 기억, 좀 더 구체적으로 말해, 18세기의 도시화와 그에 따라 부상한 시체라는 용어에 대한 기억이 사라진다는 것이다. 그 망각이 심해지면 한국은 '도시화에 따른 새로운 생활 풍조를 역사적으로 경험하지 못한 사회'라는 식으로도 발전할 수 있다. 그것은 전근대에 서양 근대와 부분적으로 혹은 유사한 발전 궤적을 겪었던 동아시아의 역사 경험을 사라지게 만든다. 그리고 동아시아 전근대에 자라난 근대성을 망각한다면, 현대의 우리들은 '서양 근대와 동아시아 전근대'라는 도식에서 헤어날 방법이 없다.

문제를 긍정적으로 돌려 보자. 위에서 제시한 18세기 시체의 부상과 1930년대 시체와 모던의 혼용 사례를 보면 우리는 '도시화·

새로움·변화'라는 유사한 측면들을 발견할 수 있다. 다시 말해 18세기의 시체에 대한 경험을 20세기의 유행의 원형으로 제기할 수 있다.

다시 말해 용어가 다르지만 내용이 비슷했던 역사 경험들은 이를 적절히 해석해 줄 개념사의 응답을 기다리고 있다. 서양과의 전면 접촉 이전에 이미 형성되고 있었던 개념 또는 사회 현상을 개념사가 적절히 배치하고 위치지울 수 있다면, 개념사는 전통-근대 패러다임을 비판적으로 인식케 하는 무기가 될 수 있다.

개념사 학자는 아니지만 미국 학계의 중국사관을 근본적으로 반성한 폴 코헨P. Cohen은 '중국 자신의 시각에 입각한 역사China-centered Histroy'를 제안한 바가 있다. 그의 제안을 일반화한다면 '내부 시선'이라고 부를 수 있다. 코헨의 정의에 따르자면 그것은 한 사회 자체의 언어와 사물을 보는 시각, 경험에 의지하여 그들 자신의 문맥에서 역사를 파악하는 것이다.[11] 그런데 흥미롭게도 이 제안은 '과거의 현재'(과거 행위자들이 당연한 현실이라고 생각했던 것)와 '현재의 과거'(우리가 재구성한 과거의 현실) 사이의 긴장을 포착하자는, 코젤렉이 강조한 개념사의 방법론과 상통하는 지점이 있다. 또한 서양의 근대 기준을 강화하는 전통-근대 패러다임을 비판해 왔던 동아시아 역사학의 내재적 시각과도 상통하는 점이 있다.

세 방법 모두 자신의 관점, 경험, 문맥에서 역사를 파악하기를 요구한다. 우리는 시간을 거슬러 올라가 경험하는 당사자의 맥락으로 들어가야 한다.

한국 전근대의 근대성

한국의 개념사는 한국의 전근대와 근대를 바라보는 패러다임과 필연적으로 만나게 되고 그에 대한 태도를 결정하지 않을 수 없다. 특정한 패러다임을 강화시킬지, 몰락시킬지는 전적으로 개념사의 진행에 달려있다. 만약 서양식 근대와의 유사성을 찾거나, 개념의 수용에만 착목할 경우, 앞서 설명했듯이, 전통—근대 패러다임을 강화할 뿐이다.

독일과 여타 나라의 개념사가 중심의 가상성을 폭로하고 주변의 정체성 갖추기에 일조하였던 성과를 한국의 개념사 역시 중시해야 한다. 우리에게 중심은 신화화된 '서양 근대'이다. 그러므로 개념사를 통해 서양 근대를 일정정도 상대화시킨다면 그것은 우리의 정체성을 재고하는 계기가 될 것이다. 나는 상대화의 핵심 작업 가운데 하나가 우리가 전근대에 이루어 낸 변화를 개념사를 토대로 기존과는 다른 방식으로 해석하는 데 있다고 본다.

전근대에 전통적 사유 틀에서 벗어나는 모습을 개념사는 어떻게 포착하고 배치해 낼 수 있을까. 정약용丁若鏞의 짧은 논설 〈탕론湯論〉을 통해 그 가능성을 살펴보자.

정약용이 〈탕론〉을 쓴 시기는 대략 1811년 이전으로 추정된다. 그 내용이 당대의 어느 글보다 급진적이므로 현재까지 논란의 대상이다. 논란은 크게 두 갈래이다.

첫째, 정약용 사고의 정체성이다. 비교적 초기에 속하는 이 논설은 정약용의 후기 저술이자 대표작인 《목민심서》, 《흠흠신서》, 《경세유표》와 비교할 때 지향하는 바가 다르다. 전자가 권력의 탄생·교체·정당성에서 파격적으로 민民의 위상을 강화하는 데 비해, 후기 저술들은 강력한 군주권과 유교 본연의 위민 정치를 강조하는 다소 보수적인 면모로 회귀하기 때문이다. 그 점에서 〈탕론〉은 매우 돌출적이다.

둘째, 서학西學과의 관계이다. 정약용은 젊은 시절 광범위한 서학 서적을 읽고 한때 천주교를 신봉하였다. 유교 경전에 대한 그의 독창적 해석에 서학은 일정한 영향을 미쳤다. 하지만 그가 접한 서학서는 마테오 리치Matteo Ricci를 비롯한 예수회 선교사들의 저작들이었으므로, 그는 18세기 이후에 쓰여진 서양 계몽 사상의 저작들은 접하지 못했다. 〈탕론〉은 서양 근대 사조와의 접촉 이전에 쓰여졌음에도 불구하고, 서양 계몽 사상과의 유사성이 보인다. 동양식 민주주의의 자생성과 가능성을 보여주는 대표적 사례이다.

이상의 논란에 대한 해결은 〈탕론〉을 한 쪽으로 정의하기보다, 그 복잡성을 사상의 문맥 속에서 배치하는 작업을 통해 가능할 것이다. 〈탕론〉은 제목에서 알 수 있듯이, 고대 중국의 이상적 군주 가운데 하나인 탕 임금의 행위에 대한 해설이다. 탕 임금의 쿠데타에 대해서는 일찍이 맹자가 '탕이 걸왕桀王을 내쫓은 것은 천명天命을 받아 수행한 것이므로, 탕은 천자에게 반역한 것이 아니라 일개 필부를 내쫓은 것이다'[12]라는 유명한 해석을 내렸다.

정약용의 취지와 결론은 맹자와 같으나, 과정과 강조점이 사뭇 다르다. 주요 내용을 요약해서 보자.

천자는 어찌하여 존재하는가? 천자는 무리[衆]가 추대하여 되었다. 지휘자의 지휘가 맞지 않으면 무리가 그를 끌어내려 전의 자리로 복귀시키고 유능한 지휘자를 다시 뽑아 존대한다. 끌어내리는 자도 무리이고 높이는 자도 무리이다. 옛날에는 '아래에서 위로[下而上]'가 순리順理였다. 그러나 지금은 '위에서 아래로[上而下]'인 시대이므로 '아래에서 위로'는 역리逆理가 되었다.[13]

맹자의 논리는 민심民心→천명天命→역성혁명易姓革命으로 이어지는 고리를 통해 군주의 전제권을 제약하고, 위민爲民(for the people)과 민본民本(of the people)의 가능성을 열어 놓았다.

정약용은 더 나아갔다. 그는 권력의 발생과 교체 과정을 한층 정교하게 설명하였다. 권력의 발생과 교체는 애초 인민[衆]에서 기원하고 인민이 주도한다. 민심을 대변하여 혁명의 정당성을 부여하는 천명이란 초월적 실체는 생략되었다. 여기서 맹자와는 차원이 다른 민권民權(by the people)의 발아가 생겨난다. 통치 역시 일방적이지 않고 쌍무적, 계약적이다.

게다가 통치 방식은 '아래에서 위로'이거나 '위에서 아래로' 형식이 있듯이 절대적이지 않고 역사적이며 상대적이다. 지금 왕조체제에서 '아래에서 위로'를 외쳤다간 역적으로 몰리지만, 정약용은 은근히 '아래에서 위로'가 이상적 질서임을 말하고 있다. 정약용의 역성혁명은 권력을 다시 인민에게 돌리고, 왕조 질서 자체를 바꾸자는 것으로 들리기도 한다. 민권, 정부와 시민과의 계약, 인민 혁명의 긍정은 서양 계몽 사상과 유사하다. 따라서 〈탕론〉은 한국의 자생적 민권론과 근대 사상을 대표하는 저술로서 종종 해석되었다.

그러나 한편에선 반론도 만만치 않다. 〈탕론〉의 내용은 위민과 민본에 여전히 머물러 있으며 다만 권력 관계에서 천명의 주도성을 축소시켰을 따름이다. 교체에서 드러나는 인민의 역할 역시 유교적 통치의 범주를 넘어서지 않고, 통치자의 일방적 지배를 거부하지도 않는다. 혈연으로 계승되는 왕조를 부정하는 듯한 결론은 고대 선양禪讓의 전통을 강조한 데 불과하다.

반론들의 핵심은 〈탕론〉에 사용된 사례·용어·어법이 전체적으로 유교적 문맥에 근거한다는 점으로 집약될 듯하다. 현재를 날카롭게 비판하고 있지만 비판은 일회적이다. 결국 유교의 고전 정신으로 회귀하므로, '유교식 사유 구조' 자체에 대한 의문이나 혹은 그것을 뒤엎는 새로운 체계로 나아가지 못했다. 무엇보다 '무리[衆]'를 '인민'으로, '추대[推]'를 '선거'로 해석할 연관 고리가 없다. 굳이 맥락을 따지자면 정약용의 이후 저작들에서 나타나야 하는데, 그 저작에서는 고대 유교에 기반한 개혁론이 전개되었으므로, 〈탕론〉의 선진성은 더욱 제한된다.

결국 〈탕론〉은 새로운 사상의 선구로서도 독해가 가능하고, 급진적인 유교 정신의 강조로도 독해가 가능하다. 내용에서는 유교의 전통적 사유를 넘어서는 지향이 제시되었지만, 그 지향을 표현하는 개념과 서술 방식은 유교를 벗어나지 못하였다.

조금 넓혀 본다면, 중세를 균열시키는 새로운 사유는 18세기 중후반 이래 다양한 영역에서 찾아 낼 수 있지만, 그 사유는 아직 전통 사유의 패러다임이나 경전의 어법을 벗어나지 못하고 있었다고 볼 수 있다. 사유나 개념 등은 새로운 내용과 전통적 형태에 다리를 걸치고 있으므로 다양한 해석이 가능한 것이다.

우리가 '동아시아식 근대'라고 해석할 여지가 있는 새로운 사유는, 서양의 근대와 접촉할 때 서양 사상의 핵심 개념을 한자漢字로 번역할 경우 더 복잡해진다. 다양한 상상을 불러일으키기 때문이다. 예컨대 중국에서 'democracy'를 '민주民主'로 번역했는데 이는 '민의 주인', '민이 주인이 되다', '민선의 최고통치자'라는 세 가지 해석이 가능했다. 그중 '민선의 통치자'는, 조어법은 전통적이고 의미는 현대적인 특이한 경우이다.[14] 이 사례 또한 전통적 형식과 새로운 내용이 결합한 경우이다.

〈탕론〉, '민선의 통치자'와 같은 사례들은, 근대에 접맥하는 내용을 가졌지만, 개념화라는 형식을 거치지 않았던 동아시아의 경험을 개념사가 포섭해야 한다는 숙제를 던진다. 나는 동아시아에서 서양 근대를 의식하지 않고 행해졌던 변화들을 '개념화 이전의 변화'라고 설정하고 싶다. 기존의 근대에 대한 논의들이 '개념화 이전의 변화'를 진지하게 포섭한다면 우리는 '동아시아의 장기 근대'라는 새로운 패러다임을 형성할 수도 있겠다.

장기지속 개념

이제까지는 주로 개념사와 근대 패러다임의 관계에 대해 서술하였다. 하지만 현대 한국인의 의식 근저에는 고대부터 면면히 공통

인식을 선사해 온 개념들이 또한 존재한다. 예컨대 '하늘' 또는 '하느님'이다. 고유어이면서 한자 번역어와 끊임없이 융합해 온 이 개념은, 그 장기지속성 때문에 언뜻 근대와 상관없는 듯하지만, 사실 근대의 격동기에 한국인의 자기정체성의 근원과도 같은 역할을 하였으므로 일고할 필요가 있다.

'하늘, 하늘님'은 고유어이다. 고려 때 기록에 '하늘'이 漢捺로 음차되고 있으므로 그 이전부터 장구하게 쓰였음을 짐작할 수 있다.[15] 하늘, 하느님[환인]에 대한 심성과 신앙은 한국에서 고대 이래로 존속하였다. 부족국가 시대부터 형성된 천강天降·귀천歸天 신화, 신도神都·신국神國의 건설, 제사장[단군·천군·일관]의 존재와 제천행사 등을 보면 부족과 국가의 기원을 하늘에 둔 사고가 가장 원초적인 신앙·사상으로서 기능했음을 알 수 있다.

삼국 시대부터 국가·민간 차원을 막론하고, 하느님과 그를 대변하는 종교·사회적 기제는 외부에서 도입된 고등 종교·사상 및 그 최고 가치를 표현하는 용어[상제·천리·천주]와 만나 굴복·융합하며 면면히 이어졌다.

고대에 주로 불교의 천신天神과 융합하였던 하느님은 중세 이후에는 유교, 서학西學, 동학東學, 기독교와 길항하였다.

유교 특히 성리학에서의 천리天理는 존재의 궁극 원리인 태극太極, 사물에 내재한 조리條理, 현실윤리인 의리義理로 해석되었다. 15세기 이래 일반화된 성리학은 하늘에 대한 기존의 일반적 관념 가운데 인격성과 주술성을 약화시키고, 하늘을 대신하는 도덕적 정통성[天命] 및 일상에서의 윤리와 도덕을 강화하였다. 17세기 중반 명이 망하고 조선이 유일한 유교국가로서 유교를 수호해야 한다는 책임감이 더해지자, 천리의 현실 윤리인 의리가 더욱 강조되었다.

16세기 후반, 예수회 선교사들이 동아시아에 전한 천주天主는 새로운 하늘 개념이었다. 마테오 리치를 비롯한 선교사들은 'Deus'[God의 라틴어]를 '천주天主'로 번역하고 이는 고대 유교에 등장했던 인격신 상제上帝라고 하였다. 이른바 '보유補儒적 선교'로 알려진 이 방식은 조선에서는 예상치 못한 파급력을 보였다. 성리학에서 중시하는 천리天理의 공허함에 반발하여 고대 유교로 기울었던 남인南人의 일부 학자가 자발적으로 천주교에 입교하였기 때문이다. 물론 조선 정부와 대다수의 사대부들은 천주의 인격성을 반대하였고 천주에 대한 공경이 무부무군無父無君의 사회로 이끌 것이라며 강경하게 비판하였다. 천주 개념과 유교 윤리의 조화를 꾀했던 초기 천주교도들의 논리와, 천주교를 이단으로 간주하고 지속적으로 탄압하였던 조선 정부의 논리는 하늘을 둘러싸고 벌어지는 갈등을 잘 보여준다.

19세기에는 기존 개념들의 영향을 받아 하늘에 대한 새로운 개념을 주장하는 사건이 일어났다. 동학의 창시자인 최제우崔濟愚는 30대 초반까지 유교적 교양을 쌓았고 성리학의 천天 개념을 가지고 있었다. 하지만 37세에 겪은 신비 체험에서 그는 초월적이고 인격적인 하느님을 경험하였다. 이후 그는 천주를 인간의 내면에 깃든 마음이자 보편 지기至氣라는 시천주侍天主 사상으로 발전시켰다. 최제우에게 영향을 미친 하늘 개념의 요소는 유교, 천주교, 무속적 전래 종교에서 기원하였다. 그는 이 요소들을 융합하여, 영적·보편 속성을 지닌 기운[至氣]이자 개개 인간에게 내재한 신령[천주·ᄒᆞᄂᆞᆯ님]이라는 독자적 개념으로 구축하였다. 천도교 안에서 하느님을 뜻하는 말이 초기에 '상제, ᄒᆞᄂᆞᆯ님, 천주'가 혼용되다가, 20세기 이돈화李敦化에 의해 '한울님'으로 명명되고[16] 지금도 지속하는 현상도 그 과정이 반영되었다고 볼 수 있다.

천도교를 통해 하늘에 대한 내재적 개념이 통합되는 반면, 외부적으로는 새로운 하늘 개념과 문명의 기준이 밀려왔다. 19세기 중반 이후 동아시아는 기성의 문명 표준[중화·유교]과 새로운 문명 표준[서구 문명·기독교]의 본격적 충돌을 경험하였다. 조선 역시 기준의 고수(위정척사), 융합(동도서기), 변개(문명개화)를 두고 고심하였다. 그 고민은 서구 문명에서 동양의 '교敎' 수준에 상응하는 가치를 지닌 기독교[개신교]에 대한 선택을 동반하는 일이었다. 19세기 후반까지 서학과 동학, 그리고 그들의 하느님을 대대적으로 탄압한 경력이 있는 조선은 불과 수 년 혹은 수십 년이 지난 20세기 초 동아시아에서 가장 가능성을 지닌 기독교 선교의 모범국이 되었다. 예컨대 헐버트H.B. Hulbert(1863~1949)는 한국의 잠재력과 인종적 우수성은 중국과 다르고, 일본은 서양 문명의 옷만 바꿔 입은 모방·세속적 문명임에 비해, 한국은 복음을 받아들여 신념화한 나라로 평가하였다.[17]

재래 용어의 잔영이 남아 있는 '하느님, 천주'와의 혼용을 피하고자 20세기 초에 채택된 개신교의 '하나님'[18]은 새 문명의 기초이자, 한국인이 일본·중국을 경유하지 않고 문명개화한 서양 기독교 국가와 직접 대면하는 통로였다. 그 경로를 전형적으로 보여주는 인물이 이승만李承晩이다. 소년기 엄격한 유교주의자였던 그는 배재학당에서 동도서기東道西器로 전환하고, 다시 감옥 안에서의 회심을 통해 기독교를 받아들였다. 그 드라마틱한 과정은 한국인이 찾았던 하느님 개념의 계통 발생을 압축적으로 보여준다. 이승만이 보기에, 한국인이 겪는 식민지의 수난은 하나님이 장차 한국인들에게 세상에 빛난 일을 행하게 하려는 것이었고, 복음의 성공은 하나님이 특별히 한국인을 택하여 아시아에 기독교 문명의 기초를 잡게 하려는 것이었다.[19] 나아가 인류사회가 모두 기독교를 믿는다면 모두 문명국이 되어 천국과 같은 상태가 될 수 있었다.[20] 이승만에게 하나님은 한국 문명의 가능성, 독자성, 중심성을 보증하는 절대적인 규범이었다.

최고 권위로서 보편, 초월, 절대의 가치를 지닌 하늘·하느님은 근대 이후에도 여전히 일상에서 내면 가치로, 때론 선민選民 의식에 가까운 국수적 가치로 공통적으로 지속해 왔다. 전통적 하느님 용어와 다른 용어인 '하나님' 역시 여기서 자유로운 것 같지는 않다. 한국인이 종교에 상관 없이 부르는 애국가의 '하느님이 보우하사 우리나라 만세'라는 가사 속에서 기독교의 하나님을 연상하는 국민이 없고, 또 한국이 기독교 국가라고 연상하는 기독교인 또한 별로 없기 때문이다.

한국인은 전통적이고 자연스럽게 심성에 배어 있는 하느님과, 근대적이고 차별적인 하나님이 묘하게 공존하는 심성을 여전히 간직하고 있다. 이 독특한 심리적 기제에 대한 고찰은 한국의 고유 개념사 영역을 구성할 것이다.

이상에서 나는 근대 패러다임이 얼마나 착시를 불러일으킬 수 있는지, 전근대의 개념 속에 근대의 가능성이 있는지, 장기지속했던 개념이 한국 개념사의 고유한 측면을 부각시킬 수 있는지에 대해 시론적으로 살펴보았다. 이 사례들은 한국의 개념사가 전통-근대 패러다임에 설 경우 수용하기 어려운 것들이다. 수용하기 어려운 사례들은 더 있다. 예컨대 동아시아의 세계 질서였던 중화적 세계관을 상대화시켰던 논의들, 경세치용經世致用이나 이용후생利用厚生을 강조하며 유학의 의미장을 균열시켰던 논의들, 서양과의 제한적 접촉 속에서 동서양을 취사절충取捨折衷하려 했던 논의들 등이 그것이다.

이 논의들은 대개 번역어나 신조어에 가려져 크게 주목받지 못했던 개념들을 주목하고 있다. 나는 이 책의 본문에서 이를 초보적이나마 살펴보았다. 이를 통해 동아시아·한국과 같은 고도의 사유 체계와 개념 구조를 갖고 있던 사회가, 그에 못지 않은 사유 체계를 지닌 타자를 만났을 때, 기존의 사유와 개념이 내용이나 형식에서 얼마나 복잡하게 연동하였는지를 비추어 보려 하였다. 번역어나 신조어가 미친 근대의 파장 또한 그 연동을 고려할 때 더욱 깊이 있게 이해될 것이라고 기대한다. 개념사는 그러한 복잡함을 섬세하고 폭넓게 해석해 주는 유용한 분석틀의 하나임은 분명해 보인다.

변화의 조짐

1장. 유교 질서를 꿈꾸고 보완하다 : '주자주의'의 구축과 균열

한국은 지금도 유교 전통이 강한 나라로 평가받는다. 유교식 사유와 가치관이 사회와 개인에 미치는 영향이 지대했고 또 여전하다는 생각에서 비롯한 말이다. 강한 영향력의 원천을 파고들면 역사 속의 특정 지층을 만날 수 있다. 나는 그 지층을 17세기부터 캐낼 수 있다고 본다. 당시 조선은 유일한 유교 문명국을 자부하고, 자부심에 걸맞는 '유교식 이상'을 실현하기 위해 매진하고 있었다.

2장. 시간과 공간 인식의 변화 : '시時'와 '속俗' 관련 용어들의 부상

조선 후기는 출발 지점을 공유하였던 이념과 학문이 점차 서로의 자율성을 확보하는 방향으로 이동했다고 볼 수 있다. 사문시비가 전개되고, 그 결과에 따라 정권의 향배가 결정되는 현상은 더 이상 나타나지 않았다. '주자 식대로'를 내세웠던 노선의 한편에서는 조선이 이룩한 성과가 이상理想 질서 곧 중화中華라는 문화 자존 의식이, 한편에서는 주자학의 절대성에 대한 회의가 자라나고 있었다.

3장. 외부에서 불어오는 바람 : 연행燕行이 불러온 나와 세계에 대한 인식

1574년(선조 7) 질정관으로 명明에 다녀온 조헌趙憲은 명을 유교의 이상이 실현된 문명으로 보고 그 제도의 수용을 조선 갱신의 조건으로 삼았다. 선조宣祖는 '풍속이 서로 다름을 헤아리지 않고 억지로 본받으면 끝내 소요만 일으킬 것'이라고 지리적·문화적 차이를 들어 수용하지 않았지만, 유교 이상을 염원하는 사림士林은 '삼대三代→명→조선'으로 이어지는 문명화의 답습이 시·공에 국한되지 않는 초월성을 지녔다고 인식하였다.

4장. 가치의 조정, 신념의 변화 : 이용후생利用厚生의 부상과 서학西學의 파장

성리학의 개념들은 오랜 기간 보편과 문명의 키워드로 작용하면서 때론 기성 질서의 옹호자로 때론 변화 동력의 제공자로 정합과 균열을 거듭하였다. 조선에서는 17세기 중반 이후 이념적 성격이 강화되었지만, 18세기에 접어들어 이념의 구심력이 약해지면서 성리학적 문명의 함의는 여러 갈래로 분화하였다.

1장 ── 유교 질서를 꿈꾸고 보완하다

'주자주의'의
구축과
균열

한국은 지금도 유교 전통이 강한 나라로 평가받는다. 유교식 사유와 가치관이 사회와 개인에 미치는 영향이 지대했고 또 여전하다는 생각에서 비롯한 말이다. 강한 영향력의 원천을 파고들면 역사 속의 특정 지층을 만날 수 있다. 나는 그 지층을 17세기부터 캐낼 수 있다고 본다.

당시 조선은 유일한 유교 문명국을 자부하고, 자부심에 걸맞는 '유교식 이상'을 실현하기 위해 매진하고 있었다. 이 독특한 경험은 동아시아 세계 속에서 조선의 존재 의의와 자율성을 보장하는 보루로서 내내 기능하였다. 그러나 '유교의 보루'라는 자부는 그냥 달성되지 않았다. 많은 고민과 논쟁 때로는 정치 투쟁을 거치며, 유교는 성리학으로, 그리고 성리학은 '주자주의朱子主義'로 농축되었다.

논쟁이 치열해질수록 내 편과 네 편이 강고해지는 현상 또한 피할 수 없었다. 주의主義는 막강한 힘으로 작용했고 그 영향력은 19세기 중반 이후 조선이 새로운 국제 환경에 맞닥뜨리게 되었을 때까지 강고하였다. 따라서 성리학과 그 체계 속의 개념들의 변화 양상은 전통적 사유의 지속과 변화를 보기 위한 일차 관문이다.

1장은 다양한 방식으로 사회적 영향력을 행사하고, 시간에 따라 지속·균열·변화하며 복잡성을 띠었던 성리학 개념들을 분석하고자 하였다. 그 방대한 흐름과 다기한 양상을 여기서 다루기는 무리이다. 다만 성리학에서 개념이 갖는 두 가지 중요한 시사점을 먼저 지적하고, 중요한 흐름이 만들어진 특정 시간대와 그 시간대에 이루어진 특징적 양상에 초점을 맞추었다. 성리학에 대한 학자들의 태도 변화, 몇몇 저작에 대한 분석, 성리 논쟁의 사회적 의미 등이 그것이다.

성리학의 정합성과 이념성

성리학은 유교의 한 일파이다. 방대하고 체계적인 이 학문은 태극太極·이기理氣·천天과 같은 근본 질서를 규정한 개념에서부터 구체적인 사회 정책에 이르는 개념을 포괄하여 하나의 전全 체계를 이루고 있다. 형이상의 개념이 텍스트, 사상, 학문, 사회, 제도, 역사, 문장까지 정연하게 연결된다는 점에서 정합적인 사유 체계 또는 개념 체계라고도 할 수 있다.

그 점을 가장 잘 보여주는 사례는 주희朱熹의 《주자어류朱子語類》일 것이다. 이기理氣, 성리性理에서 출발하여 학문과 수신修身, 경전, 예악, 사회 정책, 이단, 문장 등으로 구성된 이 책은 동양의 많은 지식인에게 성리학의 주요 범주, 주제, 분야 등의 구획을 정해주었다. 최근 한중일 삼국에서 유교를 사전 형식으로 소개하는 해설서

역시 대개 이 틀과 유사하다는 점에서도 그 지속성을 알 수 있다.[21]

굳이《주자어류》를 들지 않아도, 성리학을 배우는 자들은 형이상의 개념과 형이하의 개념을 자연스럽게 체득한다. 기본 경전 중의 하나인《대학大學》의 8조목은 격물치지格物致知에서 시작하여 성의정심誠意正心, 수신제가修身齊家를 거쳐 치국평천하治國平天下로 끝을 맺는다. 유명한 이 구절을 새삼 거론한 이유는, 사물의 이치를 체득한 주체라는 출발점과 천하의 질서를 완성시키는 종착점까지가 매끄럽게 연결되어 있음을 되새김하기 위해서이다. 이 짧은 구절 속에 형이상·형이하, 인식·수양·실천, 사士·대부大夫 등의 분리는 끼어들 틈이 없다. 정합적 철학 체계인 성리학은 개인의 자각과 결단을 촉구하고 행동을 지시하는 실천성과 이념성을 태생적으로 지니고 있었다.

'치국평천하'는 경전에 제시된 목표이지만, 그 목표를 향하는 사대부들의 마음은 수동적이지 않았다. '선비는 천하 사람들이 근심하기 전에 먼저 근심하고, 천하 사람들이 즐거운 이후에야 즐거워한다[士當先天下之憂而憂, 後天下之樂而樂]'는 범중엄范仲淹의〈악양루기岳陽樓記〉한 대목을 상기한다면, 그들의 사회 실천은 차원 높은 즐거움[樂]을 누리는 경지에 속해 있었음을 알 수 있다. 실천에 따르는 고난을 즐거움으로 전화시키는 구조는 마치 온전한 희생 속에서 희망을 찾는 종교적 행위를 생각나게 한다. 성리학자들을 분석할 때 그들의 사회적·계급적 성격보다, 정신적·이념적 측면에 초점을 두어야 더 깊은 이해에 도달할 수 있을지도 모른다.[22]

성리학을 구성하는 범주와 개념들은 정합적이긴 하지만, 범주

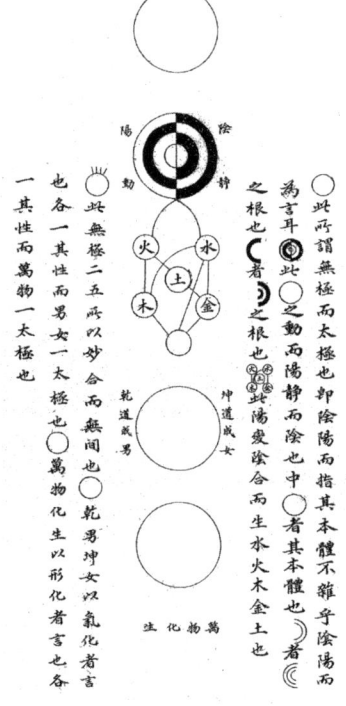

이황의 《성학십도》 가운데 〈제일 태극도〉.
만물의 기운과 생성이 극히 추상적인 도식과 설명으로 일관하였다.

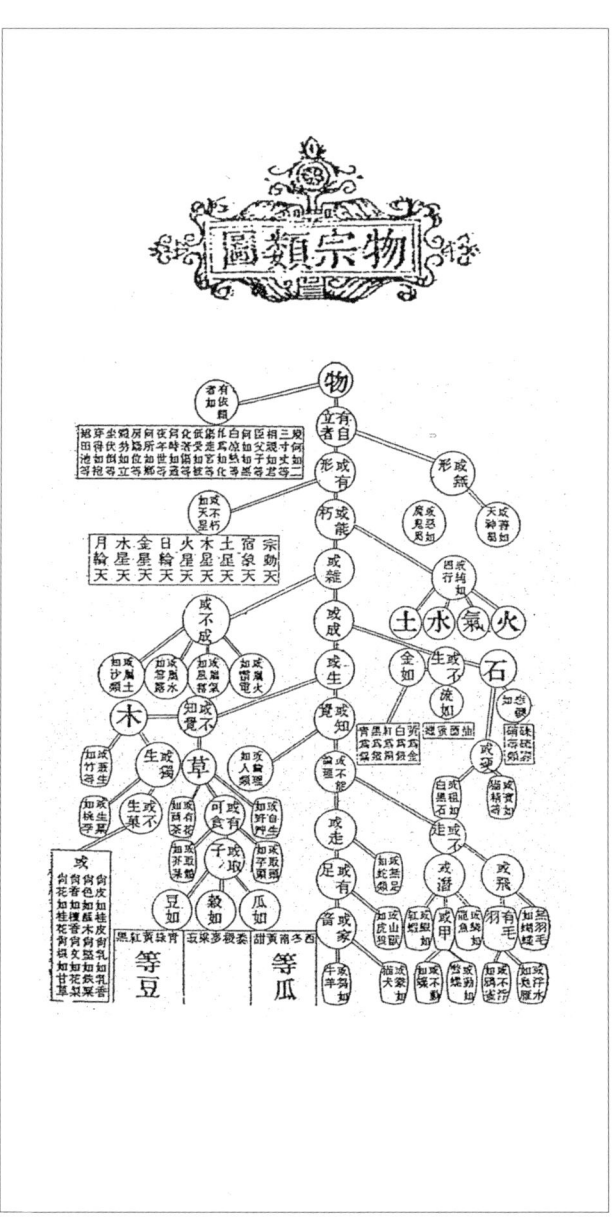

마테오 리치가 《천주실의》에서 소개한 만물의 분류 도표[物宗類圖]
마테오 리치는 속성에 따라 분류하여 소개하였다.

나 개념 자체가 상당히 가변적이고 그 의미가 중의重義적이란 점 또한 지적해야 한다. 엉뚱한 비유일지 모르나 주희의 방대한 저술은 이황李滉의《성학십도聖學十圖》처럼 열 개의 추상적인 그림으로 표현하는 일이 가능하다.《성학십도》첫머리에 등장하는 〈태극도〉를 보자(36쪽).

태극과 만물을 표현하기 위해 사용된 것은 추상적인 도식 하나와 몇 마디의 간략한 문장뿐이다. 복잡다단한 사물의 변화는 화생化生과 묘합妙合이라는 애매한 말로 뭉뚱그려 표현할 따름이고, 세밀한 분류라든지 명확한 정의는 관심 대상이 아니다. 그림의 주목적이 근원적 존재[無極·太極]와 그것에서 파생한 존재들[陰陽·五行·萬物]과의 관계성 자체를 보여주기 위해서기 때문이다.

서양에서는 〈태극도〉 스타일의 사유와 전혀 다른 방식의 사유 체계를 형성해 왔다. 아리스토텔레스 이래 그곳에서는 체계적으로 사물을 분류하고 분석하는 일이 전통이 되었다. 그리고 그러한 분류 방식은 16세기 마테오 리치M. Ricci 등에 의해 동양에 소개되었다. 다음은《천주실의天主實義》에 삽입되어 있는 〈물종류도物宗類圖〉이다(37쪽).[23]

〈물종류도〉라는 이름에서 알 수 있듯이 이 그림은 사물의 종宗과 류類를 분류하는 데 초점이 맞추어져 있다. 신과 같은 초월적 존재는 관심 밖이며, 오직 사물을 다양한 기준에 따라 복잡다단하게 나누고 있을 뿐이다. 〈태극도〉가 만물을 포괄적으로 인식하고 관계를 중시하는 사유를 반영한다면, 〈물종류도〉는 만물을 분절적으로 인식하고 물 자체의 개별성을 중시하는 사유를 반영한다고 할 수 있다.

이 차이의 근저에는 언어 구조의 차이라는 규명하기 껄끄러운 문제가 도사리고 있다. 이 문제와 관련해서는 쟈크 제르네J. Gernet의 언급이 퍽 시사적이다. '아리스토텔레스의 범주는 희랍어에 특유한 동사와 명사의 유형에 해당하고, 그의 형이상학 체계는 언어 상태를 관념적으로 반영하였다. 자명하고 논리적으로 보이는 범주조차 무의식적으로 언어에 전제되어 있는 것이다. 주체와 대상 사이의 구분이 발달한 서양에서 엄격한 개념 규정이 형성되고, 정신과 물질의 이분법에 기초한 존재와 형이상에 대한 분석이 자연스러웠다면, 어형에 의해 구분되는 문법 범주가 없고 단어들의 조합에 따라 의미를 규정하는 한문에서는 대응하는 짝들의 상관 관계가 결정적인 역할을 하며 따라서 시時, 소所, 위位 등의 상황에 따른 상대주의적 사고가 중시된다.'[24]

언어의 차이에 기반한 사유·개념의 차이는 거의 무의식적으로 전제되어 있다고 할 수 있다. 이 차이는 섬세한 이해를 동반하지 않으면 오해를 빚기 일쑤이다. 〈물종류도〉 식으로 사유하는 예수회 선교사들은 '중국인들은 논리가 없고 구별할 줄 모르는 이들'로 보았고, 〈태극도〉 식으로 사유하는 중국의 지식인들은 '선교사들이 종목 종목마다 가르고 이해할 수 없는 수만 가지 추론을 하고 있다'고 생각했다.[25] 예수회 선교사들이 "중국의 글자 사용이 매우 유동적이어서 글에 따라 각각 그 의미를 부여받는다. 글자는 비록 같지만 뜻은 크게 다를 수 있기에 모두 상하 문맥으로 추론해야 알 수 있다"[26]고 하며 중국어와 문화에 대한 이해를 선교의 전제로 삼은 일은 경청할 만하다. 불가피한 소통의 장애를 극복하기 위해서는 개념과 사유의 차이를 인정하고 이해하는 일이 근본적이기 때문이다.

이상에서 성리학과 그 학문 체계 속에서 개념이 지니는 두 가지 특징을 정리해 보았다.

첫째, 성리학이 개인과 사회를 움직이는 신념 체계 곧 이념적 성격을 본질적으로 내재하고 있다는 점이다. 성리학은 신념 체계이기도 하므로 그 체계를 구성하는 개념들은 보편 관념으로서의 성격을 가짐과 동시에 특정한 가치 규범으로 흐를 가능성이 많다. 그렇다면 성리학의 개념이나 용어에서 가치, 규범성 등의 색채가 빠지는 장면은 대단히 중요하다. 성리학의 본질적 속성으로부터의 일탈을 보여주기 때문이다.

둘째, 성리학은 정합적이다. 정합은 맥락을 중시하는 한문의 속성이나, 관계성을 중시하는 동아시아적 사유의 소산일 수도 있다. 그러나 이 정합성은 때론 단순하고, 단순한 정합은 닫힌 구조로 쉽게 전환될 수 있다. 그 구조 속에서 비약과 섣부른 연계로 개별성을 억압하는 일이 종종 발생할 수 있다. 그러므로 그 정합 구조에 대한 균열을 포착하는 일 또한 중요하다.

'주자주의'의 정립과 실천

앞절에서 성리학의 실천성과 정합성을 주목해 본 이유는 두 성격이 조선에서 17세기 중반 이후에 강화되었고 18세기 후반으로 갈수록 균열의 징후가 농후해지기 때문이다.

일반적으로 16세기 중반 정도가 되면 조선 학자들의 성리학 이해는 정점에 도달하였다고 평가된다. 이 무렵 성리학 이념의 정치적 구현체라 할 수 있는 붕당이 태동하였고, 각 붕당의 학문적 정체성이 갖추어지기 시작하였다. 본격적인 성리 논쟁인 사단칠정四端七情 논쟁도 전개되었다.

17세기에 접어들고 병자호란(1636), 명청 교체(1645) 등으로 이어진 국제 질서의 변화는 조선의 성리학자들에게 지대한 영향을 끼쳤다. 병자호란 때는 붕당을 막론하고 척화斥和와 주화主和로 의견이 갈렸고, 명분 고수와 국가 존망을 두고 격렬하게 논쟁하였다. 기존의 붕당 구조는 일시적으로 부정되었으며, 유교 명분에 대한 근본적인 모색이 불가피하였다.

대다수 성리학자들은 조선의 항복과 명의 멸망을 명-조선으로 이어지는 유교문명권의 붕괴로 보았다. 붕괴를 접한 학자들은 그마나 국가를 보존하게 된 조선에서 유교의 명맥을 보존해야 하고 그때에만 희망을 가질 수 있다고 전망하였다.[27] 병자호란 때 척화파를 이끌었고, 효종 즉위 후 서인의 이념 정파인 산당山黨을 이끌었던 김상헌金尙憲은 그 관계를 정연하게 제시하였다.

조선의 항복과 명청의 교체는 김상헌에게 자연과 인간의 질서가 뒤바뀐 사건이었다. 천지가 뒤바뀐 비상한 시국에서 조선은 충실한 번국藩國으로서 유교 문화의 명맥을 이어가야 했다.[28] 조선은 유교 보존의 의무와 유교 재흥의 희망을 동시에 갖게 되었다. 때문에 당시 시점에서는 현실의 성패를 중시하는 권도權道보다는, 명분을 엄격하게 견지하는 경도經道를 지키는 일이 더욱 중요하였다. 그 경도는 바로 의리였다.[29] 역대 오랑캐의 운세는 100년을 넘지 못했으므로, 의리를 지키면 희망은 반드시 찾아온다고 그는 생각하였다. 그에게 의리는, 형이상의 개념을 두고 논쟁하는 학문의 대상이 아니라, 존재의 이유를 제시하는 신념이자 희망을 보증해 주는 가치였다.[30]

김상헌의 사례에서 보듯이, 문명권의 붕괴를 경험한 17세기 중반 이후의 지식인에게 성리학은, 유교 문명 보존 의지로 재규정된 성리학이었다. 재규정은 성리학이 학문에서 이념으로 색채를 강화하는 과정이었다. 성리학을 집대성한 주희의 학문은 이제 '주의主義(-ism)'로 바뀌게 되었다. 그 작업은 송시열宋時烈이 주도하였다.

송시열은 김상헌의 의리 정신을 계승한 인물이다.[31] 80세를 넘겼던 긴 생애 동안 그는 예송禮訟, 군자소인 논쟁, 공사公私 논쟁, 사문시비斯文是非 등 각종 논쟁의 중심에 섰다. 일련의 논쟁에서 그는 주자가 밝혀 놓은 의리를 따른다는 한결같은 원칙으로 임하였다.[32] 그는 조선이 직면한 형세는 주자가 살았던 남송南宋과 유사하다고 보았고, 주자의 사업은 조선에서 그대로 실천되어야 한다고 효종에게 건의하였다.[33] 의리 계승을 넘어 주자의 시공간과 조선의 시공간을 일치시킨 것이다. '주자의 일점 일획도 고칠 수 없다'는 언급에 나타난 그의 주자 존숭은 '주자학은 완벽한 이론이다'라는 주자무류朱子無謬를 향하고 있었다.

주자무류의 실현을 위해서 송시열은 주자의 저술에 나타난 언술, 개념 등의 불일치를 해소하여 누구에게나 통용 가능한 이론으로 만들고자 하였다. 그가 평생의 정력을 기울여 공교하게 다듬고, 죽음에 직면해서 수제자인 권상하權尚夏와 김창협金昌協에게 고증을 부탁하였던 《주자대전차의朱子大全箚疑》가 바로 그 열매였다.

송시열의 저술 동기는, 교육을 위해 주희의 저서를 요약한 이황의 《주자서절요朱子書節要》 등과는 사뭇 달랐다. 《주자대전》의 문자를 더럽히는 이들이 생겨났고, 세상 사람들이 잘 모르기 때문에 그들의 괴이한 말에 흔들리게 되었으므로, 그들을 바른 길로 인도한다'는 목적이 분명한 책이었다.[34]

송시열이 《주자대전차의》의 서문에서 밝힌 '주자의 문자를 더럽히는 이'가 윤휴尹鑴를 겨냥하였음은 잘 알려져 있다. 그런데 주자의 정신을 계승한다는 동기의 순수함에서 윤휴는 송시열 못지 않았다. 다만 그는 '의리는 무궁하고 경서는 심오하므로 한 마디 말로 단정할 수 없다. 이것이 주자의 뜻이므로, 주자가 저술했던 것처럼 후대에 또 주자처럼 저술하는 자가 있을 수 있다. 따라서 자신의 견해를 피력하는 일은 주자의 뜻이다'[35]는 입장을 견지하고 있었다. 이 입장은 주자를 성인이 아니라 학자로 국한하는, 다시 말해 주자와 주자의 저술을 상대화하는 발언이다. 송시열은 윤휴의 주자 해석 이면에 깔린 '주자주의'의 통시성과 공용성을 부정하는 사고방식을 겨냥하고 있었다.

숙종대에 서인과 남인, 그리고 노론과 소론이 치열하게 논쟁하였던 이른바 '사문시비斯文是非'는, 송시열과 윤휴의 대립이 대표하듯이, 주자를 성인으로, 주자의 저술을 정경正經으로 간주할 수 있는가, 아니면 주자와 그의 저술을 상대적으로 파악하는가의 문제였다. 서인에서 노론으로 이어지는 정파는 남인과 소론의 주자 저술에 대한 해석과 태도를 문제삼았고, 숙종은 1716년(숙종 42) 병신처분丙申處分[36]을 내려 노론의 입장을 공적으로 승인하였다.

정합성을 확보하기 위한 노력

노론은 최종 승리를 얻었지만 그 과정이 순탄치 않았음을 인정해야 했다. 무엇보다 주자 저술 자체가 문제였다. 송시열은 주자 저술에 대한 이해를 도모하는 수준에서 벗어나, 주자 저술의 논쟁적이고 모순된 언술, 개념들에 대한 정합을 시도하였으나[37] 내용상 크게 진전을 보지 못한 채 사망하였다. 주자의 방대한 저술 가운데 논리와 개념 등이 종종 모순되거나 불일치하는 경우는 종종 발견되었고 일찍부터 지적되었다. 주자 본인의 견해가 달라진 경우도 있었고, 《주자어류》나 《주자대전》과 같은 텍스트가 후인의 집필, 편집을 거쳤기 때문이었다.

　주자 그리고 주자의 텍스트가 비판적으로 음미될 수 있다는 사실은 '학자 주자'에 대한 긍정을 열어주는 단서였고, 나아가 주자에 근거해서 주자를 공격할 수 있는 빌미를 제공할 수도 있었다. 따라서 모순과 불일치가 확연한 주자의 언술이나 개념을 정합하는 일이야말로 주자학을 주의主義로 완결하기 위한 필수 작업이었다.

　송시열에서 시작한 언술·개념들의 정합 작업은 권상하를 거쳐

18세기 중반 한원진韓元震에 이르러 결실을 맺었다. 조선 성리학의 명저 가운데 하나로 꼽히는 《주자언론동이고朱子言論同異攷》(이하 '《동이고》')가 그것이다. 한원진은 《동이고》 서문에서 '주자는 공자의 의리를 전한 인물로서 공자 이후 최고의 인물이다. 주자에 대한 이해와 존숭이 곧 공자에 대한 이해와 존숭이다. 주자의 저술을 제대로 변별하고 원래 의도를 이해하기만 한다면 그것은 고금천지에 영원히 통할 수 있음을 깨달을 수 있다'[38]고 하였다. 이 서술에서 주자는 공자의 도를 전하는 제자에 머물지 않고 거의 공자와 동격으로 강조되었다. 그리고 주자의 저술은 분석의 대상이 아니라 수용하고 이해해야 하는 '고금천지에 영원히 통하는' 보편 경전이 되었다. 주자를 보편의 반열에 올릴수록 주자를 비판적으로 독해하는 이들의 해독을 강하게 지적함은 물론이다.

《동이고》는 주자와 그의 논적들에 대한 포폄을 심하게 내렸지만, 내용의 치밀함과 정합성을 추구하는 방식에 있어서는 타의 추종을 불허하였다. 송시열이 몇몇 조목에 걸쳐 행했던 작업은 한원진에게서 3책 6권으로 마감되었다. 한원진은 내용의 변파를 위해서 취지를 이해하기, 문맥을 살피기, 합해 보기, 나누어 보기, 비교해 보기, 분리해서 보기 등 가능한 모든 방법을 동원하였다.[39] 문제점을 야기할 수 있는 개념이나 언술에 대해 시간, 공간, 의도, 의리와의 정합성, 논리적 정합성 등 거의 모든 요소를 분석 도구로 사용하여 불일치와 모순을 회통會通시킨 것이다.

《동이고》는 다른 견해에 대항하여 정론을 고정시키는 '정경正經 만들기'의 정점을 보여준다. 그리고 저술 혹은 주요 개념에 대한 유동성을 선점하여 '주의ism'를 둘러싼 논쟁에서 승리한 노론은 집권 주류층으로 굳어졌다.

한편《주자언론동이고》처럼 야심찬 목표를 전면에 내걸지는 않았더라도 주자 저술을 요약, 재정리, 재해석하는 작업은 붕당에 따라 다양하게 수행되었다.[40] 다양한 작업 가운데 주목할 모습은 정조의 주자 계승 노력이다. 정조는 일찍이 주자의 저술을 회영會英, 선통選統, 백선百選, 절약節約, 회선會選 등으로 다양하게 편집해본 경험이 있었다. 정조 역시 주자를 공자 이후 일인자로 인식하고 그 사업을 계승하려는 의지가 있었기에 가능한 일이었다.

만년의 정조는《주자대전》과《주자어류》및 경전에 관한 주자의 저술과 각종 주해서 등을 모두 망라한《주자전서朱子全書》간행을 구상하였다.[41]《동이고》식의 표본조사가 아닌 전수조사의 길을 택한 셈이다. 물론 전수조사의 방향 또한 경전화로 향해 있었다. 그 새로운 편찬사업은 '춘추 대일통의 의미를 계승해…… 단서를 찾는 방도와 도덕을 이루는 순서를 태양처럼 밝히고 강물처럼 순탄하게 하여 풍습에 도움되게'[42]하는 작업이었기 때문이었다.

호락논쟁湖洛論爭, 주자주의의 균열

숙종의 병신처분으로 노론은 남인, 소론과의 오랜 사문시비斯文是非를 완결짓고 주자학의 순정성을 지켰다고 자부하게 되었다. 하지만 그 무렵 노론 내에서 대규모의 철학 논쟁, 이른바 '호락논쟁

湖洛論爭'이 싹트고 있었다.

호락논쟁의 주 논제는 '인성과 물성의 차이[人物性同異]', '감정이 발하기 전 마음의 본질[未發心體]', '성인과 범인 마음의 차이[聖凡心同異]' 등이다. 호락논쟁은 철학 논쟁에서 시작했지만 학파 논쟁으로 전화하며 상대방을 이단으로 규정하는 사문시비를 재연하였고, 나아가 시時·벽僻의 정파 분기와도 연결되었다. 정파 사이의 다툼이 그친 후에도 논제 자체는 19세기 후반까지 지속하였다.

순수 철학 논쟁, 철학 개념의 사회적 파장, 정치와의 연계, 장구한 기간 등 기존 논쟁의 모든 요소가 등장하고 있는 점도 흥미롭지만, 무엇보다 논쟁의 당사자인 호론과 낙론이 주자의 정통을 자부하였던 노론 학계에서 분기해 나왔으므로 주자주의의 동향과 관련하여 시사하는 바가 크다.

호락논쟁이 《중용中庸》과 《맹자孟子》 등에 보이는 인人과 물物에 대한 주자 주석의 차이에서 기인한다는 점은 오래전부터 지적되었다.[43] 앞서 살폈듯이 주자의 개념, 언술 등은 시기, 텍스트, 관점에 따라 다르게 해석될 수 있었다. 송시열, 한원진 등은 바로 이 점을 우려하여 정합성을 추구했고 외부의 적들을 공격했었다. 그리고 1716년에 숙종의 병신처분으로 노론은 학문에서의 우위를 보장받았다.

1741년(영조 17)에 영조는 신임의리辛壬義理를 천명하여 노론의 정치적 승리를 결정하였다. 그해는 한원진이 《동이고》를 탈고하여 주자학을 무결無缺의 '주의'로 방점찍은 해이기도 하였다. 하지만 아이러니하게도 몇 년이 지나자, 노론 내에서 주자를 둘러싼 논

쟁이 개인 차원을 넘어 학파 사이의 논쟁으로 비화하였다.[44]

1745년을 전후하여 벌어진 노론 사이의 논쟁은 서로 주자 언술을 근거로 내세웠다. 주자가 주자를 공격하는 장면인 것이다. 그것은 주자의 정론을 확정하는 작업의 균열을 의미하였다.

호락논쟁의 결과 또한 이전 논쟁과는 달랐다. 철학 논쟁이 사문시비로 전화하고 학파와 정파 사이의 대립을 야기할 정도라면, 이전의 경험대로라면 주자주의를 강하게 내세워 정正·사邪의 분별을 선명하게 제시한 호론이 낙론을 배제시켜야 했다. 그런데 흥미롭게도 19세기 초반 호론은 중앙 학계와 정계에서 급격하게 위축되고 지방으로 영향력이 국한되었다. 그리고 호론이 주자를 잘못 이해했고 경전의 자구에만 몰두했다는 비평이 제기되었다.

이 같은 결과에는 영·정조대와 순조대 초반의 정치 상황과, 더 넓게는 경京·향鄕으로 분기하는 사회적 배경이 자리하고 있었다.[45] 하지만 학술 전반을 탄력적으로 바라보았던 낙론의 입장이 이념의 효력이 다해가는 조선의 상황과 조응하는 측면이 있었음도 부인할 수 없다고 본다. 주자의 의리 정신, 학문 성과 등에 대한 낙론의 평가는 호론과 별 차이가 없었다. 차이가 있다면 호론은 성리설과 의리론의 일치, 말하자면 학學·정政 일치를 여전히 견지하고 있었던 데 비해, 낙론은 성리설과 의리론의 분리, 말하자면 학문과 정치의 분리를 추구했다는 점이었다.

학문과 정치의 분리는 학문을 규정하는 이념[의리]의 구속이 약화됨을 의미한다. 낙론 학자들은 성리설에서 논란이 되는 부분에 대해 미정론未定論을 들면서 판단을 보류했다.[46] 이견異見의 존재를 긍정하는 일이다. 주자의 개념과 언술이 상황에 따라 다양한 이견으로 존재하고 개인의 개념과 언술 또한 그렇게 볼 수 있다면, 모든 영역에서 동일하게 작동하는 '주의'의 절대성은 학문 방면에서는 무너지고 상황론이 그 자리를 비집고 들어선다. 일부 낙론 학자들은 송시열이 세운 의리는 17세기 상황에서의 선택이라고 규정하는 정도까지 나아갔다.[47]

낙론이 주장한 명제들은 더욱 시사적이었다. 호락논쟁에서 다루어진 인성과 물성, 마음의 본질, 성인과 범인의 차이 등은 기존 논쟁거리였던 이기理氣, 사단칠정四端七情에 비해 더 직접적으로 사회적 의미를 묻고 있었다. 호론이 인人과 물物, 성인과 범인 사이의 분별을 강조했던 데 비해 낙론은 동질성을 강조하였다.

낙론의 주장은 사회적, 시대적 의미가 컸다. 예컨대 가장 치열한 주제였던 인·물 논쟁의 경우 인간 일반이나 짐승 일반의 개념화가 논쟁의 목적이 아니라, 조선의 현실이 투영된 인간이나 동물에 대한 개념 정의가 목적이었다. 인人은 유교문명권 속의 인간을, 물物은 오랑캐나 야만인 같은 구체적인 적대자에 대한 질문이었던 것이다. 그런데 저들[物, 夷狄]과 우리[人, 中華]와의 분별이 사라지거나, 저들에게도 보편이 적용되어 변화가 긍정된다면, 그것은 국제적으로는 화이관의 균열을, 국내적으로 신분관의 균열을 의미할 수도 있었다. 그리고 화이관에 기반해 조선을 지탱해 왔던 주자주의의 절대성이 무너질 수도 있었다.

호락논쟁이 가열될 무렵 한원진이 낙론에게 가했던 이른바 '삼무분설三無分說'[48]에 입각한 비판은 낙론식 사고가 몰고올 파장을 예감한 것이었다. 그리고 그의 예감대로 낙론의 일원이었던 홍대용洪大容은 오랑캐가 무너질 것이라는 통념적 역사 인식을 회의하며 청의 발전을 긍정하였고, 나아가 유교의 보편성을 보증하는 성인聖人, 중화中華 등의 절대성에 의문을 표시하였다.[49]

낙론의 주장이나 파장과는 별개로, 호락논쟁의 논제들은 여전히 식지 않는 관심 대상이었다. 그 지속성에 대한 분석은 논쟁의 또다른 측면을 보여준다. 사회화의 정도를 가늠케 하는 담론화의 양상과, 19세기 호락논쟁의 정황을 보여주기 때문이다. 나는 예전에 문집의 잡저 제목에 표현된 성리학의 주요 개념을 시기별로 검토한 바가 있었다. 그 일부를 재인용하면 다음과 같다.

〈미발, 인물성 관련 잡저〉[50]

논제	16세기	17세기	18세기	19세기	20세기	몰년 미상
未發	1	3	23	21	10	11
人物性	0	0	6	16	22	15

* 저작 시기가 불분명한 저술이 다수이므로 저자 몰년을 기준으로 시기를 산정하였다. 따라서 실제 저술 연대는 표보다 앞서게 된다.
* 人與物具五常 등 주제를 간접적으로 지칭한 잡저 역시 같이 분류하였다.

표를 보면 미발未發과 인물성人物性을 다룬 잡저는 18세기에 급격히 증가하여 19세기까지 왕성하게 저술되었다. 잘 알려진 바와 같이 호락논쟁의 논제들이 18세기 초부터 성리학자 사이에 주요한 관심으로 부상한 현상을 보여준다.

위 표는 중요한 사실 두 가지를 더 보여준다. 하나는 미발에 대한 저술이 먼저 왕성하다가 점차 줄어들고, 인물성을 다룬 저술은 그 이후 왕성하다는 점이다. 호락논쟁의 주요 논제는 미발에서 인물성으로 축이 이동하고 있었던 것이다. 그 의미는 무엇일까. 미발은 《중용》에서 도출한 용어로 인간 심성의 본질을 묻고 있다. 그에 비해 인물성은 경전의 어구가 아니고 후대에 철학적으로 범주화한 논제이다. 그리고 기성의 사회 질서에 대한 물음과 직접적으로 연계된다. 논제의 이동은 호락논쟁의 주제가 심성 논쟁에서 사회 논쟁으로 축을 이동시키고 있었음을 보여준다.

다른 하나는 저술 수의 증가가 갖는 의미이다. 논제에 대한 학자들의 관심은 19세기 후반까지 식지 않고 유지되고 있었음은 확실하다.

그런데 여기서 다시 의문이 생긴다. 호락논쟁은 18세기 사회 인식과 관련하여 중요한 작용을 하였다. 그렇지만 19세기 초반 호론이 크게 위축하고 낙론이 세도가문의 그늘에 가려지며 논쟁의 열기는 식게 되었다. 그런데 저술 수는 꾸준히 증가하였다면 그것은 무엇을 의미하는가.

이 물음에 대한 대답을 위해서는 18세기 후반부터 등장하는, 잡저와는 다른 유형의 저술들을 유념할 필요가 있다. 18세기 후반 황윤석黃胤錫의 〈기호락이학시말記湖洛二學始末〉 이후 《천문사백록泉門俟百錄》, 《십이변十二辨》, 《호락사실湖洛事實》, 《불역언不易言》, 《호락원위湖洛源委》 등의 저술이 나오게 된다.[51] 이 저술들은 대개 호락논쟁의 쟁점을 정리하고, 논쟁의 전말을 다루고, 학파와 학인들에 대한 판단을 내렸다는 점에서 개인의 성리 논설과는 차이가 있다. 출발, 과정, 결과 등의 서사 구조를 갖추고 판단과 포폄을 내렸다는 점에서 당론서黨論書와 흡사하다.

개인 저술의 증가와 당론서 스타일의 저술이 동시에 증가한 현상은 무엇을 의미하는가. 논쟁의 논제들이 학파의 구속에서 벗어나 개인의 담론에 머물거나, 논쟁이 일종의 이야깃거리로 정리되어 되풀이되는 일을 말한다. 논쟁은 이제 파편화와 고착화를 향해 가고 있었다. 성리학의 추상 개념들은, 왕성하게 말해지고는 있지만, 사회적 동력은 현저히 상실하게 되었다.

하지만 이 현상은 고도의 추상적 개념들에 국한되었다는 점을 마지막으로 지적하고자 한다. 성리학은 일상 사물, 사회 제도에 대한 관심에서 출발하는 것도 항상 가능했기 때문이다. 이른바 일용日用에 대한 관심에서 출발하여 형이상 개념에 대한 학습으로 나아가는 '하학이상달下學而上達'을 말한다. 이 방식은 공리공담空理空談을 일삼는 형이상 논쟁에 대한 대안의 탈출구로서 지속적으로 강조되었다. 그리고 경세經世, 물질적 복리, 민民 일반에 대한 교육을 동반하였다. 도시화와 사회의 물적 기초가 증대하는 18세기, 호락논쟁이 공소空疎로 치닫는 이면에는 이 같은 경향이 부상하고 있었다.

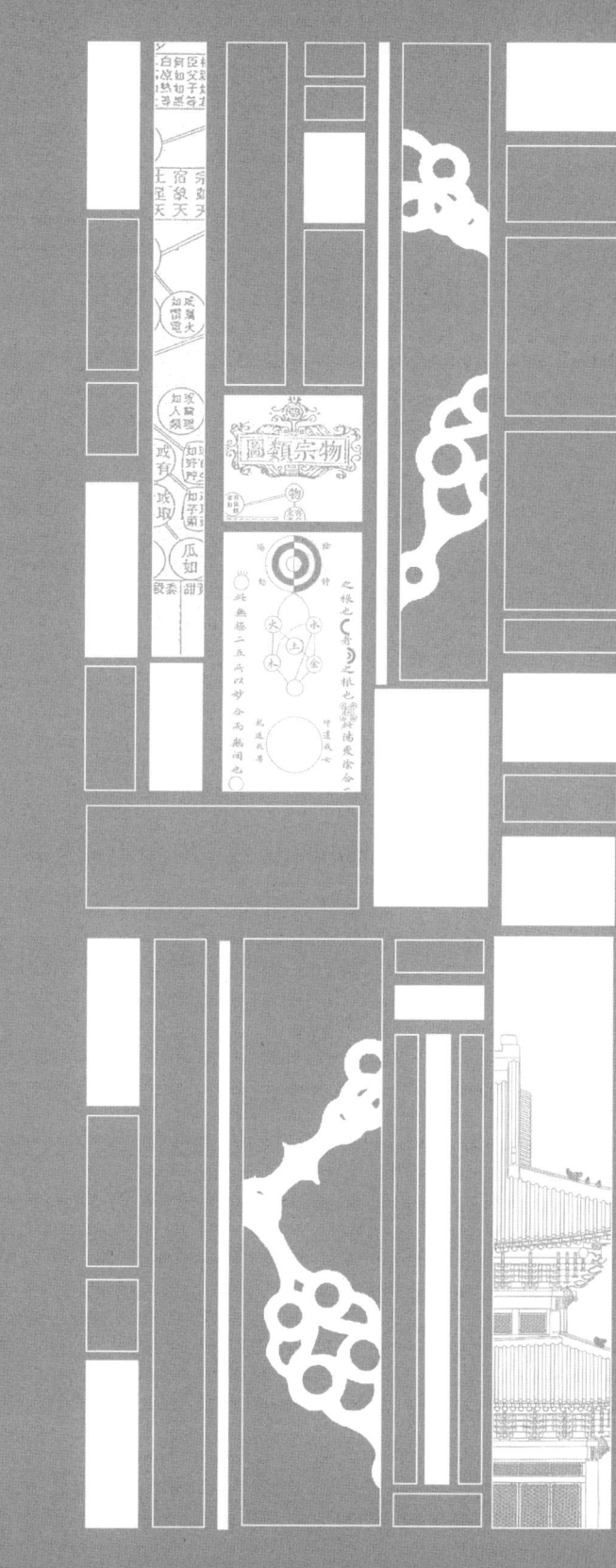

2장

시간과 공간 인식의 변화

‘시時’와 ‘속俗’ 관련 용어들

1749년(영조 25) 영조는 창덕궁 후원에 위치한 대보단大報壇에 명 태조와 의종의 위패를 추가하였다. 당시 시서화詩書畫 삼절로 이름 높았던 이인상李麟祥은 영조의 대명의리 현창에 감격하면서, 세태의 변화를 개탄하는 시를 지었다. 그 일부는 다음과 같다.

임진 병자 두 전쟁 탄식하나니,
나라 위해 순국한 이 정말 많았네.
슬픔 맺혀 마음이 찢어지는 듯한데,
이런 말 하는 나를 개 짖듯 여기네.
책을 써서 오랑캐 꺾어볼까 하나,
문장의 도道 또한 무너졌어라.
경전도 볼 일 없이 돼 버렸지만,
꼿꼿한 태도 지닌 선비가 없네.
거짓 의리 내세워 명리名利를 좇고,
도덕을 해치며 패덕悖德을 따르네.[52]

이 시에는 이인상이 소망하는 17세기 방식의 의리관이 잘 나타나 있다. 의리가 중심에 서고 문학과 학문이 견결히 보조한다. 그러나 세월이 흘러 의리가 퇴색하자 문장의 도가 무너지고 명리와 패덕이 판을 친다. 이 시를 지은 18세기 중반에는 옛 의리를 말하면 '개 짖는 소리'로 여길 정도였다. 바야흐로 이념의 규범성이 완화된 것이다.

그러자 문학에서 도문道文 분리의 경향이 나타나고, 개인의 감성과 욕구에 대한 긍정이 강화되었으며, 성리 철학의 공허함을 지적하며 일용지학日用之學과 경세학經世學을 중시하는 흐름이 짙어졌다. 정치 영역에서 영조가 학문 논쟁[斯文是非]과 정치 논쟁[忠逆是非]을 분리하여 사상의 섣부른 정치 이슈화를 차단한 것도 큰 변화였다.

조선 후기는 출발 지점을 공유하였던 이념과 학문이 점차 서로의 자율성을 확보하는 방향으로 이동했다고 볼 수 있다. 사문시비가 전개되고, 그 결과에 따라 정권의 향배가 결정되는 현상은 더 이상 나타나지 않았다.[53] '주자 식대로'를 내세웠던 노선의 한편에서는 조선이 이룩한 성과가 이상理想 질서 곧 중화中華라는 문화 자존 의식이, 또다른 한편에서는 주자학의 절대성에 대한 회의가 자라나고 있었다.

이상의 변화는 주자학이라는 고정된 기준에 현실을 매어놓지 말고, 지금의 현실에 이론을 맞추어야 한다는 발상의 역전逆轉을 가능하게 하였다. 그런데 문제는 '지금의 현실'은 끊임없이 변화하는 존재라는 점이었다. 따라서 변화를 잘 수용해 낼 수 있는 용어들의 의미가 재규정되거나 새로 만들어지는 현상이 생겨나지 않을 수 없었다.

  그 과정을 잘 보여주는 사례가 시時, 속俗과 관련한 용어들이다. 시와 속은 애당초 '현실[俗]의 변화[時]'를 내포하고 있었으므로 거기서 파생하는 용어들은 변화하는 현실에 반응하는 당대인의 인식을 적절하게 보여주고 있다.

시時·속俗 관련 용어의 다중多重 의미

● 시時 : 현실 참여와 도리 실현의 계기

시時의 의미는 다양하다. 사전적 의미를 따지면 '시간·세월', '절기' 등이다. 이 용례들은 시간의 물리성, 천체성을 나타내며, 그 안에서 과거·현재·미래는 연속되는 한 계선系線에 있을 따름이다. 물리적 시간은 인간에게 동등하게 적용되는 환경과도 같다.

  역사적 시간은 물리적 시간과는 다르다. 시간이 역사 내로 들어오면, 과거·현재·미래는 단순 계선이 아닌 인간들의 회고와 경험이 투사된 순환 혹은 복잡 계선을 따른다. 코젤렉R. Koselleck에 의하면, 서구의 전근대에는 그리스에서 기원한 역사의 반복 가능성과 범례성을 강조하는 시간 규정과, 기독교 종말론에서 기원한 역사의 운동과 미래의 결정성을 강조하는 시간 규정이 있었다. 근대는 과거의 경험과 미래의 기대가 교차하며 인간 스스로가 열린 미래를 기획해 간다는 점에서 전근대와 질적으로 다른 시대이다.[54]

  유학에서 제시한 전근대 동양의 시대 관념도 흡사한 측면이 있었다. 과거에 대한 회고를 통해 교훈과 규범을 획득하였던 《춘추》 이래의 오랜 전통, 송宋의 성리학자 소옹邵雍이 제시한 원·회·운·세元會運世 순환의 시간관,[55] 그리고 현실에서 미래에 대한 기대를 투사하기 위해 빌려 왔던 '고대의 이상사회[大同]' 등은 지침을 제공하는 시간, 밝아올 미래를 보장하는 순환 그리고 현실에 존재하는 미래와 과거였다. 그러나 유학은 역사적 시대 관념과는 다른 차원의 시간 관념을 또 하나 가지고 있었다. 그것은 시간을 인간이 대면한 상황·세계로 파악하고,[56] 그 안에서 행동의 가치를 찾거나 적절한 윤리를 추구하는 사고이다. 즉 누구나 직면하는 시세時世에서 적절한 대처 방법인 시의時宜, 시중時中을 구현하는 문제이다. 시의, 시중을 찾는 문제는 수시변화隨時變化에 대한 행동 지침을 찾는 《주역周易》의 근본 원리이고,[57] 중용中庸의 이상적인 실현 태도이다. 또한 맹자가 공자를 '때를 아는 성인[聖之時者]'[58]이라고 정의했듯이 성인의 경지에서나 행하는 현실 대처였다.

시의時宜와 시중時中을 중시하는 견해는 시간과 세계의 시원이나 존재 근거를 밝히는 데 관심을 두지 않는다. 잘 알려져 있다시피 공자는 초월적 실재에 대한 질문을 현실에서 삶의 충일함을 실현하는 문제로 환치하였고, 세상을 피해 숨어버린 은자의 처세에 동의하지 않았으며, 처세는 오로지 때에 맞출 뿐이라고 하였다.[59] 공자에게 세계는 이미 존재하고 흘러가는 것이며, 중요한 것은 상황에 따른 도리의 현현顯現과 실현 여부일 따름이었다.

시중時中을 구현하는 문제는 후대 성리학에서는 복잡한 양상으로 전개되었다. 성리학에서는 세계의 근본 질서인 천리天理를 상정하여 형이상과 형이하의 일원성을 강조하였기에 근본 질서의 존재감이 부각되었고, 따라서 당위적 윤리를 실현하려는 규범성이 강화되었다. 그것은 변하지 않는 원칙인 경도經道를 구현해야 한다는 압박이었다. 하지만 현실에서 경도는 언제나 이상이었으므로, 경도는 언제나 시세에 맞추어 실현할 수밖에 없다는 권도權道 실현의 논리가 나오지 않을 수 없었다.

경도經道와 권도權道는 유학에서 논란이 많은 문제 가운데 하나였다. 한대漢代에는 권을 '경을 뒤집어 도에 합하는 것[反經合道]'이라 파악하고 권변權變과 권술權術을 강조하였다. 정이程頤는 권은 일의 경중을 저울질하여 의義에 합하는 것, 즉 상도常道를 시의에 맞추는 것이라 파악하여 권도는 경도와 같다고 반박하였다. 주희朱熹는 정이의 설에 서서 권도와 경도가 불가분의 관계임을 강조했지만, 다만 체용體用의 구별은 분명히 하였다.

유학자들의 오랜 논란은 경도經道와 권도權道 인식의 파장을 보여준다. 한유漢儒처럼 경도에 대해 권도의 우위를 보장하면 원칙 없이 시의에 휩쓸리거나 술수를 중시하는 태도를 중시할 수 있었다. 권도 중시는 부정적 어의로 전환할 수 있는 가능성이 상존했던 것이다. 성리학자들은 경·권의 통일성을 강조하며 한유를 비판하였다. 정이는 경도의 발현태로서의 권도에 주목하여 현실에선 권도만이 실현된다는 입장을 취하였다. 주희는 정이가 강조했던 권도의 현실성에선 동의했지만, 다만 인식론적으로 경·권은 체용으로 분리됨을 또한 지적하였다. 따라서 성리학자라도 어떤 시각을 가졌는가에 따라 때론 경도를 때론 권도를 강조할 수 있었다.

경經·권權의 구분은 미묘한 영역인지라 실현 또한 매우 어려웠다. 그래서 '권도는 성인의 대용大用이지만, 능하지 못한 채 권도를 행하면 서지도 못하는 아이가 달리려는 꼴이라, 결국 넘어질 것'[60]이라는 경고가 있기도 했다. 권도 실현은 결국 무수한 해석의 문제만을 낳을 수밖에 없었다. 더구나 사회의 기성 규범이나 가치가 변화할 시점에서 적절한 대처를 찾는 것은 더욱 어려운 문제였다.

한국 역사에서도 시의, 권도를 강조하는 논리는 다양하게 전개되었다. 현실 개혁의 논리로 많이 쓰였으나, 상황을 용인하며 변화를 부정하는 소극적 변통책으로도 쓰였고, 때론 보수의 의미로도 쓰일 수 있었다.[61] 특히 후자는 현실 용인이나 임시방편을 시의에 맞춘다는 명목으로 포장한 경우가 많았는지라 이에 대한 비판을 피할 수 없었다.

● 속俗 : 문화의 중층성과 도리 실현의 장

속俗, 혹은 속에서 파생한 용어의 의미는 시時의 경우처럼 다양하다. 그 용례로는 일상 혹은 일상적 세계, 일반적으로 행해지는 생활 문화를 지칭하는 세속·풍속·습속·시속 등이 있고, 보통·평범을 지칭하는 범속·속인 등도 있으며, 고상한 문화 혹은 가치에 대비되는 저속·속류 등을 들 수도 있다. 용례를 보면 속은 일상이 실현되는 공간과 세계, 그곳에서 전개되는 생활과 문화, 그리고 문화 수준의 높낮이라는 세 축을 중심으로 다양하게 방사放射하고 있음을 알 수 있다.

일상 공간[世俗]으로서의 속과 가장 극명하게 대립하는 공간은

'성聖스러운 공간'이다. 성스러운 공간은 세계의 중심을 형성하며 방향성을 부여함으로써 균질적 공간인 세속을 단절시킨다.[62] 그 단절이 사회적으로 확장되면 현실계와 초월계의 대립, 세속 권력과 신성 권력의 갈등으로 전이할 수 있다. 말하자면 이원적 세계의 존재이며, 성聖·속俗의 대립이다. 그 대립과 갈등의 관계를 가장 잘 보여주는 일례는 서양 중세·근대 기독교와 세속 권력과의 관계였다. 전근대 한국사에서도 불교가 널리 수용된 사회에서는 그 대립이 비교적 뚜렷하였고, 유교가 널리 수용되었을 때에도 일정한 대립이 있었다.[63]

일상 문화風俗·時俗로서의 속에 대한 또 하나의 대칭점은 문화의 층위와 관련해 있다. 아마 이 규정이 전통적 유교 어법에 더 충실할 것이다. 전통적으로 유교는 '출세간出世間'을 부인하였다. 세계는 분열하거나 이중적 실체가 아닌 단일한 실체였고, 굳이 세계의 단절을 찾자면 '도리가 실현되는 세계'와 '그렇지 않은 세계' 사이의 차이였다. 공자는 '천하에 도道가 있으면 나아가고 도가 없으면 숨는다'고 하였다.[64] 세상을 피해 숨는 것은 단절된 공간으로 나가는 것이 아니라, 언젠가 밝아질 세상을 대비하여 수신하는 것이었으므로 궁극적 관심은 역시 도리가 실현되는 세상이었다.

불교의 출세에 대한 유교의 전통적인 비판은 잘 알려져 있다. 유학자들은 은거 형식에서 상당히 유사한 도가의 은자와도 자신을 구별지었다. 예컨대 김창협金昌協(1651~1708)은 '군자'는 은거할 때 도를 품고 자연을 소요하며 자연의 동정動靜을 자신의 성정性情과 연관하여 파악하지만, '고인高人'은 자연에 완전히 동화되어 인간

세에 그 자취가 드러나지 않는다고 하였다.[65]

단일한 세계에서 도리가 실현되었는가 아닌가를 보여주는 표상은 여러 가지가 있을 수 있었다. 그 가운데 하나가 풍속의 후박厚薄이었다. 풍속의 후박은 문화의 층위로 세상을 바라보는 시각이다. 그 시각에서 문화는 속俗·아雅로 표현되었다. 속과 아로 대비되는 문화를 잘 보여주는 것이 《시경》의 풍·아에 대한 주희의 설명이다.

> 시詩 중에 이른바 풍風은 이항里巷의 가요에서 나온 것이 많으니, 이른바 남녀가 서로 읊고 노래하여 각기 그 정을 말했다는 것이다. (풍 가운데) 오직 주남周南과 소남召南은 친히 문왕文王의 교화를 입어 덕을 이루어서 성정의 올바름을 얻었다. ……때문에 두 편은 풍의 정경正經이 되었다. 패풍邶風 이하는 나라의 치란이 같지 않고 사람의 현부賢否가 달랐다. 그리하여 감동하여 발한 것이 사정邪正과 시비의 같지 않음이 있었으니 이른바 선왕의 풍이 여기에서 변하였다.
>
> 아雅와 송頌은 모두 성주成周 시대에 조정과 교묘郊廟에 쓰는 악기의 내용이다. 그 말이 화평하면서 장엄하고 그 의義가 너그럽고 치밀하여, 작자가 왕왕 성인의 무리였으니, 진실로 만세의 모범이 되어 변할 수 없는 것이다. 아의 변變으로 말하면 이것도 현인·군자가 세상을 걱정하고 풍속을 안타깝게 여겨 지은 것이기에 성인이 이를 취하셨다. 그 충후하고 측달한 마음과 선을 말하고 간사함을 막으려는 뜻은 후세에 문장을 잘하는 선비가 미칠 수 있는 바가 아니다.[66]

《시경》은 여항에서 남녀의 성정을 노래한 가요를 채록한 풍風과,

성인·군자가 국가 행사와 제사에 쓰는 악가를 기록한 아雅·송頌으로 이루어졌다. 풍은 애초 성정의 바름을 담았으나, 변하면 시대와 사람의 차이로 인해 사정邪正·시비가 들쭉날쭉한 풍이 되었다. 아·송은 성인이 완전히 진리를 구현해 놓아 '만세불변[萬世法程而不可易者]'이 된 아와, 시대와 풍속이 변함에 따라 본래의 정신을 끊임없이 상기시켜 세상을 비판하고 계도하는 아로 이루어졌다.

《시경》의 풍과 아는 여항에서 불린 대중 문화와 국가 전례에 쓰였던 상류 문화를 지칭하고 있다. 둘의 차이는 하나는 성정의 직설이요 하나는 격식으로 맞춘 것이다. 둘은 형식에 차이가 있을 뿐 근본적으로 올바르다. 그 점에서 성·속처럼 현실과 초월, 속권과 신권이 이원적으로 대립하고 있지 않다. 그 관계는 유학에서 성인과 범인(속인)을 파악하는 관계와도 흡사하다.[67]

그러나 불안정한 형식을 갖춘 풍은 시류에 따라 변할 수밖에 없는데, 그것을 되돌리기 위해서 끊임없이 근원을 상기시켜 선을 말하고 간사함을 막는 아·송의 역할이 필요하다. 여기서 풍은 그 의미가 풍속·통속·시속과 흡사하며, 아·송은 그것의 원형[古俗]·전형[雅俗]과 흡사하다. 풍속 등은 자체로 진리를 내포하고 있으나, 불안한 내포이다. 따라서 성인이 다스렸던 이상적인 시기가 아니라면, 일정한 준거 틀에 따라 끊임없이 검증·계도되어야 한다.

문화의 층위를 놓고 본다면 현실은 검증되고 바뀌어야 할 풍속·통속과, 근원을 재현했거나 상기시키는 아·속이 연결성을 가지면서도 대비되고 있다. 애초 같은 세계에서 파생하였으므로 속의 범주에 들 수 있지만, 이상과 전형을 의미하는 '아'를 결부하면 '고아

한 풍속'이란 의미의 '아속'이 가능한 것이다.

시간 관념을 대입한다면 그것은 시속時俗과 고속古俗이라는 표현으로도 가능하다. 시속은 높아질 수도 낮아질 수도 있는 것이나, 고속은 흔들린 시속이 돌아가야 할 고향이었다. 이상적 질서를 염원한 조선의 유학자들은 고속의 실현을 다양하게 꿈꾸었다. 문화의 기원을 유교 문화의 본산인 중국에서 찾으려는 견해는 16세기에 조헌趙憲이 〈동환봉사東還封事〉에서 조선의 풍속을 명明에 맞추어 바꾸어야 한다고 주장한 이래, 병자호란 이후 청의 문물 속에서 명의 유제遺制를 찾으려는 노력, 18세기 북학파에까지 이어졌다.[68] 한편 영예를 추구하는 풍조를 비판하며 고속을 간직한 향촌의 소박하고 건실한 기풍을 강조하는 견해도 있었고,[69] 고속을 천진天眞이 실현된 태고의 자연과 동일시하여 그 실현을 강조하는 견해도 있었다.[70]

아속·고속의 실현은 통시적인 염원이긴 했으나, 사회의 변화가 빠르게 진행되고 그에 따라 기성의 규범과 가치관, 의식 등이 그 변화에 대면했을 때 더욱 가속화하거나 대립하는 양상을 보였다. 성리학적 규범이 이완하고 새로운 문화·생활 양상이 대두한 18세기는 변화의 가속화에 따른 아·속, 고속·시속의 대립을 잘 보여주었다. 그 시기 기성의 풍속을 옹호하는 측에서는 새로운 풍속을 타락했다는 의미에서 '유속流俗'이라 부르며 비판하였지만, 한편에서는 조선의 고유한 풍속과 문화를 강조하며 이상화된 기준인 아 혹은 고속에 대한 기준을 바꾸는 사례가 나타나고 있었다.

18세기 시時·속俗 관련 어의語義의 재규정과 파장

● 시체時體·유속流俗 : 사회 변화의 속도와 파장

시時와 관련하여 18세기 영·정조대에 새로운 의미로 등장한 용어는 '시체時體'였다. 당시 시체의 의미는 '시속時俗의 체격體格'으로 정의되기도 하였는데[71] 대체로 당대에 유행하는 풍속, 문화, 문체 등을 일컬었다. 그러나 《조선왕조실록》에는 영조 이전까지 '당대의 문체'란 의미로 1회,[72] 사대부 풍조란 의미로 1회[73]만 나타날 정도로 거의 쓰이지 않았다. 그러나 《영조실록》에서 19회, 《정조실록》에서 4회가 집중적으로 나타났고, 이후에는 나타나지 않았다. 《실록》은 영·정조 시기가 시체라는 말에 새로운 사회적 의미를 부여하였음을 대강이나마 보여주고 있다.

아래 영조의 언급은 18세기에 시체가 어떤 의미로 쓰였는지, 일반적으로 사용되었는지 여부를 잘 나타낸다.

> 윤음에 이르길, '지금의 사치는 옛날의 사치와 다른 점이 있다. 옛날에 의복, 음식은 빈부의 형편에 따라 각자 달랐는데, 지금은 그렇지 않아 한 사람이 하면 백 사람이 본받으며, 시체時體라고 부른다.'[74]

영조는 시체의 핵심을 잘 착목하고 있었다. '옛날과 달라진 지금', '사치', '분수를 따르지 않음', '한 사람이 선도하면 백 사람이 바로 따름', '사람들이 시체라고 부름' 등이 그 핵심이다. 먼저 눈길을 끄는 것은 시간에 대한 변화와 유행의 급속함이다. 이는 시대가 바뀌고 유행이 생겨나는 18세기의 달라진 분위기를 잘 대변한다.

영조는 분수를 따르지 않는 풍조는 사대부의 기강 해이에서 비롯했다고 보았다. 국왕의 이목인 대각臺閣조차 시체에 젖어 자신들의 명예만을 중시하므로 관료 일반이 해이해졌고, 그 영향은 서민에게까지 이어졌다.[75] 이 또한 긴장의 이완을 보여주는 일이었다.

신분과 경제력에 상관없이 빠르게 퍼지는 문화의 유행 또한 나타났다. 유행의 일차 원인은 도시의 풍요한 경제력을 중심으로 나타난 사치와 유흥, 세련된 문화 풍조였다. 이덕무李德懋는 '시양時樣'을 따르는 기생들의 장신구와 복식이 나타나자, 이에 매혹된 남자들이 자기의 처첩에게 권하여 예의가 어그러졌다고 탄식하였다.[76] 서울의 사대부와 그들의 유흥을 담당한 기생 등의 계층 그리고 그 사대부를 따라 배우는 도시인이라는 새 풍조가 만연한 것이다.[77]

이덕무의 지적처럼, 시체는 기존 가치를 고수하려거나 사회의 기강의 해이를 우려하는 국왕과 일부 사대부의 우려를 자아냈다. 시체라는 말을 집중적으로 사용하면서 비판하였던 대표적 인물은 서민 풍모를 과시하였던 영조였다. 시체에 대한 영조의 언급은 실록에서 일차적으로 확인할 수 있다. 영조는 시체의 의미를 사치 유행, 기강 해이와 고식적 풍조, 신기한 문체 숭상, 국왕을 무시하고 명예만을 추구하는 사대부의 풍조 등으로 다양하게 사용하였다.[78]

영조의 인식은 다양한 어제御製로도 확인할 수 있다.[79] 그의 어제는 예외 없이 짧은 시편으로, 비슷한 어구를 반복하였다. 내용은 공경에서 일반인까지 시체에 휩쓸려 혼미한 세상이 되었기에, 깨어 있는 자신(영조)이 이를 심대히 우려하고 바로잡으려 한다는 의지의 표명이 주종이었다. 시체에 대한 비판이 얼마나 집요하였는지 때론 저술년과 저술자를 '慷慨年(강개년), 慷慨月(강개월), 慷慨日(강개일), 慷慨書(강개서)'라고 비상하게 썼을 정도였다. 또 시체만큼 악영향을 미치는 풍조인 만풍慢風, 효풍囂風과 비교해 볼 때도 시풍時風이 가장 문제라 하였다.[80]

다양한 용례를 관통하는 영조의 핵심 생각은 잘못된 시체의 책임을 사회 중심층, 지도층 특히 서울 지역 사대부의 잘못된 기강과 연결하여 비판한 것이었다. 그들의 사치 풍조, 그들의 고식성, 기이함이나 명예만을 숭상하는 그들의 부박한 풍조가 시체의 근원이라는 것이었다.

시체에 대해 민감하게 반응하기는 향촌의 유학자 역시 마찬가지였다. 향촌 사회에 시체가 흘러들어 기존 풍속이 무너지는 현상을 경험하고 있었기 때문이었다. 전라도에서 사회비판적 유학 사상을 전개한 위백규魏伯珪(1727~1798)가 대표적이었다.

위백규는 습속의 변화 자체를 부정하지는 않았다. 시대와 공간에 따라 습속이 바뀌는 것은 예나 지금이나 자명한 진리였다. 그러나 변화하는 속도가 문제였다. 기존에 그것은 한 세대, 길어도 두 세대의 일이었으나 이제는 몇년의 문제가 되어버렸다. 향촌에서는 서울의 유행을 무조건 따라하는 계층이 확산하고 있었다. 유학적 관점에서 보면 이는 무한한 소비욕을 자극하는 인간의 타락이며 유한한 재물을 말소시켜 경제 파탄으로 가는 길이었다. 위백규는 시체의 폐단을 당대의 다섯 가지 폐단 가운데 하나로 보았다.[81]

시체의 긍정성과 부정성을 냉철하게 분석하였던 이는 이익李瀷

의 제자인 윤기尹愭(1741~1826)였다. 그는 시체는 '말속末俗이고 부박한 풍조가 아니라 세도의 자연스런 변화를 보여주는 기틀일 수 있다'라는 물음을 가설하고 답을 달았다. 그는 시체는 본래 인심을 반영하는 것이었고 외물은 말단일 따름이라는 전제를 세우고, 옛날 이상사회에서는 '인심이 반영된 시체'였기에 도리와 문화가 자연스러웠다면, 인심이 외물에 지배됨에 따라 시체는 '외물 자체'로 성립하여 깨뜨릴 수 없게 되어 지금에 이르렀다 하였다. 외물이 시체를 결정하는 세상에서 사람들은 가치와 행동의 기준을 외부에 돌리게 되었다. 예컨대 의리, 예악, 관직, 대인 관계, 행동거지까지 모두 시체라 이름하면서 '하나의 시체 세상[一時體乾坤]'을 만들고 서로 동조하고 안주하고 있는 것이었다.[82]

위백규와 윤기는 세상의 변화[時]를 부인하지 않았다. 그들 비판의 초점은, 중심을 지키면서 상황을 수용하는 변화가 아니라, 외물에 포로가 되어 서로 휩쓸리는 현상에 집중되었다. 따라서 그들은 '변화 자체'를 지칭하는 시체보다는, 근본을 상실하고 변화에 휩쓸리는 시체의 그릇된 풍조를 비판하였다고 봄이 더 적절하다. 윤기가 '잘못된 습속에 동화[同乎流俗]', '잘못된 세상에 부합함[合乎汚世]'이라고 표현했듯이 유학자들은 그 현상을 '유속流俗'이란 용어로 자주 표현하였다.

유속流俗은 15세기 초반에는 시속, 풍속의 의미로 쓰였다.[83] 유속은 바른 교화를 펴기 위해 참작해야 할 당대의 관습이었으므로 부정의 대상은 아니었다.[84] 그러나 유속은 15세기 중반부터 시속의 폐단, 타파해야 할 구습, 정도를 걷는 사람을 배척하는 풍조, 고식만을 따르는 풍조 등 주로 부정적 의미로 쓰이기 시작하였다.[85] 조선 후기에는 그 의미가 대체로 강화되었다. 유속은 바른 사람을 오염시키므로 이를 개탄하는 언급까지 나오기 시작하였으며[86] 따라서 유속에 영합하는 것은 사이비 덕으로 세상을 속이는 향원鄕原의 행태라고까지 하였다.[87]

18세기에 유속의 폐해를 강하게 제기한 사람은 노론 낙론洛論의 거두 김원행金元行(1702~1772)이었다. 그는 이익을 탐하고 공리를 꾀하여 출세에 여념없는 서울의 유학자들을 비판하면서 그들이 유속에 휩쓸리는 폐해를 이단보다 크다고 보았다.[88]

17세기 이래 서인-노론이 남인-소론과 사문시비를 벌이며 사상계의 주류가 되었음을 생각할 때, 노론을 대표하는 학자가 영달만을 추구하는 풍조를 이단보다 크게 본 것은 이모저모 따져 볼 일이다. 노론은 얼마 전까지만 해도 잘못된 세도의 대명사로 '바른 사상을 그르게 하는 이단'을 지목하였다. 그런데 이제 비록 일부이긴 하지만 세도를 그르치는 주범으로 잘못된 풍속을 지목하고 나섰다. 달라진 풍속과 세태의 변화를 인정하지 않을 수 없게 된 것이다.

물론 국왕을 비롯한 대다수의 지식인은 달라진 풍속을 긍정적으로 고려하기 힘들었다. 그러나 유학은 본질적으로 현실을 긍정하는 인식 체계였으므로, 변화한 풍속 혹은 풍속의 변화를 인정하려는 흐름은 생겨날 가능성은 열려 있었다.

● 시의時宜 : 상황 긍정론의 전개

사회 변화의 빠른 속도와 그에 대한 부정적 인식은 시체時體와 유속流俗에 대한 비판으로 표출되었다. 하지만 변화는 사회 풍속만이 아니라 국내외에서 심원하게 진행되고 있었다. 따라서 그에 대응하는 조선 지식인들의 인식 체계에서의 변화도 나타나고 있었다.

주지하듯이 청은 17세기 후반 지배의 안정기를 이루었고 나아가 문물의 전성기에 진입하였다. 기대치 않은 상황이 전개되자 조선의 지식인들은 북벌을 통한 중화 회복 의지를 존주尊周 의식과 중화 문화 계승 의식으로 변화시켜 나갔다.[89]

국제 정세보다 좀 더 직접적인 영향은 국내의 달라진 정치·사상 환경이었다. 영조는 즉위 초에 사문시비斯文是非는 유학 내부의 일이므로 국가가 개입하는 일을 개탄하였고 이어 사문시비를 사의私義라 하며 왕권의 공공성과는 상관없다고 하였다.[90] 영조대 이후에는, 숙종 후반기 때처럼 사문시비를 국왕이 직접 판정하고 이를 정권의 향배에 결합하는 일은 다시 일어나지 않았다.

국제 정세의 안정화, 사상시비의 무용론, 의리의 절충에 기반한 탕평의 전개라는 새로운 상황은 그 변화에 걸맞는 사회 기강의 재조정 문제, 곧 기존 의리관을 어떻게 수정할 것인가 하는 문제를 제기하였다. 일부 학인들은 그 방향은 현실 변화에 따른 기존 가치관의 수정, 나아가 변화한 현실을 긍정하며 철학의 기본 관점을 바꾸는 데까지 나아갔다.

기존 가치관의 수정 여부를 두고 격렬한 논쟁을 벌인 집단은 노론 지식인들이었다. 그들은 17세기 사상 논쟁에서 주자학의 절대성을 강조하며 여타 정파를 배제하고 집권 주류로 떠올랐으므로 가장 민감하게 반응하지 않을 수 없었다. 잘 알려진 것처럼 그들은 18세기 초에 이른바 '호락논쟁'이란 미증유의 논쟁을 벌였다. 이 책의 1장에서 설명한 바와 같이 그 논쟁은 주자 언술의 이해 차이에서 출발하였다. 그런데 의리 적용의 범주만을 놓고 본다면, 호론은 17세기의 의리관을 고수하여 그 절대성을 강조하였던 반면 낙론은 시의時宜에 따른 상대화를 모색하였다고 볼 수 있다.

호론을 이끌었던 한원진韓元震(1682~1751)은 천리의 보편성을 도덕가치로 전환한 의리를 절대적이고 일관된 기준으로 제시하였다. 송시열이 주자주의의 구축을 위해 노력했던 것처럼, 그 역시 남송과 조선의 동일성을 강조하며 주자주의에 기반한 사회 질서 수립을 주장하였다. 그는 춘추의리 정신에 입각한 복수설치를 고수하며 양명학·퇴계의 이기호발론·낙론의 심성론 등 유학계 내부의 여러 경향을 비판하였다.[91]

낙론을 이끌었던 김원행金元行(1702~1772)은 다른 인식을 보이고 있었다. 그는, 이단보다 폐해가 크며 세도를 그르쳐 장차 난역을 낳을 수 있는 주범은 선한 본심을 잃어버리고 공명과 이익을 탐하는 무리라고 보았다.[92] 그에게 세도의 회복은 벽이단闢異端을 통해서가 아니라 타락한 인심의 회복에서 구해졌다. 내면의 본성을 강조한다는 점에서 그 인식은 의리의 규범성을 강조한 호론과는 달랐.

낙론 논지의 또 하나의 특징은 의리의 일관성을 부인했다는 점이다. 그것은 1769년(영조 45)에 호락 학파 사이 갈등의 하나였던 '화양서원묘정비華陽書院廟庭碑' 논쟁에서 나타났다. 애초 비문을 지었던 호론 학자 윤봉구尹鳳九는 성리설과 춘추의리의 정합성을 강조하여 송시열의 춘추관과 성리론을 함께 서술했었다. 그러나 김원행은 묘정비에 대해서 춘추의리와 성리설을 따로 보아야 한다는 입장을 가지고 있었다. 그는 묘정비는 송시열의 도덕과 사업을 후세에 남기려는 것이니 의리를 위주로 서술해야 하며, 성리설은 후세의 정론定論을 기다려야 한다고 주장하여 의리와 학문을 분리하였다.[93]

이후 낙론 인사들은 그 논리를 더 적극적으로 구체화하였다. 홍직필洪直弼(1776~1852)은, 송시열과 낙론의 비조인 김창협·김창흡은 각기 상황에 따라 학문의 주안점을 두었다고 하였다. 즉 송시열은 이단이 횡행할 때에 정학 수호를 제기하며 주자를 조술하였고, 김창협·김창흡은, 기존 성과를 따르기만 하고 좁은 소견이 횡행하는 시대를 만나 자득自得을 강조하였다는 것이었다.[94] 홍직필에게 그들은 모두 '시의에 따른 마땅한 도리[隨時制宜之道]'를 행한 인사들이었다. 낙론 일각에서 조심스럽게 개진되었던 시의를 중시하는 사고는 시간이 흐를수록 대범하게 강조되고 있었던 것이다.

오희상吳熙常(1763~1833)에서 유신환兪莘煥(1801~1859)으로 이어지는 낙론 인사들도 비슷한 인식을 가졌다. 송시열의 공적을 존주대의에 국한하여 인정하면서, 성리설에서는 이이를 계승한 인물로 김창협을 연결해버린 것이다.[95]

공적 의리과 사적 의리를 분리하여 학문과 정치를 분리하는 영조의 태도나, 춘추의리의 시대성을 인정하고 성리설의 공적은 따로 인정하자는 낙론 학자들의 태도는 '주자주의朱子主義'의 가치 규범을 약화시키고 다시 '주자학'으로 되돌리는 전환이었다.

현실 변화를 긍정하며 나아가 이를 적극적으로 인식하는 사상 체계를 구축한 대표적 그룹은 이익李瀷과 그의 문인들이었다. 이익이 역사관이나 정치관에서 형세 혹은 구조를 강조하며 내면의 심성보다는 외면의 구조 혹은 사회의 흐름을 강조했던 것은 이미 많이 연구되었다.[96] 이익의 사상 체계 속에는 당대의 누구보다 구조 혹은 현실에 대한 강조가 짙다. 그렇다고 이익이 주체를 외면하지는 않았다. 오히려 구조 혹은 사회의 흐름에 대한 통찰을 통해 주체가 변화를 인지하고 능동적으로 대응할 것을 강조했다고 볼 수 있다.

이익과 그 제자들이 형세와 변화를 중시하자, 심성론 중심의 공부 방법 또한 바뀌었다. 그들은 공자의 쉽고도 간결한 가르침이 송대에 어렵고 번잡해진 것 또한 형세의 흐름으로 파악하면서, 당시 조선에서 성리공담이 성행하는 것 또한 시의에 어긋난 폐단이라 지적하였다. 그 대안으로 그들은 '일상에서 배워 형이상의 도리에 나아가는 방법[下學而上達]'의 중요성을 강조하였다.[97]

● 시의時議·시파時派 : 정치 의리의 재설정

영조는 말년에 정치적으로 문제를 일으킨 청명당淸名黨에 대해 '청명을 숭상하는 시체당時體黨'이라고 규정하여 구체적인 정파를 지칭하는 용어로 사용하였다.[98] 영조의 비판은 사대부가 자신들의 의리·명분만을 중시하고 국왕의 의리를 생각하지 않는 풍조를 지칭한 것이었다. 정조의 시체時體에 대한 대강의 인식은 영조와 비슷하였다. 경장을 꺼리는 고식적 풍조, 관리의 기강 해이, 사치스런 유행을 따르는 풍조로 시체를 지목하였다.[99]

그러나 정파에 대한 인식에서 정조는 영조와 다른 생각을 가지고 있었다. 그것은 영조와 정조의 정국 구상이 달랐기 때문이었다. 영조는 사대부 의리의 사사로운 성격과 전반적인 기풍을 비판하면서 국왕의 의리 조정권을 강조하여, 각 붕당 사이의 완론緩論 인사를 등용하였다. 그에 비해 정조는 사대부 의리를 승인하고 그 연속성을 중시하여 의리에 기반한 탕평을 천명하였다.

정조는 집권 초반 각 붕당의 준론峻論 인사, 즉 청류淸流를 등용하여, 영조 후반기에 강화된 척신계를 숙청하였다. 그러나 스스로의 의리 기준을 고수하는 각 붕당의 청류를 함께 출사시키는 일은 용이치 않았다. 이를 타개하기 위해서 정조는 새로운 의리 기준을 제시하였다. 그때 정조가 사용한 어법은 '시時'에 대한 새로운 해석을 통해 명의와 청론을 재규정하는 것이었다. 그 견해는 1784년(정조 8)부터 표방되었다.

> '시時'자는 역적 김하재의 흉언에서 나온 것인데 ……만약 청론이 아래 신하들에게 있다면 좋겠으나 지금은 그렇지 않다. 시의時議에 들어간 자는 마땅히 나라 편이 되어야 하고, 시의에 등진 자는 마땅히 역적 편이 되어야 한다. ……범연하게 시의를 공격하는 자는 결단코 틈을 노리는 무리들일 것이다. ……이제부터는 모두 시의에 바로 돌아가 단지 위국爲國만을 알면, 이른바 시의라는 것이 장차 좋은 시의가 될 것이다.[100]

시의時議는 '당세의 의론'으로서 별다른 의미 없이 쓰일 수 있었다. 그런데 1784년에 정조를 욕하는 흉언 때문에 역적으로 처단된 김하재가 '시의'라는 말을 썼기 때문에 '시의' 자체가 기피하는 말이 되었다.¹⁰¹ 그러나 정조는, 역적이 쓴 개념의 본래 의미를 되살려, 바른 시의야말로 충역을 가르는 기준 곧 자신의 의리에 동참하는 기준이라고 의미를 전복시켰다. 같은 논법으로 시時를 제기한 것은 이후에도 여러 차례였다.

'청천백일靑天白日 원로방지圓顱方趾' 등의 문자가 어찌 좋지 않은 어구이겠는가마는 흉적의 입을 한 번 거친 뒤로는 기휘하는 말이 되어 선조先朝에서는 장주 사이에 감히 이 8자를 쓰지 못했다. 역적 김하재의 상소에 있는 '시時'자의 뜻이 어찌 이와 다르겠는가. '시'자는 본래 좋은 글자이다. 시군時君의 시도 있고, 시중時中의 시도 있으니 시의 뜻이 크다. 만약 '시'자를 배척한다면 이는 시군·시중과 배치되는 것이니, 시군·시중과 배치되는 것이 역적이 아니고 무엇이겠는가.¹⁰²

정조는 역적 김하재 때문에 '시時'를 언급하지 않는 풍토가 생겼지만 시時야말로 좋은 글자이므로 시의 반대는 오히려 역적逆賊이라 하였다. 군주의 시時와 이에 반대되는 적賊 또는 역逆의 대비가 선명하다. 시는 여기서 더 나아가 국왕이 제시하는 정치 동참의 새 기준 곧 의리가 되기도 하였다.

대체로 '시時' 한 글자가 본디 좋지 않은 글자가 아니다. 시의·시조時昔가 모두 좋은 자인데, 오늘에 이르러 조정이 갑자기 '시'자 밖에 대립되는 글자를 집어냈으니 바로 '적賊'자이고 '역逆'자이다. 조정에 벼슬하여 임금의 녹을 받아 의식하는 것이 바로 시인時人이다. 이를 외면하고

따로 명목을 세워 반드시 이기기를 다투어 국가를 해치는 것이 역변·
적변이 아니고 무엇인가. ……오늘날 시時를 공격하는 논의는 내 진실
로 그 까닭을 깨달을 수가 없거니와, 오늘의 계책으로는 그 폐단을 개
혁하여 어떤 사람을 막론하고 함께 '시'자로 돌아가 다같이 대도에 이
르기를 바랄 따름이다.[103]

인용문의 전반부에서 정조는 시는 좋은 글자이고, 국왕이 제시한
의리에 동참한 시인時人과, 따로 의리[名目]를 세워 국가를 해치는
적·역을 구분하였다. 국왕과 대비되는 의리를 만들어 내는 적·역
의 폐단을 고치기 위해, 정조는 '함께 시時에 돌아가 다같이 대도大
道에 이르자'고 당부하였다. 자신이 내건 새로운 의리에 동참하는
이들을 정파에 관계없이 등용하겠다는 선언이었다. 이후에도 정
조는 '국왕의 시時'와 '당사黨私의 벽僻'을 대비하여 언급하였고, 그
언급으로 인해 시파時派·벽파僻派의 분기가 가속화하였다.[104]

  하지만 정조의 의중과는 반대로 정조의 정국 운영을 비판하는
이들은, 시파時派를 두고 의리를 저버리고 정조를 맹목적으로 추
종하는 자들이라고 폄하하는 분위기가 형성되었다.[105] 시時자 자
체에 '시류를 따른다'는 의미가 있으니 근거 없는 지적은 아니었
다. 어찌 되었건 시파와 벽파는 국왕이 제기한 개념이면서 동시에
정파의 정체성을 규정짓는 개념이라는 이중 의미를 지니게 되었
다. 시파와 벽파를 해석하는 후대의 다양한 인식은 그 측면도 함
께 이해해야 할 것이다.[106]

  정파의 이름에 시와 벽 같은 명칭이 등장한 것은 의리를 자임하

는 산림을 중심으로 붕당이 나뉘고 국왕이 선택 혹은 조정하는 붕당 정치 구조에서는 설명할 수 없는 새로운 현상이었다. 그것은 국왕이 의리를 주도하면서 나타난 흐름으로서 종래의 붕당 이념에 기초한 정파 결속이 약화됨을 보여주고 있다.

● 아雅·속俗 경계의 완화와 '조선풍'의 대두

사회에서 유속流俗은 이미 거부할 수 없는 현상이었다. 유속에 대해 지배층은 기강의 해이를 우려하였지만, 사회에서는 새로운 문화 기운으로 나타났다. 특히 속俗을 긍정하는 사고가 문학을 중심으로 나타나고 있음을 주목할 만하다.

속을 중시하는 문학 이론은 명말明末의 양명 좌파를 대표했던 이탁오李卓吾와 그의 영향을 받은 공안파公安派에서 마련되고 있었다. 이탁오와 공안파를 대표한 원굉도袁宏道 등의 주장은 조선에서는 허균許筠 이래 산발적으로 주목되다가 김창협金昌協·김창흡金昌翕 등을 기점으로 이의현李宜顯 등의 노론, 남극관南克寬·조귀명趙龜命 등의 소론, 이용휴李用休 등의 남인, 이언진李彦瑱 등의 중인에까지 영향을 미쳤다. 그들은 대개 시간과 공간을 상대화하여 상고尙古적 태도를 부정하고, 현재[時俗]의 문학·문장·예술·언어 등을 옹호하고, 개인과 감성·욕구를 긍정하는 경향을 보였다.[107]

이상의 문인 가운데 김창협과 박지원은 속俗에 대한 긍정을 보이며 문학을 주도하는 흐름을 대표한다고 할 만하다.

김창협은 속세, 속인의 경험과 정서가 자연스레 문학에 배어나는 관점을 긍정하였다. 예컨대 그의 스승 송시열이 높은 경지의 문학과, 정욕·세속 경험을 가르는 입장이었다면,[108] 김창협은 같은 문집의 발문에서 시는 자연 속에서 유유자적하고 술 마시고 감정을 토로하는 데서 더욱 정밀해지고 완성된다 하였다.[109]

김창협의 문학관은 사회적으로 본다면 정감이 넘쳐흐르는 속에 대한 긍정을 내포하고 있었다. 그에게 세상은 대체로 번거로운 속세였지만, 태고의 도리가 현현하여 다른 시간, 다른 공간을 펼쳐내는 그윽한 곳이나, 천진과 인위가 자연스럽게 어울릴 수 있는 곳이었다.[110] 따라서 천진이 배어 있는 속의 세계를 잘 표현한 바른 문학이야말로 바른 풍속[古俗] 실현의 중요한 매개체였다. 김창협은 경물을 본색으로 여기고 감정 표현을 본색이 아니라고 여기는 태도에 반대하며,[111] 문학에서 정精·조粗, 아·속, 고·금을 구별하지 않고 오로지 성정, 사물 묘사, 정서를 잘 발현시킬 것을 중시하였다.[112]

아雅·속俗의 경계에 균열을 낸 김창협의 문학관은 18세기에 나타나는 문화 흐름의 선구로 이해할 만하다. 하지만 그는 속세에서 천리·천진의 자연스런 발현을 추구하였던지라 목적은 여전히 속에서의 아의 실현에 있었다. 그 관점이 완전히 극복되었다고는 할 수 없어도, 그의 후대에는 주목할 만한 변화가 일어나 조선의 현실 자체를 긍정하는 사고가 전개되었다.

현실을 긍정하는 근거는 조선의 문화가 중화를 실현했다는 자부심에서 기원하였다. 남인 관료 오광운吳光運은 중국은 오랑캐의 세상이 되었는데 문화의 기운이 조선에 건너와 밝게 다스려지는 세상을 열었다고 하여 조선의 국토와 문화에 대한 자부심을 직접적으로 피력하였다.[113]

박지원朴趾源에 이르러서는 문화에 대한 자부가 조선의 고유성에 대한 자각으로 발전하였다. 그는 중국의 문학을 본뜨면 문학의 의미와 언어는 비속하고 허위가 되지만, 조선의 아름다운 풍속에 눈뜨고 말과 민요를 노래하면 문학이 자연스러워져 참된 정서가 드러난다고 하였다.[114]

조선의 고유한 풍속을 강조한 박지원의 사고 기저에는 '고속'과 '아'를 이상적인 기준으로 상정하여 현실을 그곳에 맞추어야 한다는 기존 사고에 대한 전복이 드러나 있다.

> 옛날을 기준으로 지금을 본다면 지금이 진실로 비속하지만, 옛사람들이 자신을 볼 때 반드시 자신이 옛스럽다고 생각하지 않았을 것이니, 당시에 본 것도 또한 '하나의 지금'일 따름이다. 그러므로 세월이 흘러감에 따라 풍요風謠도 여러차례 변한다. ……그러한즉 '지금'이라는 것은 '옛날'과 대비하여 일컫는 것이고, '비슷하다'는 것은 '저것'과 비교할 때 쓰는 말이다.[115]

박지원에 의하면, 예나 지금이나 존재하는 것은 '지금' 밖에 없었으므로 지금의 이상적 기준인 고속도 애초엔 시속이었다. 중요한 것은 시간에 따라 변할 수밖에 없는 속성을 지닌 시속의 정서에 착목하는 길 밖에 없었다. 따라서 고속은 시속이 돌아가야 할 준거의 지위를 잃어버리게 되며, '고'와 '금'은 비교, 참작을 위한 전거에 불과하게 되었다.

박지원은 《시경》을 두고서도 혁신적인 견해를 제시하였다. 주희가 풍에 갖추어진 진리성을 중시하면서도 그 불안정성을 지적하여 고급한 범주인 '아·송'의 존재와 역할을 강조하였음은 위에서 설명하였다. 그러나 박지원은 《시경》을 두고 다음과 같이 논하였다.

> 아, 《시경》 300편은 조수와 초목의 이름이 아닌 것이 없고, 여항의 남녀가 나눈 말들을 기록한 것에 지나지 않는다. 패국과 회국 사이는 풍토가 같지 않고, 강수와 한수 연안의 백성들은 그 풍속이 각기 다르므로, 시를 채록하는 사람이 열국의 국풍으로 만들어 각 지방 백성들의 성정을 살피고 노래와 풍속을 파악하였던 것이다. ……만약 성인이 중국에 다시 태어나 열국의 국풍을 관찰한다면, 이《영처고嬰處稿》를 살펴봄으로써 우리나라 조수와 초목의 이름을 많이 알게 될 것이고, 우리나라 남녀의 성정을 살필 수 있을 것이다. 따라서《영처고》는 '조선의 국풍'이라 불러도 될 것이다.[116]

《시경》의 주요 목적을 당대의 풍속과 사람의 성정에 대한 기록으로 파악한 부분은 박지원이 시속을 얼마나 중시했는지를 잘 보여 준다. 주희가 성정의 바름을 잃고 변질하였다고 지목한 패풍 이하는, 박지원에겐 성정과 풍속을 진솔하게 수록한 부분이 되어 시의 정경正經과도 같은 지위를 획득하였다.

윗글의 백미는 조선의 풍속과 남녀의 성정을 많이 수록한 《영처고》(이덕무 저)를 '조선의 국풍'으로 선언한 데 있다. 마치 홍대용洪大容이 《의산문답毉山問答》 말미에서 《역외춘추域外春秋》를 선언하며 화·이의 구분을 무화無化함을 연상시킨다.[117] 박지원이, '야인野

人의 비루함에 안주하고 시속의 자질구레한 것을 즐겼다'고 《영처고》에 쏟아지는 비판을 가소롭게 여기며 지었다는 서두를 보면 그 의미 전복의 혁신성이 더욱 뚜렷해 보인다.

한편 김창협-박지원으로 이어지는 흐름과는 별개로, 남인 이용휴와 그의 문인 이언진은 속에 대한 인정을 넘어서는 성취를 보여 매우 주목된다. 이익의 조카인 이용휴는 박지원의 '법고창신'보다 '이고離古'와 창신에 무게중심을 두어 남인 문단을 비롯하여 중인에까지 많은 영향을 미쳤다. 그리고 이용휴를 훌쩍 뛰어넘은 이언진은 백화 및 속의 다양한 이미지를 자유자재로 구사하였다. 이언진에 이르러 속은, 기존 박지원 등이 이룩한 사대부 문학에서 한 부분을 점하는 차원을 넘어, 속 안에서 '속의 미학'을 구현하는 차원으로까지 나아갔다.[118]

이상에서 18세기의 사회 변화에 조응하며 일어난 용어를 거칠게나마 살펴보았다. 그 용어들은 '시時'와 '속俗'과 관련한 것들이 많았다. 그것은 아마 성리학에서 풍부한 함의를 지녔지만 '현실[俗]의 변화[時]'를 근본적으로 내포하고 있었기 때문일 것이다. 사회에서 문학에 이르기까지 나타난 이 용어는 17세기를 거치며 조선이 이룩해 왔던 규범과 의리의 절대성을 붕괴하는 역할을 하였다. 그 방향이 질서와 사유의 해체를 지향했다고 보기는 아직 섣부른 듯하다. 하지만 적어도 변화하는 상황을 인지하거나 그에 조응하여 기준을 재고하는 수준을 넘고 있었던 것은 확실하다.

3장

외부에서 불어오는 바람

연행燕行이 불러온
나와 세계에 대한
인식

1574년(선조 7) 질정관으로 명明에 다녀온 조헌趙憲은 명을 유교의 이상이 실현된 문명으로 보고 그 제도의 수용을 조선 갱신의 조건으로 삼았다.[119] 선조宣祖는 '풍속이 서로 다름을 헤아리지 않고 억지로 본받으면 끝내 소요만 일으킬 것'[120]이라고 지리적·문화적 차이를 들어 수용하지 않았지만, 유교 이상을 염원하는 사림士林은 '삼대三代→명→조선'으로 이어지는 문명화의 답습이 시·공에 국한되지 않는 초월성을 지녔다고 인식하였다.[121]

17세기 중반 명明·청淸 교체는 조선의 사림에겐 현실 문명과 유교 가치 실현의 안정성을 무너뜨리는 일이었다. 조선의 지식인들은 '이적夷狄의 중화'와 '이적에 사대하는 소중화'란 새로운 질서 앞에서 상실된 자기 존재감을 확인 혹은 회복하기 위한 복잡하고도 긴 여정을 피할 수 없었다. 청은 명 멸망의 당사자가 아니고 오히려 천명天命을 받아 명을 위해 복수했으며 명을 계승했다는 논리에 직면하였고, 게다가 청은 100여 년에 그쳤던 기존 북방 왕조를 뛰어넘는 장구한 안정을 구가했기 때문이었다.

조선의 지식인들은 개인 저술과 가문 활동 등에서는 존명배청尊

明排淸을 공공연히 표방하면서도 공적 영역에서는 청 혹은 청을 중심한 기준을 인정하지 않을 수 없었다. 유학자의 본령이라 할 유교 문화 실현과 관련해서는 더욱 조심스러웠다. 명-조선처럼 안정적으로 답습할 차원이 아니었기 때문이다. 그들은 객관적 정보 전달에 치중하거나, 명의 유제遺制와 호속胡俗을 분리하여 취용하는 태도를 취하였다.

18세기 후반 박지원朴趾源이 《열하일기熱河日記》를 저술했을 때 국내에서 '되놈의 연호를 적은 글[虜號之稿]'이라는 큰 반발을 불러 일으킨 것은, 냉정함을 유지하거나 유제를 찾겠다는 선한 의도조차도, 형식의 근사近似를 앞세운 부정론에 휩싸였던 사정을 보여 준다.[122] 이적의 천하에서 유일한 유교 문화국은 조선이라는 인식은 장구한 기간 동안 조선인의 사고에 착근해 있었던 것이다. 객관 정보와 청의 변화를 전하는 첨병이었던 연행기록도 그 사고에서 자유스럽지 못했다. 19세기 초반의 연행기록에서도 그러한 인식의 일단을 찾기가 어렵지 않기 때문이다.[123]

하지만 청이 자신들의 성립 이유를 적극 설파하고 실제로 명을 넘어서는 성과를 가시화한 강희제 이후부터는 조선의 고정된 인식도 변하지 않을 수 없었다. 그들의 성과를 인정할 것인가 말 것인가, 명의 유제를 추출할 것인가 현실 그대로를 받아들일 것인가. 제한된 여정 동안의 한정된 교류였지만, 연행 담당자들은 조선의 동아시아 인식과 정책 그리고 그들과 우리의 정체성에 대해 깊이 숙고하였다.

3장은 18세기 연행기燕行記가 전하는 많은 정보를 정체성에 미치는 영향을 기준으로 층위를 나누고, 고정성을 강화하거나 선입견을 극복하는 과정을 계열화하여 살펴보았다. 그중 변화를 가장 깊이 인식한 부류는 이른바 '북학파'였다. 그들은 연행을 통해 조선에 굳어져 있던 청에 대한 인상을 전복시키고, 자신과 세계[동아시아]에 대한 새로운 사유 양식을 정형화하였다. 그 성과가 기존의 인식 체계에 어떤 균열을 가져왔는지, 그 파장의 결과는 어떠하였는지도 볼 예정이다. 북학파로 통칭됨에도 불구하고 그들 사유의 근저에는 미묘하게 차이나는 의식과 지향이 있었기 때문이다.

청에 대한 18세기 연행기록의 담론

17~18세기 조선에선 청에 사대하는 한편 그들을 오랑캐로 멸시하는 풍조가 공공연하였다. 연행 사신들조차 가급적 직접 말을 통하지 않고 통역에 의존하였으므로, 교린과 사대는 사신을 중심으로 이루어지지 않고 역관과 뇌물을 통해 이루어지기 일쑤였다.[124] 사신들이 의지했던 역관들은 섬세한 지식 교류를 이루지 못했을 뿐더러, 교류의 또 하나의 통로인 청어와 몽고어에도 서툴렀다.[125] 박지원朴趾源의 목격에 따르면, 역관들은 가상국, 이를테면 나약국 羅約國이 청을 침범한다는 터무니없는 날조 문서를 받아들이는 등의 '바보 놀음'을 하고, 할 일 없이 여관에 틀어박힌 삼사三使는 부화뇌동하여 떠들썩해지는 일이 빚어지곤 했다.[126] 연행의 다른 일원인 비장, 하인들 역시 청인과 응대하길 꺼리거나 그들을 멸시하

는 행태를 종종 자행하였다.

가히 '말의 부재'에서 빚어진 소통의 부재라 아니할 수 없다. 그 행태의 근저에 청에 대한 배타적 선입견이 자리잡고 있음은 물론이었다. 진지한 각성을 촉구하는 글에 대해서도 '청에 관계되었다'는 형식 논리로 재단하며 비판하는 반응이 쏟아지기 일쑤였다. 조선이 중화라는 의식이 말과 소통의 부재를 부르고, 그것은 다시 우리와 그들의 변화를 감지하고 유연한 관계맺기를 수립하는 데 장애가 되었던 것이다.

연행 경험을 전달하는 각종 연행기록은 그 점에서 보고서를 넘어, 우리와 그들에 대한 인식 전반을 보여주는 텍스트로도 독해될 수 있다. 또 그런 시각에서 연행기를 분석하면 몇 가지 층위의 의미 혹은 담론을 추출해 낼 수 있다. 미리 말하면 그 담론들은 점차 불분명한 정보들을 교정하고 또 나와 타자에 대한 새로운 관계를 구상하는 단계로 나가고 있었다.

18세기 연행 기자記者들이 가장 많은 분량을 할애하여 기술한 것은 직접적으로 인지되는 청인들의 생활 양식, 각종 건물과 기물, 산천에 대한 묘사와 인상 그리고 정보였다. 17세기 후반 이후 '북벌'을 관념 차원에서 사고하게 된 연행 기자들은 좀 더 유연하고 차분한 시각에서 전성기에 접어든 청 문물의 실상을 전달하였다. 연행에서 들르는 심양瀋陽, 통주通州, 북경 등 대도시의 인상은 거의 모든 연행기에 빠짐없이 등장하였으며 집과 창고, 사찰, 시장과 점포, 참호와 성벽, 풍성한 물화, 선박과 수레 등에 대한 묘사는 그 규모와 밀도 그리고 세련됨에 대한 놀라움으로 차 있었

다.[127]

대도시와 그 공간을 구성하는 각종 구성물의 놀라움이 클수록 그것을 가능케 한 기술·기계의 편리함과 높은 효율에 대한 관심도 증대하였다.[128] 18세기 말 서호수徐浩修가 원명원圓明園과 그 일대를 묘사하고, 그것을 가능케 한 서양 수리학의 성과를 지적한 것은 이 같은 서술 양식의 정점을 보여준다.[129] 박지원 역시 묘사를 넘어 장관을 가능하게 만든 기술을 적극적으로 고찰하였고, 박제가朴齊家는 그들의 기술 성과를 우리의 낙후한 기술과 대비하였다.

북학파가 예외이긴 하지만, 외형의 성과에 대한 소개는 대부분 사실과 간략한 인상 전달에 불과한 경우가 많았으며 그 점에서 한계도 뚜렷하였다. 18세기 초 연행기를 대표하였던 김창업金昌業의 《연행일기燕行日記》가 후대에 전승되는 과정을 보자. 그의 《연행일기》는 당시로서는 선구적으로 청의 문물을 객관적으로 그리고 풍부하게 소개하였으므로 후대 연행 사신들도 종종 휴대하였다. 그런데 그중 여러 대목은 후대에도 그대로 답습 또 답습되었다. '도시에선 벽돌과 석회를 사용하여 새나 쥐가 없다, 하수구를 만들어 오물이 없다, 우리는 저들의 요강을 술그릇으로 착각하고 저들은 우리의 요강을 밥그릇으로 잘못 쓴다'[130]는 재미있는 대목이 당대는 물론 60여 년이 흐른 후에도 거의 변함없이 인용된 것[131]이 단적인 일례이다.

김창업의 사례는 연행록이, 비록 풍부한 긍정성에도 불구하고, 한편에선 고정된 인상과 변함없이 되풀이되는 담론 체계를 형성하였음을 보여준다. 그들이 어떤 존재인지 알려주는 일은 적어도 정책 수립에 도움이 되었을 것이다. 그러나 새로운 정보와 새로운 평가로 쉼없이 갱신하지 않는 한, 그 정보들은 일정한 서사 틀 속에서 사실의 범주를 한정하는 '의미 고정[定意]' 차원에 머무르는 역할로도 기능하였다. 우리와 저들의 정체성에 대한 고민은 오히려 고정될 소지도 있었던 셈이다.

그들의 실상에 대해, 묘사와 인상보다 주관적 판단이 더 개입할 여지가 많은 것은 청의 정치에 대한 평가였다. 청 치세를 저평가하거나 그들의 쇠퇴를 바라는 기대가 지속하였음도 사실이지만,[132] 강희제의 치세가 반세기를 넘었던 18세기 초부터 그 성과를 인정하지 않을 수 없었다. 1712년에 연행하였던 최덕중崔德中은 세금의 공정함, 행정과 부역의 간소화, 검약 실천, 만滿·한인漢人의 적절한 분리 및 대몽고 정책 등을 높이 평가하였고, 같은 일행이었던 김창업은 검약, 부농책, 현명함과 유술儒術 숭상 등을 높이 평가하였다. 그럼에도 상하 분별을 상실한 풍속, 강희제의 황음과 좁은 도량 등은 비판 대상이었다. 김창업의 언급대로, 평가의 궁극 목적은 그들의 장, 단점과 득실을 파악하는 데 있었다.[133]

그러나 18세기 후반 서호수의 평가에선 평화와 번영에 대한 인상이 두드러졌다. 그는 청이 몽고, 회회인을 등용하여 중화의 이익을 외이外夷와 공유하여 변방이 100여 년 동안이나 태평세계, 낙토樂土가 된 것은 역대의 제왕도 이룩하지 못한 공업이라 하였다.[134] 청의 정치가 이룩한 안정이 내치뿐만 아니라 주변까지 안정시키고, 장기 평화로 물산이 풍부해진 사실을 높이 평가한 것이다. 그 결과 청을 위협하는 잠재력을 지녔다고 파악되었던 몽고마저 교화된 것은 놀라운 변화였다. 몽고의 변화를 목격한 서호수는, 옛날 원元에 출사했던 일 때문에 조선에서 내내 비판받았던 허형許衡의 공적을 재평가하며 화이華夷에 귀천이 없음을 실감했다.[135]

연행에 임했던 사대부들이 촉각을 곤두세운 매우 민감하고도 조심스러운 영역은 한인漢人에게서 명의 유민遺民 의식을 감지하는 것이었다. 가장 직접적인 방법은 변발과 호복胡服에 대한 그들의 생각을 떠보는 것이었다. 연행 기자들은 변발과 호복에 대한 그들의 생각을 조심스럽게 캐내거나 혹은 의도적으로 유도하며 조금의 불만이라도 보이면 적극적으로 의미를 부여하였다.[136] 또 연극에서 배우가 명나라 복식을 입은 것을 보면 세상의 변해버렸음을 슬퍼하며 앞으로 중화가 다시 선다면 그것이 전례가 되리라고도 기대하였다.[137] 유민 의식의 확인은, 조선에서 국시國是처럼 기능한 대명의리의 국제적 연대감을 확인하는 일이었다.

한편 조선인이 변발하지 않고 의복을 그대로 유지하고 있는 것을, 한족漢族들이 부러워하기라도 하면 중화 제도의 정통을 고수한 자부심을 느꼈다. 연행 기자들은 거의 예외 없이 조선의 의복이 고례古禮 혹은 명과 유사한 점이 있음을 확인받으려 했으며, 그것이 '소중화'의 증거임을 강조하였다.[138] 18세기 후반에 연행한 이압은, 베트남을 비롯한 여러 나라의 사신단이 호복을 입는 등 중화의 복색과는 천양지차임을 목도하자, 세도의 어둠을 절감하였고[139] 그에 반비례하여 유교적 예법을 고수했다는 자부심은 더욱 커졌다.

청에 대한 멸시와 조선의 자부심의 상징이었던 두발과 복식은 북학파들에겐 오히려 속좁음의 발로에 다름아니었다. 병자호란 후 청이 조선의 두발과 의복을 그대로 둔 것은 중국과 통하는 길을 막고 격리시켜 궁극적으로 조선의 이목을 가리고 발전을 저지하려는 그들 정책의 소산일 뿐이었다.[140] 그것을 모르고 한줌의 상투 하나로 스스로 천하에 뽐내는 것은 큰 허망일 따름이었다.[141] 또 조선이 자랑하는 의복조차 원元의 유풍이 섞여 있으므로 실제 고제古制와는 거리가 멀다고 지적하고는 주위의 비웃음 속에 고제의 의복을 실천하였다.[142]

두발과 복식에 대한 견해 만큼이나 지속적인 관심은 명말청초 시기 문제 인물의 정확한 행적이었다. 명을 잊지 못했다는 그들의 본심이나 혹은 불가피했던 상황 논리의 편린이라도 발견한다면 조선의 존립에 대한 유비類比가 가능하였기 때문이다. 집중적인 관심을 받은 인물은 역시 오삼계吳三桂였다. 아직 삼번三藩의 난亂에 대한 기억이 생생한 18세기 초, 공과가 엇갈렸던 오삼계를 두고 김창업이 내린 평가는 면밀하다. 그는 '오삼계가 산해관을 열고 청병을 받아들인 것은 임시변통의 의리를 지킨 것, 부친 오량이 죽은 뒤에 따라죽지 못한 것은 죄, 은인자중하다 청에 항거한 것은 장한 행위, 거병 시에 복명復明을 내세우지 않고 왕을 참칭한 것은 실절失節, 그러나 이는 바른 보좌를 만나지 못해서임'[143]이라고 상황을 고려하며 평가하였다.

김창업이 17세기 후반 조선에 알려진 오삼계의 일화, 즉 '그가 운남에 있을 때 악비岳飛의 연극을 보며 자주 울었다'는 사실을 진면목으로 간주하여, 실절失節에도 불구하고 그는 호걸이라고 결론

내린 것[144]은 그가 청의 지배에 결국은 항거했고 조선 역시 내심 성공을 바랬던 한때의 분위기를 반영한다. 20년이 흐른 1732년에 이의현 일행이, 오삼계가 거병할 때 원외랑으로 임명받았던 자에게서 오삼계의 조서를 보고 국호[周]와 연호[弘化]를 확인하자 그에 대한 평가는 더욱 호의적으로 되었다.[145]

그러나 18세기 후반 좀 더 공신력 있는 청의 자료를 접한 서호수는 명말청초의 상황을 더욱 정확히 알게 되었고, 일화나 풍문에 기초하여 형성되었던 와전된 소문을 교정하였다. 청의 내·외치를 호의적으로 평가하였던 서호수는 건륭제의 《무인집戊寅集》·《계묘집癸卯集》, 오위업吳偉業의 시詩, 당시 간행된 《개국방략開國方略》 등 청측 사료를 통해 오삼계가 청에 항복한 또다른 연유와 술책가로서의 면모를 알게 되었다. 그는 '(오삼계는) 명의 대통을 끊은 장본인이고, 부친 오량을 꾸짖은 것은 불효의 극치이며, 여색에 빠져 대의를 그르친 사람이며, 흉계에 능한 자로 조선에 삼학사三學士의 이력을 적어 보낸 것도 책략에 불과하다'[146]고 혹평하였다. 송시열宋時烈, 김간金榦 등의 선배들조차 오삼계를 순충純忠의 신하요, 오왕吳王이라 일컬었던 100년의 관행을 서호수는 정사正史를 통해 교정했다고 자부했다.[147]

서호수는 심하 전투에서 장렬하게 전사하여, 조선의 충의를 상징하였던 김응하金應河에게 내린 '요동백遼東伯'이란 포장조차 믿을 수 없다 하였다. 그는 건륭제의 《계묘집》을 통해 청에 항복하여 〈이신전貳臣傳〉에 오른 명의 장수 홍승주洪承疇가 명 조정에 전사자로 와전되어 우대받았던 사실을 알게 되었다. 명의 정보 체계가 그렇게 심하게 와해된 당시에 조선의 편장에 불과했던 김응하에게 명 황제가 요동백을 추증하고 사제문을 내렸다는 사실을 그는 믿기 어렵다고 결론내렸고, 사제문조차 매우 조잡하다고 평가하였다.[148] 그의 작업은 대명의리와 관련해 조선에서 상식처럼 믿어졌던 담론의 허구성을 교정했다는 점에서 주목할 만하다.

이상 대명의리와 관련한 민감한 부분에서 연행 기자들의 인식을 살펴보았다. 공자가 피발좌임被髮左衽을 중화와 이적을 가르는 상징으로 언급한 이래 두발과 옷모양은 연행 당시는 물론, 개화기 동아시아 3국에서 공통적으로 진통을 겪을 정도로 '내면화한 문명의 상징'이었으나 18세기 후반에는 그것이 헛된 자부심라는 인식에 도달하였다. 명말청초의 새로운 사실들에 접하면서 굳어진 역사 기억을 일정하게 교정했던 것도 내면화된 신념 체계의 기반을 허무는 작업임은 물론이다.

북학파의 새로운 사유 : 시각의 상대화

연행을 통해 느끼는 청의 현실은 조선인이 일반적으로 갖고 있던 선입견과 매우 달랐다. 18세기 초 김창업金昌業은 '욕심 많고 기강이 없으며 모든 일은 뇌물로 해결한다'던 그들을 막상 만나보니 '마음이 밝고 통이 크며 모든 일을 이치에 맞게 처리하는' 존재였음을 알게 되었다.[149] 선입견은 크면 클수록 깨지기 쉬웠다. 황제가 이궁 15개를 지어 놓고 미녀를 모아 사치한다고 들었던 창춘원

暢春園은 소박하고 건실하여 시골집과 다름이 없었기에 와전의 정도를 실감할 수 있었다.[150] 조선 사람들의 일상에서 굳어진 선입견을 타파하기란 물론 쉽지 않았다. 18세기 후반에도 그들의 비상식은 즐겨 전파되어 선입견을 강화하였으며 그에 대한 정당한 교정은 비난받았기 때문이었다.[151]

선입견이 무너지는 한편에서 연행 기자들은 '변해 가는 그들'에 조응하는 유연한 인식의 필요성 또한 느끼고 있었다. '청인은 순실純實하고 한인漢人은 반대다'라는 시각에 대해 김창업은 이제 청인이 중국에 들어온 지 오래이고 그들 또한 문치에 점점 교화되어 가고 있다고 보았다.[152] 시간의 흐름을 또 하나의 요소로 고려하기 시작한 것이다.

문화 또한 마찬가지였다. 실제로 느낀 그들의 문화는 명의 유제와 이적의 문화로 양단할 수 있는 성질이 아니었다. 이상적으로 생각했던 명의 문화조차 원의 문화가 섞여 있었기에 순수한 중화가 아니었던 것처럼, 청의 제도에도 명의 유제가 뒤섞여 있었다. 전부田賦와 민역民役 같은 중요한 제도는 오히려 청이 명말의 혼란을 수습하고 명 전성기의 제도를 회복한 것이었다.[153] 머리 속에 존재하는 '고정된 이상'은 존재하지 않았으며 실제 존재하는 것은 혼종된 문화였던 것이다.

18세기 초반의 연행 기자는 변화의 단초를 감지하긴 했지만, 그것을 통해 사유의 개변까지 도달할 정도의 충격을 받진 않았다. 연행기에서는 감정을 자제하고 그들의 장단을 균형있게 서술했던 김창업의 경우도 시詩를 통해서는 북벌의 이상을 상기하고 이를

실현하지 못하는 자신의 불우한 처지를 강하게 한탄하였다.[154]

18세기 중후반 홍대용洪大容을 필두로 쓰여진 연행기는 여러 면에서 기존 연행기의 경험을 정리하고 새로운 사유 지평을 열고 있었다. 18세기 초 최고의 연행기를 남겼던 김창업조차 이치를 제대로 몰라 부정확하게 묘사하였던 천주대(천주당) 안의 파이프 오르간에 대해, 홍대용은 제작과 이치를 터득했을 뿐만 아니라 즉석에서 조선 음악을 연주하기도 하였다.[155] 그의 일례는 일정한 수준으로 집적된 경험들이 새로운 단계에 진입하였음을 보여주는 단적인 일례다. 기존 연행의 공과를 탁월하게 유형화하고 나아가 새로운 관점을 제시하였언 박지원朴趾源의《열하일기》또한 같은 맥락에 서 있었다.

박지원은 〈일신수필馹汛隨筆〉에서 변발했다는 이유만으로 간단히 청을 도외시하는 상사上士, 비록 청을 구체적으로 관찰했지만 대명의리를 견지하고 북벌을 염원하는 중사中士에 대해 일단 그들이 춘추의리에 투철하다고 칭찬한다. 중사의 언급에 뒤이어 그는 천하를 위해 좋은 법이라면 이적에게서도 배울 수 있는데 하물며 청에는 역대 중국의 유제가 남아 있으므로 그 법을 배워야 진실한 북벌이 가능하다고 하였다.[156] 여기까지는 전형적인 연행 자세와 그에 대한 수정적 시각이라 할 수 있다.

그런데 박지원은 자신과 같은 하사下士는 청의 장관이란 '기와 조각과 똥 부스러기에 있다'는 가히 파천황의 발언을 한다.[157] 그는 상사·중사는 물론, 좋은 법의 수용은 이적을 가리지 않으며 청에서 명의 유제를 찾을 수 있다는 논리마저 일거에 부정하고, 단번에 새로운 사유 틀을 선포해버린 것이다. '기와 조각과 똥 부스러기'는 견문이란 모름지기 선입견에서 벗어난 자유로움과 차별 없이 두루 적용하는 시각에 연동運動해야 함을 역설적으로 강조하기 위해 사용한 비유였다.

연행기는 새 세계를 접한 주체의 경험 기록이기도 하다. '세계'로 간주되었던 중화와 그 산천에 대한 직접 경험은 사유의 전복을 마련하는 자연스런 계기가 되었다. 연행기에 상투적으로 등장하는 '요동벌을 보고 천지가 큼을 안다' 혹은 '이제 우물 안 개구리를 면했다'라는 구절은, 비록 청의 지배로 인해 복잡해지긴 했지만, 여전히 천하 인식의 원천으로 작용하였던 연행의 속성을 잘 보여준다.

평양 출신으로 연행기를 남긴 김정중金正中은 '장독 안에서 초파리처럼 우글대다 이제 황홀한 공간으로 나오고', '새장에 갇혀 답답했던 참새가 하늘을 날며 세사의 근심을 잊게 된' 감회를 감격스럽게 전한다.[158] 지방 선비의 소박한 서술에서도 연행이 제공하는 자유로운 사유의 계기와 넓어진 시선으로 기존의 나를 되돌아보는 장면이 연출되었다. 그 과정을 섬세하게 포착한 이는 박지원이었다.

박지원은 책문에서 청의 정돈된 민가를 바라보다 문득 시기하는 마음이 일어남을 느꼈다. '본래 남을 부러워하지 않았는데 다른 나라를 보자마자 그 마음이 일어난 까닭은 왜일까. 그것은 견문이 좁은 탓이었다. 만일 여래如來의 밝은 눈으로 세계를 두루 살핀다면 만물의 평등을 알게될 터이니 그러면 저절로 시기심은 사라진다.'[159]

견문의 확대는 곧 선입견의 깨어짐이고 고착화된 사고 틀에서의 탈피이다. 그 결과 얻어진 시각은 세계를 차별 없이 대하는 것이며 그들과 우리를 다양하게 볼 수 있는 시각의 상대화였다.

박지원은 연행 동안 다양한 층위의 문제를 다른 관점에서 음미하거나 경험하였다. 북경의 주점에서 몽고와 회회인을 보았을 때는 그들의 복색을 관찰하면서도 그들은 내 복색을 어떻게 볼지를 상상하며, 그들에게 보이기 위해 호기로 술을 들이킨 일화[160]는 연행 일상에서의 호기심과 세심함을 보여준다. '그들이 강희 이전에는 명의 유민이었으나 그 이후에는 청의 신민이 되었으니, 외국인[조선인]에게 자기 정부를 반대하는 말을 하면 난신적자이고 자기 황제의 은택을 자랑함은 그들 입장에선 당연한 것이다'[161]라는 생각은, 비록 이어지는 결론이 조선 사신의 성급한 재단을 책망하는 것이지만, 그들의 명분을 그들의 입장에서 이해함을 보여준다.

청의 학자에게 우주관을 설파할 때는 시각의 상대화가 더욱 두드러졌다. 박지원은 만일 달에 또 하나의 세계가 있다면, 우리가 달빛을 음미하듯이, 그들도 지구에서 쏟아지는 빛을 구경하리라는 기발한 상상을 언급하여 듣는 이의 감탄을 자아냈다.[162] 그의 우주관은 김석문金錫文과 홍대용의 지구설과 지전설에 영향받은 것이기도 했지만, 자신 또한 달 속의 세계를 가설하고 달과 지구의 입장을 바꾸어 숙고해 낸 결과이기도 하였다.[163]

연행에서 돌아온 박지원은 고정된 시각에 사로잡혀 사물을 재단하는 사고의 위험성을 면밀하게 전개한다. 까마귀의 빛깔에 대한 유명한 논설이 그것이다.[164] '까마귀가 검다'는 생각을 가진 이는 검은 빛 속에 들어있는 푸른 빛과 붉은 빛을 볼 수 없으며 나아가 외물을 자기 기준에 맞추어 재단하고 단정해버린다. 그의 인식을 오류로 이끈 결정적인 원인은 본 것이 적기 때문이었다.

다양한 시각을 경험한 사람에게 사물은 다양하게 보인다. 산 위에서는 아래 사람들이 개미처럼 보이나, 산 아래 사람은 산 위 사람을 머리 속의 이[虱]처럼 보듯이, 관점은 위치·형체·원근에 따라 다양하게 차이나며 사물은 달리 보이게 마련이다.[165] 그렇다면 참 식견은 무엇인가. 박지원은 옳다고 여기는 것과 그르다고 여기는 것의 중간, 상황에 따라 이렇게도 옳고 저렇게도 옳을 수 있는 것이 가능한 중간이라 하였다.[166] 참 식견은 요컨대 내가 본 사실과, 나는 알 수 없지만 다른 편에서 보이는 사실의 사이[中]에 존재하고 있다. 시각에 따라 달리 보이는, 즉 상황에 따라 유동하는 사실은 '나와 타자가 공통으로 참여하는 인식'이라는 지평의 확장을 낳는다. '단일한 척도로는 가늠되지 않는 각기 올바르고 정당한 척도들의 동시 공존 가능성'인 것이다.[167]

상대적 시각의 심층 의식과 지향

● 홍대용의 공관병수 公觀併受

홍대용洪大容은 연행에서 청의 선비들을 만나 상당한 필담을 나누고 돌아왔으나, 선배 김종후金鍾厚에게 신랄한 비판을 들었다. 이에 대해 그는 세 가지 이유를 들어 자신과 필담을 나누었던 이들의 처지를 변호하였다. '첫째, 그들은 불행한 때 태어나 힘에 굴복하였으므로 슬픔을 참을 수 없다. 둘째, 강희제 이후에 안민 정책에 익숙해진 지 100여 년이 흘렀기에 명에 대한 의리만을 고집할 수 없다. 셋째, 군자의 은택도 5세대가 흐르면 다해지듯이 시대는 변하게 마련이므로 옛 임금을 잊는 것은 인정과 천리로도 어쩔 수 없다.'[168] 첫째와 둘째는 상황에 따른 인정론으로 기존 연행 기자들도 종종 말한 것이다. 주목할 부분은 셋째이다. 의리가 시대에 따라 변함은 천리로서도 어쩔 수 없다는 것은, 의리의 절대성에 균열을 내는 일이면서, 절대의 원칙은 의리가 아닌 '시대의 흐름'으로 전환할 수 있다는 가능성을 보이는 것이었다.

홍대용은 기물器物의 변화에서 사상의 속성에 이르기까지 유사한 생각을 견지하였다. 시대에 따른 기물의 변화 이유를 묻는 왕세손[정조]에게 '시대에 따라 숭상하는 것이 변하는 것은 본래 그러하므로 오직 그 변화를 보아 세상 운수의 승강을 짐작할 수 있다'[169]고 응답한 것은 단적인 일례이다. 《여손용주서與孫蓉洲書》에 나타난 이단관은 관용을 넘어 어떤 사상이라도 시대 속에 존재하므로 그 궁극의 지향이 어떠해야 하는지를 잘 보여준다.

홍대용은 양주와 묵적, 도가와 불가, 양명학과 사공학이 각기 장점이 있고 시대에 공헌한 바가 있으므로 그들을 용인해도 세도에 해가 되지 않을 것이라 전망하였다. 흔히 이단의 유폐流弊를 말하지만 유폐란 천하의 모든 일에 없을 수 없으므로, 성인聖人의 도道 역시 소인에게 이용됨을 피할 수 없다 하였다. 이단의 지향도 궁극적으로 선을 행하는 것이니, 나는 나의 종지를 따르고 그들은 그들의 종지를 따를 수 있도록 허여해야 하며, 각기 선을 닦고 장점을 다한 뒤에 사욕이 없어지고 선량하게 된다면 대동大同이 이루어질 수 있다 하였다.[170]

전반부는 이단에 대한 관용과 취장取長의 관점이지만 더 중요한 것은 후반부이다. 홍대용에게 유학도, 이단에 비해 정도차는 있지만, 시세時勢의 흐름을 벗어날 수 없기는 마찬가지였다. 유학과 이단은 한계를 동일하게 지닌 존재인 것이다. 그렇다면 한 조류를 절대화하는 것이 아니라 각기 직면한 상황 속에서 최선을 다하는 자세가 중요하였다. 대동은 각 사상의 길을 용인하고, 주어진 상황 속에서 최선을 다한 후에 가능하였다.

홍대용의 편지에서는 두 가지 견해를 도출해 볼 수 있다. 하나는 사상의 절대성에 대한 부정과 그 자리에 올라선 시세[상황, 時宜]의 위상이고, 다른 하나는 주체의 존재감에 대한 승인에 바탕한 통일이다. 그런데 두 견해는, 박지원의 경우와 마찬가지로, 시각의 상대화와 긴밀히 결합하여 있었다. 유명한 《의산문답醫山問答》의 논리 전개가 그렇다.

《의산문답》의 전반부는 지구설, 우주무한설, 외계인의 시각 등을 통해 지역 중심, 지구 중심, 인간 중심의 관점을 벗어날 것을 촉구한다. 땅과 우주에 대한 상대적 시각은 후반부에 시세관[역사관], 성인관, 춘추관[의리관]에도 그대로 반영되었다. 그런데 대미를 장식하는 이른바 '공자가 구이九夷에 살았다면 중국의 문물로서 오랑캐를 변화시키고 주나라 도를 역외域外에서 일으켰을 것이니 안과 밖의 구별과 높이고 물리치는 의리에 대해 마땅히 《역외춘추》를 지었을 것이다'라는 구절은 애매할뿐더러 읽기에 따라선 앞서 제시한 인물균人物均과 화이무분華夷無分의 논제를 뒤집는 것처럼 보인다.[171]

　이 부분은 시세관과 성인관을 연결하여 파악해야 한다. 화이관은 실옹實翁이 시세관과 성인관을 설명하며 내린 결론이기 때문이다.
　실옹의 시세관과 성인관은 시대와 풍속의 변화가 자연이고 필연이며 그에 따라 성인聖人의 법도 오히려 폐단이 될 수 있다는 것이 핵심이다. 말하자면 성인의 법 곧《춘추春秋》가 만세법이 아니라 인물소장의 필연성이 만세법이다. 예컨대 성인의 법이 시세가 변한 후에 질곡으로 작용하는 것도 필연이고, 중국이 떨치지 못하고 오랑캐의 운수가 자라는 것도 천시의 필연이다. 그렇다면 성인은 어떤 존재인가. 그는 시세를 따르고 풍속에 순응하는 도리를 펼치는 존재이다. 따라서 성인의 역할 또한 상대적이다. 공자는 이미 물·아와 내·외가 구분된 시대에 태어났고 그 분열된 세계가 상대를 인정하지 않고 서로 침범하는 시대에 태어났기에 그 질서를《춘추》로써 엄격히 바로잡으려는 것이며 그 반대의 경우에서도 여전히 그러할 것이다. 이것이 춘추관에 담긴 언의로 보인다.[172]
　홍대용의 사유를 이상과 같이 본다면, '만물의 상대성 혹은 가치를 인정했다'는 기성의 연구와 큰 틀에서는 차이나지 않지만, 좀 더 섬세하게 그 의미를 재구성해야 한다고 본다. 그가 주장했던 가치의 상대성은 시세의 강조와 시각의 상대화를 동반하고 있었기 때문이다. 시세의 강조는 절대적 기준의 무화無化이자, 그 기준에 의거해 상대를 파악하는 관점의 폐기이기도 하다. 무화와 폐기 위에 새롭게 등장하는 기준은 오로지 '상황의 기준[時宜]'이며, 상황의 기준을 인지한 주체는 선입견에 매달리지 않고 각자의 시각에 따라 달리보이는 다양한 가치를 받아들인다.[173]

요컨대 홍대용의 시각은 '자기 선입견을 배제한' 주체에 의한 '시각의 상대화와 가치의 상대화'가 정확할 듯하다. 그때 선입견을 배체한 주체란 자기 중심적 사고에서 벗어난 자이자 세계의 구성물 모두가 스스로 중심임을 인정하는 자이다. 그때는 중심이 없다고 해도 되고 모두가 중심이라 해도 된다. 세계는 중심들의 상호 교류 속에 형성된 것이다.

선입견을 배제하고 그들을 그들대로 인정하고 수용한 홍대용의 사유가 얼마나 내면화하였고 구체적이었는가. 그가 김종후와 편지 왕래할 때에도 '성인의 법도 폐단이 없을 수 없다'는 것은 큰 논란이었다.[174] 홍대용은 패역한 말이라 인정하지만, '성인은 이단을 배척할 때 공평한 마음으로 가르치고, 분변하여 나무라다가 그래도 안 되면 올바른 자를 해치지 못하게 하기 위해 부득이하게 성토하는 것이니, 자신 또한 공평한 마음을 기대하여 기탄없이 말한 것이므로 성토하듯 대하지 말아 달라'하였다.[175] 비판을 수긍하긴 하지만 자신의 본심 또한 가감없이 전달한 것이다. 그와 김종후를 화해시키려 했던 다른 이에게 보낸 편지에서는, 예禮를 행하는 데 시의時義가 중요하므로 시대의 변화에 따라 융통성을 살려야 한다는 시세론을 길게 설명하고, 옛 자취와 법문法門의 형식에만 시각을 고정하여 자신을 배척하면 자신은 김종후에게 장자莊子나 왕양명王陽明 혹은 왕패병용王覇並用을 주장한 진량陳亮이 될 수밖에 없다 하였다.[176] 시세론과 의리관에 대한 비판을 수긍하지 않았던 그의 내면이 엿보이는 대목이다.

〈일동조아발日東藻雅跋〉과 〈증원현천귀전사贈元玄川歸田舍〉를 통해서는 그 구체성을 살필 수 있다.[177] 〈일동조아발〉에서 홍대용은 저자 원중거元重擧의 '정학을 밝히고 사설을 없앤다'는 의도에 동조하지 않고 오히려 도는 어디서든 행해질 수 있다 하며 일본의 문물 성과를 적극 평가하였다. 또 그들이 유학으로 인해 문치가 승해졌으므로, 그들의 서쪽 이웃[西隣]인 우리와 평화롭게 지낼 수 있다고 보았다.[178] 〈증원현천귀전사〉에서도 일본의 이토 진사이伊藤仁齋와 오규 소라이荻生徂徠를 칭찬하고 이어 사해는 모두 하늘이 낸 백성이고 현賢·준俊은 한 길이 아니며, 일본과 조선은 언모와 풍속이 다르지만 기의氣義는 같다고 하였다.[179] 차별 의식의 잔재를 찾을 수가 없다.

홍대용이 연행을 통해 북학파의 선구가 되어 문물 소통을 강조했던 것은 주지의 일이지만, 당시의 일반적인 일본 인식이 문물의 성과를 높이 평가하면서도 윤리성에 동조할 수 없었던 것[180]과 비교하면 그 차이가 더욱 선명하다.

● 박지원의 시문時文·속필俗筆 강조와 주체성

박지원은 시세와 상대적 시각의 강조에서는 홍대용과 유사하였다. 시각의 상대화에 대해서는 앞서 보았으므로 여기서는 '시의時宜'를 강조하였던 점 몇 가지만 제시해 본다. 박지원은 문장이 이치에 맞는다면 집에서 쓰는 말도 학교에서 가르칠 수 있고 동요나

속담도 《이아爾雅》에 속할 수 있으니 좋은 글은 격식과 문투를 넘어야 하는데, 마치 전쟁에서의 승리는 주어진 여건의 바른 활용이 관건이듯이, 그 방법은 때에 있고 법에 있지 않다 하였다.[181] 변통의 강조는 문학에서 의고擬古하는 풍조에 대한 부정이고, 심사心似의 강조이자 형사形似의 부정이며, 나아가 '(《서경》의) 은고殷誥와 《시경》의) 주아周雅는 삼대의 시문時文이고, 이사李斯와 왕희지王羲之의 글씨는 진秦과 진晉에서 유행하던 속필俗筆이었다'라는 규정으로 이어진다.[182]

박지원의 사고에서는 '고속古俗'이나 '아雅'를 이상적이고 절대적인 기준으로 놓고 현실을 그곳에 맞추어야 한다는 사고에 대한 전복이 엿보인다. "고古를 기준으로 금今을 본다면 금이 비속하지만, 옛 사람들이 세운 기준 역시 또한 '하나의 금'이었다. ……'금'이라는 것은 '고'에 대비할 때에 일컫는 것이다.[183] 지금의 기준인 고 역시 애초에 금이었기에 오로지 존재하는 것은 '금' 밖에 없다. 따라서 고는 금이 돌아가야 할 준거의 지위를 잃어버리며, '고'와 '금'은 비교, 참작을 위한 전거에 불과하게 되었다. 좀 더 구체적으로 보자. 그는 《시경》은 "조수와 초목의 이름이 아닌 것이 없고, 여항의 남녀가 나눈 말들을 기록한 것에 지나지 않는다. ……만약 성인이 중국에 다시 태어나 열국의 국풍을 관찰한다면, (이덕무의)《영처고嬰處稿》를 살펴봄으로써 우리나라 조수와 초목의 이름을 많이 알게 될 것이고, 우리나라 남녀의 성정을 살필 수 있을 것이다. 따라서 《영처고》는 '조선의 국풍'이라 불러도 될 것이다"[184]라고 하였다. 고금의 기준에 관통한 성인은 오히려 지금의《영처고》를 (시경의) '국풍'과 같은 지위를 부여할 것이다. 그 선언은 시세를 관통한 성인이 《역외춘추》를 지을 것이다라고 언급한 홍대용의 사유와 흡사하다.

그러나 박지원의 지향마저 홍대용과 흡사했던 듯하지는 않다. 《열하일기》 전편에 흐르는 섬세한 관찰과 도저한 사유의 초점은 터무니없이 그들을 경멸하고 타매하는 조선의 풍조에 대한 비판이었고, 그 귀결은 주체 의식의 복구에 맞추어져 있었다. 실제 그는 연행 도중 곳곳에서 의리의 원칙을 부정하는 선을 넘지 않았는데 그것은 문학 영역에서 자신이 세운 입장과 모순일 수도 있었다.[185] 예컨대 지나친 예법과 정절을 강요하는 풍조에 비판적이었던 왕민호王民皥와 학성郝成의 견해에 동조하면서도 비판에만 너무 열중한다면 절의를 배척하는 의논으로 흐를 것을 경계하였다.[186] 다른 날의 논의에서는 의리가 상황에 따라 달라짐을 강조한 왕민호의 견해에 대해 그럼에도 불구하고 '물은 아래로 흐르는 본성이 있다'는 맹자의 언급을 강조하거나 성인의 정미한 뜻을 추측할 수 없다고 유보하였다.[187]

적어도 박지원은 연행 당시에는 존주의리尊周義理의 확인을 매우 의식하고 있었다. 그는 건륭제가 1775년(건륭 40, 영조 51)에 내린 유시에 명말의 절개 있는 인사와 학자를 찬양하고 시호를 표창하였으나 조선의 삼학사三學士와 김상헌金尚憲이 빠져 있는 것을 보고는, 삼학사 등의 절의를 모를 리 없는 그들의 의도를 추리하며 매우 애석해했다.[188] 조선과 재조지은再造之恩으로 맺어진 명은 그에겐 진정한 상국上國이었으나, 청은 비록 유례없는 성전盛典을 베풀고는 있지만 그것은 우리가 사대한 효과와 우리를 회유하는 정책이 맞아떨어진 것에 불과하였다. 평화가 장기간 지속되고 조선이 후대받는 이면에서 자라는 경계심의 해이야말로 그의 고민의 한 축이었다.[189]

그렇다면 박지원의 심층에는 북벌 정신의 갱신과 같은 강한 책임 의식과 윤리성이 자리잡고 있었다고 볼 수 있다. 시의와 시각의 상대성에 대한 강조는 그 근원의 정신을 몰각하고 오로지 과거의 시선을 전취專取하여 현재 자신의 기득권을 지키는 이들에 대해 과거와 현재가 모두 그러하지 않음을 보여주기 위한 차원에 가까웠다. 즉 근원으로 회귀하기 위해 동원한 종속 변수에 불과할 수도 있었다. 따라서 그에게 북학을 통한 소통과 개안은 결국 북벌을 향한 것이었다. 상대성을 강조하면서 끝끝내 주체성에 대한 고민을 놓지 않은 그에게선, 지금의 주체성을 강조하는 세계화와 유사한 사유 틀을 읽을 수 있다.

● 박제가의 가치 기준 바꾸기

당대 어떤 학자보다 개방적인 문물 소통을 주장한 박제가의 인식은, 홍대용·박지원과 외면상 유사함에도 불구하고, 심층 의식과 지향은 두 사람과 달랐다. 의복에 대해 그는 세상의 모든 제도에 결함이 있음을 인정하며 중국은 남자가 호복胡服을 여자가 고제를 고수하지만 우리는 오히려 여자의 의복에 원元의 풍속이 남아 있으니 고법을 위해서는 중화의 본래 제도를 따라야 한다고 주장하였다.[190] 세상 모든 제도의 결함을 인정하고 청과 우리를 객관화시켜 보긴 하였지만 그에게 '고제古制'의 절대성은 여전하였다. 그것은 고제에 가깝거나 본래 정신을 살렸다는 이유로 선진先進적인 것이 절대적이고 그에 들지 못한 존재는 후진後進에 있다는 차별 논리가 존재하였다. 어찌보면 기존의 중화 의식의 잔재가, 다만 기준만 바뀐 채 존재하는 듯하였다.

나와 타자의 존재성에 대한 진지한 물음을 동반하지 않은 채, 실질을 위한 수용만을 강조한다면 비교와 차별은 커질 수밖에 없었다. 논란 많은 한자전용론을 재음미해 보자. 박제가는, 한자는 문자의 근본이고 말과 문자는 일치될수록 좋다는 대전제를 바탕으로, 어문이 불일치한 조선이 삼대三代를 실현하려면 중국 말을 따라야 한다고 주장하였다.[191]

박제가가 강조한 대전제의 하나인 어문일치의 긍정성은 누구도 부인하지 못할 것이다.[192] 그에게 '한글전용'까지 바라는 것은 무리이므로, 어문일치까지라도 고민폭을 확장시킨 점은 높이 평가할 일이다. 문제는 어문일치의 필요성에 대한 지나친 집착이 너무도 쉽게 '우리 말'에 대한 포기로 이어졌다는 점이다. 그의 포기가 '반민족적', '주체성 상실'이란 차원에서 비판될 수도 물론 있지만 그것 또한 피상적이다. 박제가 또한 궁극적으로 조선을 위한 개혁의 연장선에서 주장하였기 때문이다. 그렇다면 그의 한문전용론이 쉽게 몰주체에 빠지게 된 원인은 결국 타자와 주체와의 적절한 긴장과 의존을 상실했다는 지점에서 찾아야 할 듯하다.

우아한 문명에 대한 박제가의 동경 역시 문화의 품격과 삶의 질을 강조하는 긍정적 측면과 선진에 대한 갈망이 혼재되어 있다. 그는 고동서화가 일상이나 백성들의 삶에 관계없다 하여 도외시한다면 우아한 문명의 경지와 스스로 인연을 끊는 것이므로 삶의 향기가 배어나지 못할까 두려워하면서, 그 시장이 활성화된 중국이 문명의 본고장이라고 찬탄하였다.[193]

　박제가가 당대의 어느 인사보다 폭넓은 견문의 확대를 주장하고 예리한 안목으로 동아시아 무역을 관찰하며 먼저 중국과 무역을 개시한 후에 점차 일본 등지로 무역 대상국을 넓히자고 주장한 것은 높이 평가할 수 있다.[194] 특히 일본의 기술과 무역 상황에 대한 그의 인식은 당대 누구도 따라오지 못할 수준이었다. 하지만 그럼에도 불구하고 그의 대일관은 그들도 애초부터 가능성이 있었다는 개방적 자세가 아니라 '뜻밖에도《주관周官》의 일부가 오히려 섬나라에서 실현되었다'[195]는 차별이 전제된 인식에서 출발하였다.

　박제가에겐 기준 자체가 고정적이며, 변화한 것은 그 기준이 조선에서 중국으로 이동한 것으로 보인다. 물론《북학의》의 마지막 부분은 '존주尊周' 정신의 강조이긴 했다. 하지만 그 기술은 기준의 고정성을 더욱 강화하는 의미에서의 존주였다. 따라서 존주의 신념이 약화된다면 그것은 바로 선진의 수용으로 넘어갈 수 있었다. 기술과 풍속에 대한 그의 상대적 인식은 중국을 절대적 기준으로 삼아나가는 데에 복무하였다. 그것이 당시 조선의 기술적 난점을 타개하는 데는 큰 의의가 있으나, 오로지 돌파구를 타자화된 기준에서 수혈받으려는 데서 문제가 생긴다. 그 지점에서 상대성은 급속히 축소되며 조선의 위치는 지나치게 왜소해지기 때문이다. 그의 사유에서 기준의 절대성이 포기되지 않는다면, 그의 사유는 주체 사이의 위계성을 설정하는 곳으로 나아감은 필연일 듯하다.

4장 ─ 가치의 조정, 신념의 변화

이용후생利用厚生의 부상과 서학西學의 파장

성리학의 개념들은 오랜 기간 보편과 문명의 키워드로 작용하면서 때론 기성 질서의 옹호자로 때론 변화 동력의 제공자로 정합과 균열을 거듭하였다. 조선에서는 17세기 중반 이후 이념적 성격이 강화되었지만, 18세기에 접어들어 이념의 구심력이 약해지면서 성리학적 문명의 함의는 여러 갈래로 분화하였다.

많은 지식인들은 19세기까지 성리학의 지상至上적 가치를 옹호하였다. 그들은 주자학을 중심으로 동아시아 문명이 재편되기를 여전히 꿈꾸며, 중국의 고증학과 일본의 고학이 이룩한 성과를 비판하거나 훈계하였다. 정조와 고종 같은 국왕들은 주자학을 완벽하게 복원하거나 유교를 국교로 선포하여 넓은 차원에서 '유교국 조선'을 실현하려 하였다. 그들은 성리학적 세계에만 머물지 않았다. 유학의 경세적 성격을 강조하거나, 공리적 성향을 수용하기도 했으며, 기술 방면에서는 서학의 일부 측면까지 용인하였다.

한편 일부 지식인들은 주자주의가 구축한 시공간에 문제를 던지고, 당연하게 여겼던 사유 체계에 도전하였다. 그들은 '청이 망할 것이다'라는 역사 전망을 수정하였으며, 나아가 절대적 가치로 간주되었던 의리, 성인, 경전 등을 역사 속의 한 시점으로 고정시켰다. 그러나 가장 잠재적인 불온성은 서학西學에서 찾아야 할 듯하다. 서학은 학문 차원에 머물지 않았으며, '교敎' 차원의 대립을 동반하였다. 물론 유교는 도교, 불교 등 오래된 숙적들과 싸워 그들을 이단으로 추방한 경험이 있었다. 그러나 새로 마주한 서교는 교敎 차원의 가치 외에, 세계관의 변동을 수반하는 이데올로기였고, 천문·수학·기술력을 지닌 지식이었으며, 무엇보다 현실에 존재하는 문명이었다. 이윽고 조선에서는 자발적으로 서교西敎로 투신하는 이들이 나오기 시작했다.

이번 장에서는 18세기의 주자학의 정합성을 탈피하는 움직임을 두 사례를 통해 살피려 한다. 첫 번째는 '이용후생' 개념의 동향이다. 이용후생은 유학의 경전에서 파생한 용어이다. 신조어는 아니었지만 정조대에 급격히 사용 빈도를 높이며 물질 방면의 개선을 상징하는 용어로 기능하였다. 이용후생은 유교의 개념이 여전히 보수적으로 기능하거나, 기존 용법을 조정·수정하거나, 때로는 급진적으로 전환하는 일이 가능하였음을 보여준다.

두 번째는 서교가 미친 파장이다. 서학의 성과들은 다양한 차원에서 수용되었다. 부정하기 어려운 그 사실들 앞에서 진리의 복수성, 지리적인 중심의 해체, 다른 방식의 학문 체계 등이 제한적이나마 수용되었다. 그러나 서학이 전하는 가치[敎] 차원의 개념들은 조선의 근간을 흔들 수도 있었으므로 매우 민감하였다. 두 이질적인 개념이 소통하거나 갈등하는 양상은 19세기 이후 더욱 전면화되는 동서양 만남의 전초전이기도 했다.

이용후생利用厚生의 의미와 사례 빈도

18세기 주자주의의 균열이 생겨났다 해도, 그 균열을 비집고 새로운 개념이나 용어가 튀어나오기란 불가능했다. 한문으로 구상된 세계 속에서 아무리 급진적인 사고를 전개했다 할지라도 그것은 한자의 기호성을 인식하거나, 속어(한글) 사용의 정당성을 찾는 수준이었다.[196] 따라서 주자주의의 절대성을 상대화하는 당시 지식인들이 택할 수 있는 길이란 경전의 개념이나 용어의 의미를 새로 조명하거나 해석하는 길 밖에 없었다. 선행 연구들은 그 점을 잘 감지하고 있었다. 이른바 북학파의 지향을 '이용후생'으로 파악한 연구는 북학파가 이용후생이란 용어를 기존과 다르게 사용했음을 통찰한 결과로 보인다.

이용후생의 출전은 《서경書經》〈대우모大禹謨〉편이다. 우禹가 순舜에게 올린 "군주가 선정善政하고 양민養民하면 백성들의 덕을 바로잡는 정덕正德, 백성들의 물화가 넉넉해지는 이용利用, 삶의 윤택해지는 후생厚生이 조화를 이룰 것이다"라는 간언이 그 내용이다. 이 말에서 정덕·이용·후생은 군주의 선정과 양민의 결과이자 실현태이다. 굳이 따지자면 바른 정치의 결과인 정덕·이용·후생은 순서를 따질 수 없고 조화를 이루는 가치 개념이라 할 수 있다.

성리학자들은 《서경》의 용례를 성리학 식으로 바꾸어 사용했다. 일반적으로 성리학에서는 국왕이나 치자治者 일반의 수신을 바른 정치의 출발로 여기고, 민생과 복리는 결과로 간주하는 경향이 강하다. 따라서 정덕·선정을 치자에게 짝지우고, 양민의 효과를 이

용과 후생에게 짝지우는 논리가 많았다.[197]

박지원은 성리학 식의 해석을 뒤집었다. 그는 '이용한 후에 후생할 수 있고, 후생한 후에 정덕할 수 있다'고 순서를 바꾸어버렸다.[198]

성리학자와 박지원의 사례에서 보듯이, 이용후생은 경전에서 유래한 개념이면서, 경서의 의미가 변화되어 쓰였다. 개념의 변화를 보여주는 구체 사례로 추적해 볼 만한 것이다. 이에 《조선왕조실록》의 '이용' 빈도를 검토하였다.

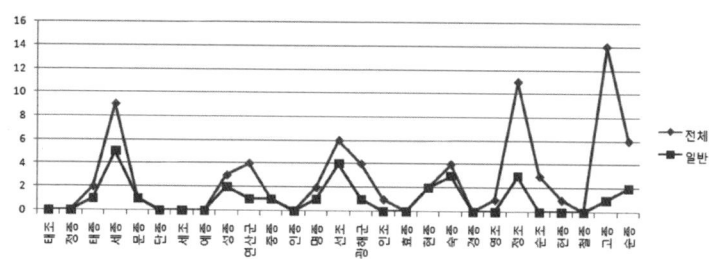

그림 1 : 실록의 '이용' 전체 사례와 일반 사례

실록에 나타난 사례 중에서 인명, 중복 등을 제하면 총 75건이다. 75건의 사례는 '사용하다, 이용하다, 이익이 되게 하다, 사용, 이용, 이익' 등 일반적으로 사용된 사례 28건과 《서경》의 '정덕·이용·후생'처럼 경서에서 도출한 사례 47건으로 크게 나누어 볼 수 있었다. 전체 사례 75건과 일반 사례를 왕대별로 보면 다음과 같다.

〈그림 1〉에서 이용은 고르게 사용되지 않고 특정 시기에 집중적으로 사용되었음을 알 수 있다. 세종, 성종~연산군, 명종~광해군, 정조~순조, 고종~순종대가 집중 시기이다. 조선 전기에는 전체

사례와 일반 사례와의 차이가 크지 않으나, 정조~순조, 고종~순종대는 전체 사례와의 차이가 크다. 바로 그 시기에는 경전에서 도출된 이용 용법이 집중되어 있음을 알 수 있다.

그렇다면 이용은 어떤 경전에서 도출되었는가. '이용'이란 용어가 가장 많이 등장하는 경전은 《주역周易》이다.[199] 실록에서 검출되는 《주역》 출전의 사례는 총 16건이다. 구체적으로 '도적을 막다[利用禦寇]' 5건,[200] '군대로 정벌하다[利用侵伐, 利用行師]' 7건,[201] 형벌을 쓰다[利用獄, 利用刑人] 3건,[202] 왕의 빈객이 되다[利用賓于王] 1건[203]이다. 나머지 31건은 모두 《서경》 출전이다. 왕대별로 보면 명종 1건, 인조 1건, 숙종 1건, 정조 8건, 순조 3건, 고종 13건, 순조 4건이다.

이상 경전 출전 사례를 왕대별로 보면 다음과 같다.

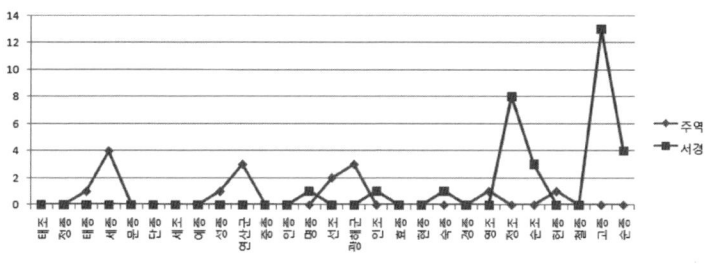

그림 2 : 실록의 '이용' 《주역》 출전 사례와 《서경》 출전 사례

〈그림 2〉에서 《주역》 출전 사례는 태종~세종, 성종~연산군, 선조~광해군 시기에 집중하였음을 알 수 있다. 앞서 보았듯이 그 내용은 대개 도적을 막거나, 군사 정벌 따위인데 주로 여진, 일본에 대한 군사 방책과 관련하여 쓰였다. 영조와 헌종대의 사례는 군사와

는 상관없으나 각 1건에 그쳐 큰 의미가 없다.

《서경》 출전 사례는 명종 이후 출현하고 인조, 숙종대 1건씩 사용되다 정조~순조, 고종~순종 시기에 빈도가 급격히 늘어났다.[204]

이상에서 경전에서 도출된 이용은 조선 전기와 후기에 뚜렷한 편차를 보였음을 알 수 있다. 전기는 주로 국방과 관련한 《주역》 출전 사례였고, 후기는 그 용법이 거의 사라지고 《서경》 출전 사례가 정조와 고종대 급격히 늘어났다. 정조와 고종대에 자주 거론된 '이용'은 그야말로 《서경》에서 쓰인 용어의 빈번한 차용이었다. 박지원의 '이용후생' 강조는 개인만의 주장이 아니라 새롭게 공유되는 용어에 대한 적극적인 해석이었던 것이다.

《서경》에서 이용은 후생과 함께 쓰였으므로 후생을 병행해서 분석해 보았다. 실록에서 이름, 중복 등을 제외한 후생의 사례는 총 52건이다. 이 중 한 기사 안에서 후생이 단독으로 쓰인 경우는 25건이고, '이용·후생'이 함께 검출된 경우는 28건(이용후생 연속 26건, 이용과 후생이 한 기사 안에 있는 경우 2건)이었다. 이를 왕대별로 보면 다음과 같다.

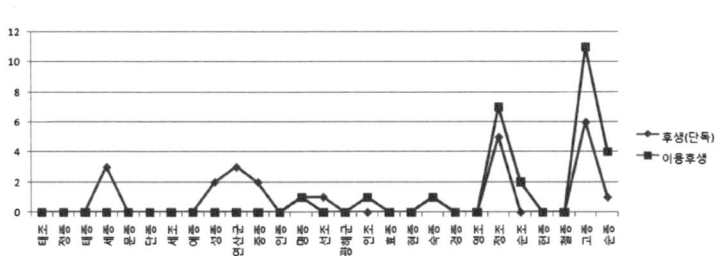

그림 3 : 실록의 '후생', '이용후생' 사례

〈그림 3〉을 보면 단독으로 쓰인 후생은 전기 일부(세종, 성종~중종)와 정조, 고종대에 주로 쓰였다. 대개 보면 전기에는 주로 농업·친경·민생 일반과 관련하여 사용되거나, 교화와 결합한 '돈화후생敦化厚生'으로 사용되었다.

'이용후생'으로 쓰인 28건은 명종 1건, 인조 1건, 숙종 1건, 정조 7건, 순조 2건, 고종 11건, 순종 4건으로서 〈그림 2〉의 《서경》 출전 그래프와 거의 차이가 없다. 조선 후기에 쓰인 '이용', '후생'은 단독 용어로 쓰이지 않고 대부분 '이용후생'이란 한 단어로 쓰이고 있었던 것이다.[205]

그런데 위 그림들과 관련해서 두 가지 의문이 떠오를 수 있다. 하나는 《서경》에서 긴밀한 연관 개념으로 사용되었던 '정덕'과의 관계이다. 조선 후기에 '이용후생'이 한 단어처럼 사용되었다면 '정덕' 역시 함께 사용되지는 않았을까.

흥미롭게도 실록에서 한 기사 안에 '정덕&이용' 혹은 '정덕&후생'으로 검색되는 경우는 없었다. 다만 '정덕, 이용, 후생'이 이른바 삼사三事로서 함께 쓰인 경우는 4건 있었다.[206] 이를 통해 정조대부터 자주 쓰인 이용후생은, 《서경》에서 병행되거나 혹은 더 선차적인 가치를 뜻했던 정덕을 떼버리고, 주로 물질적인 영역을 지칭하는 용어로 사용되고 있었음을 알 수 있다. 이용후생은 《서경》에서 나왔으되 독자적으로 개념화하고 있었던 것이다.

다른 하나는 정조와 고종 사이에 낀 순조, 헌종, 철종대에 대한 해명이다. 이른바 세도정치기(1800~1863)라고 불리는 이 시기에는 실록, 특히 《헌종실록》과 《철종실록》이 극히 부실하여 통계를 신뢰하기 어렵다. 따라서 '이용후생'의 빈도를 《승정원일기》와 《일성록》을 통해 재검색하였다.

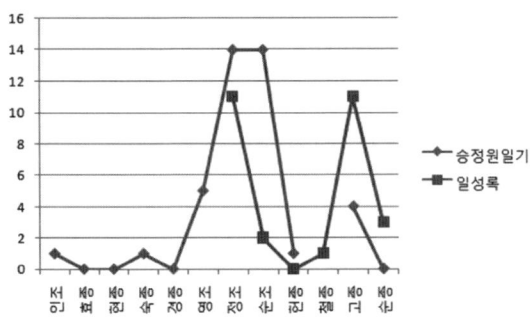

그림 4 : 《승정원일기》와 《일성록》의 '이용후생' 사례

광해군대부터 존재하는 현재의 《승정원일기》에서 이용후생은 영조대에 늘어나기 시작해 순조대까지 높은 비중을 유지하였다. 실록에서는 한 건도 검색되지 않았던 영조대의 사용 사례가 검출된 것이 성과이다. 헌종, 철종대는 여전히 미미하다. 다만 헌종대 일부(1840~1849)와 철종대(1849~1863)는 아직 전산화가 진행되지 않아 검색이 불충분하다.

정조대에서 시작하는 《일성록》은 정조와 고종대에 높은 빈도를 유지하였고 순조와 순종은 중간 정도이다. 그리고 헌종 0건, 철종은 1건으로 여전히 미미했다. 이상 실록, 《승정원일기》, 《일성록》에서 검색되는 '이용후생' 중 중복 기사를 제외한 합집합을 그림으로 나타내면 〈그림 5〉와 같다.

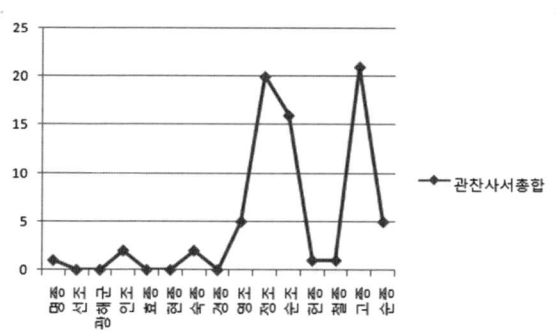

그림 5 : 실록, 승정원일기, 일성록의 '이용후생' 사례 총합

관찬사서를 총합해 보아도 〈그림 3〉의 실록의 이용후생 빈도와 큰 차이가 없다. 다만 약간의 수정은 더해진다. 영조대부터 '이용후생'이 조금씩 증가하고 순조대에도 그 사용이 크게 줄지 않은 점이다.

이용후생의 시기별 변화

관찬사서에 나타난 이용후생 사례를 실제 내용과 함께 고찰하면 변화 양상이 더 섬세하게 드러난다.
　이용후생이 처음 등장하는 명종대 기사 1건은 토지 문제를 조정하여 백성에게 이익을 돌리는 일이었다. 인조대 기사 2건은 화폐 유통을 통한 민부民富의 증대, 역졸에게 토지를 지급하는 일이었다. 숙종대 기사 2건은 재정 문제를 논의하는 와중에 이용후생의 의미를 풀이한 것, 화폐 유통을 강조하는 건의였다. 이용후생이 화폐, 토지, 재정 등과 관련해서 쓰이고 있음을 알 수 있다. 모두 '정덕'과 무관하게 사용된 것 또한 주목할 점이다. 이용후생은 물질 방면의 개선을 지칭하는 용어로 초기부터 기능하고 있었다.

영조대 기사 5건은 모두 《승정원일기》에서 검색되었다. 2건은 경연에서의 논의이다. 경연 논의는 '성왕聖王의 양민養民 → 정덕·이용·후생'의 골간을 갖고 있는 《서경》의 용법에 충실하거나[207] 경연 중의 글풀이다.[208] 영조 이후 나타나는 경연에서의 논의는 주로 경전적 용법에 충실하였고, 큰 의미는 없으므로 대개 실록에는 편찬되지 않았다. 1건은 관찰사에게 내리는 문서로 지방 물산의 특색을 지목하였다.[209] 상소는 2건이다. 그중 양득중梁得中의 상소에는 개물성무開物成務, 이용후생, 실사구시實事求是가 함께 나타나 있다.[210] 윤증尹拯의 제자인 양득중은 영조에게 실사구시를 권했는데, 영조가 이를 벽에 써붙인 일로 유명하다.[211] 또 양득중은 경연에서 《주자어류》 대신 《반계수록磻溪隨錄》을 권하기도 하였다.[212] 양득중이 이용후생을 실사구시, 개물성무와 한 맥락에서 사용하였음은 영조대 실학의 동향과 관련해서 주목할 부분이다.

정조대에는 이용후생의 빈도와 내용에서 획기적인 변화가 일어났다. 정조는 즉위 초반에 영조의 정치를 민산民産·인재人材·융정戎政·재용財用으로 요약하며 '공업과 상업은 말단이지만 백성들이 이에 의지하여 의식을 풍족케 하니 이용후생의 바탕'이라는 대고

大誥를 내렸다.²¹³ 이 대고는 이용후생이 물질 복리와 생활 개선을 상징하는 중요 표어로 기능함을 예고하였다. 이후 정조대에는 화폐와 물자의 흐름을 개선하거나 장려하자는 내용이 지속적으로 제기된다. 정조의 대고를 포함하면 총 9차례이다.

구체적인 내용은 청의 이용후생 기구 도입 혹은 청 황제의 노력 칭송,²¹⁴ 화폐 유통을 통한 이용후생 도모,²¹⁵ 청에 있는 서양인을 초빙하여 천문학 등을 학습,²¹⁶ 수레 사용 논의,²¹⁷ 수차를 통한 이용후생 도모²¹⁸ 등이다. 발화자는 정조를 비롯하여 홍양호·박제가 등 북학 계열의 학자들이다. 특히 '서양인을 초빙하여 천문학, 각종 기구 제조법, 농잠, 의약 등의 기술을 배우고 다만 천주교 한 가지는 금하게 하면 열에 아홉은 이득이다'라는 박제가의 과감한 주장이 특히 인상적이다. 물질 환경의 개선을 요청하는 상소에 대해 가상하다고 비답 내리는 정조의 격려가 이 같은 분위기를 크게 북돋웠을 것이다.²¹⁹

한편 이용후생이 비록 새로운 구상, 정책과 관련해 쓰이지는 않았지만 민생을 구체적으로 살피는 일에 빈번히 사용되기도 하였다. 각 지역에서의 경작이나 특산물과 관련한 구체적 정책을 정하는 데서 이용후생은 백성들의 고통을 해결하기 위한 명분으로 작용하였다.²²⁰ 화성의 정비와 관련해서도 두 차례 쓰였다.²²¹ 이용후생을 내세우며 민생 개선을 적극 도모한 정조의 태도는 '(정조가) 이용후생과 질고를 지나치게 살펴 백성들의 상언이 참람한 지경에 이르게 되었다'는 반발을 살 정도였다.²²²

정조대에 이용후생의 경전적 용법이 물론 사라지지 않았다. 이용후생은 제민濟民이고 숭유중도崇儒重道는 양사養士라거나,²²³ 절검과 권농해야 민식民食이 부유해져 이용후생의 효과를 볼 것이라는 상소가 면면하였다.²²⁴ 하지만 전체적으로 큰 비중은 아니었다.

 이상에서 영조와 정조대에 실사구시, 이용후생, 실용을 연결하는 구조가 생겨났음을 살필 수 있었다. 이런 분위기는 실무 중시의 학풍 특히 북학파의 발흥과 연계되어 있을 것이다.

 그렇지만 정조의 이용후생 도모를 바로 그 동향과 동일시할 수는 없다. 정조의 이용후생 강조는 유학의 경세적 측면을 강조하여 민부民富를 향상하는 데에 초점이 맞추어져 있었다. 정조가 실용에 무익하다고 여겼던 새로운 문체를 겨냥하여 문체반정文體反正을 도모한 것은 잘 알려져 있다. 정조는 실용적 분위기는 용인하였지만, 현실의 구체성과 개성을 중시하며 상대적 사유를 전개한 박지원, 이옥 등의 체제 이탈적 지향은 용납치 않았다.²²⁵ 《주자대전》을 이용후생의 지침서로 파악했던 정조에게 양자는 여전히 미분화의 상태였다.²²⁶

 순조대 이용후생은 총 16건으로 빈도에서는 정조대와 차이가 없지만 내용이 크게 다르다. 정조대 물질 개선을 상징하였던 화폐, 수레, 교역 등 물자 운용과 관련한 기사는 단 1건에 불과했다.²²⁷ 그나마 경연 과정에서 나온 것으로 실천성은 크게 떨어진다. 구체적 정책을 개선하거나 특정 지역의 물산과 관련한 기사 역시 2건으로 축소되었다.²²⁸ 나머지 13건 가운데 가장 큰 비중은 경연에서의 대화로 총 8건이다.²²⁹ 경연에서의 대화는 성왕의 정치, 군주의 수신, 양민의 혜택, 절약 강조 등 경전적 내용 일색이다. 나머지는 상소와 윤음인데, 상소 역시 백성 보호, 양민, 절검 등을 강조한 것이고 윤음은 권농 윤음으로 경연에서의 대화 내용과 차이가 없다. 순조대는 용어는 사용되고 있으나 내용이 경전적 용법으로 다시 국한되고 있었다. 마치 정조의 여풍餘風은 남아 있으되, 실체 없는 그림자로 드리워진 느낌이다.

헌종과 철종대에는 이용후생이란 말 자체도 거의 사라져 각 1건에 불과하였다. 내용 역시 절용과 구휼에 대한 강조이다.

복고적 내용으로 회귀하거나 아예 검출되지 않았던 이용후생이, 고종대에 접어들면서 내용과 빈도에서 모두 극적인 변화를 보이기 시작하였다. 마치 정조대의 분위기가 회복된 느낌이다. 그러나 고종대는 시기상의 변화가 뚜렷해졌다는 차이점이 있다.

고종 즉위 초부터 1879년(고종 16)까지는 성왕聖王의 양민養民, 정덕이용후생의 강조, 권농 윤음 등 경전적 용례가 3건,[230] 교역과 시세에 따른 변통 강조가 2건,[231] 일본인과의 미곡 유통 1건[232]이다. 마치 정조대처럼 경전적 용법과 물질 개선의 용법 등이 뒤섞여 있다.

1882년 8월, 임오군란을 겪고 난 고종이 서양 기계의 수용 의지를 밝히자[233] 지석영과 박기종이 잇달아 외국 서적·기계를 받아들이고 연구하자는 상소를 올렸다.[234] 두 달이란 짧은 시기에 이용후생은 서기수용의 논리를 받침하는 급격한 변화를 반짝 보였다. 그 직전 시기인 1880년에 통리기무아문 산하에 '이용사利用司'가 설치되어 경리, 재용 등의 업무를 담당한 것도 '이용'의 확장이란 점에서 주목된다.

1887년부터 1898년까지는 총 6건이 간헐적으로 검출되었다. 1887년과 1888년의 영의정 심순택의 언급은 양민과 기강 확립을 강조하는 경전적 용법이다.[235] 그런데 1894년부터 등장하는 이용후생은 다시 경전적 용법과 새로운 용법이 뒤섞여 등장한다. 1894년 신기선의 상소는 진실한 개화는 공도公道를 넓히는 것이라며 외국 문물 수용에 반대하였고,[236] 정범조는 다른 나라의 좋은 법을 취하는 것이 이용후생이라고 하였다.[237] 고종은 국정 유신, 이용후생, 새로운 제도 시행, 개화를 모두 언급하고 있지만 두루뭉실함을 감출 수 없다.[238]

1899년 이후 기사는 이전과 또 다르다. 발화자가 모두 고종 아니면 정부이고 발화 형식은 조서·칙령·훈령이다. 이용후생은 다양한 차원에서 정의되지 않고 정부 정책의 기본 방향으로 굳어졌다. 내용도 새 정책과 관련해서 쓰였다. 1899년 2~4월의 기사는 중학교를 개설하자는 동일한 문서들이다.[239] 근대 교육과 관련해 쓰였다는 점과, 이용후생이 정덕과 함께 쓰였는데도 경전적 용례로 회귀하지 않았다는 점이 새롭다. 즉 중등교육의 목표는 정덕이용후생하는 인민의 양성이나, 그 인민은 기예를 갖춘 실업 인민이었다. 정덕이용후생은 이 시기 《서경》과의 고리를 완전히 끊은 셈이다.

고종 말년의 용례는 순종대에도 그대로 유지되었다. 발화자는 모두 순종이고 형식은 조서·칙유이다. 1907년 6월의 고종 조서와 7월의 순종 조서는 동일한 문서로, 이용후생을 내세워 군대를 해산하는 내용이다.[240] 이후 4건은 정덕이용후생에 힘쓰면 부국강병한다거나,[241] 이용후생이 나라를 견고하게 한다는 칙유들이다.[242]

정덕이용후생이 양민과의 연계 없이 부국강병과 연결된 것은 고종 말년 용례의 연장이다. 순종대 이용후생은 표면적으로는 마치 국시國是처럼 기능했지만, 이미 알맹이 빠진 표어에 불과했다. 언어의 진전에 대응할 만한 실질적인 근대적 동력을 상실하였기 때문이었다.

중사中士와 서사西士의 만남

이용후생이 경전의 용례를 18세기 상황에 맞게 변용해나간 것이었다면 서학에서 전하는 낯선 개념들은 처음으로 접한 서양의 정연한 사유 체계와 개념이었다. 서로의 만남과 이해 그리고 논쟁은 한 문명권이 다른 문명권에 대한 이해와 수용 그리고 충돌을 보여주는 축약판이었다.

16세기 후반에 중국이 서학과 만난 경험은 17세기 이후 조선에서도 조선의 상황에 따라 전개되었다. 조선이 받은 파장을 서술하기 전에 두 문명의 지식인이 어떻게 만났고 무슨 개념을 두고 토론했는지를 먼저 볼 필요가 있다.

16세기 후반 예수회원들의 중국 선교 방식은 잘 알려져 있듯이 혁신적이었다. 애초 그들은 일본에서의 선교 경험을 살려 불교 이미지로 다가갔지만, 1594년 이후에는 사대부로 복장을 바꾸어 '서사西士'라는 이미지 전환을 이루었다. 그것은 불교가 주는 종교적, 사회적 오해를 줄이고 유교가 주는 권위와 친근한 세속성으로 접근하는 방식이었다. 이어 그들은 자선 강조, 상장喪葬을 위한 상조회 조직, 제사 긍정 등 중국의 전통적인 문화와 덕목에 적응하는 새로운 형식들을 만들어냈다. 그 성과는 1621년에 마카오에서 발간한 선교 개요서로 거의 정형화되었다.[243]

문화 적응보다 더 영향력을 발휘한 것은 학문과 기물을 통한 지적 호기심을 자아내는 방식이었다. 유럽의 과학·철학·종교를 뭉뚱그린 '천학天學'의 소개는 지식인의 관심을, 자명종·프리즘·유화 등 신기한 기물은 황제와 관료의 호기심을 자극하였다. 마테오 리치Matteo Ricci(利瑪竇)가 헌상한 자명종, 유화, 클라비쳄발로 등은 만력제의 큰 환심을 샀고, 17세기 초 관료 일반에서는 천주교에 대한 암묵적 승인 분위기가 생겼났으며, 서광계徐光啓·이지조李之藻·양정균楊廷筠 등 일급의 지식인이 입교하였다. 간단히 본다면 '언어·문화 장벽 극복 → 서양문물·학문 소개 → 철학과 종교 소개'라는 수순이었다.[244]

지배층과의 대화를 통한 선교는, 예수회가 일반민에 대해 수행한 선교 성과를 현대 연구자의 시야에서 사라지게 할 정도로 효과적이었지만,[245] 동시에 동·서양을 막론하고 격렬한 논쟁을 불러일으켰다.

1616년 명의 예부시랑 심각沈潅이, 서양의 천문학은 화이관華夷觀을 비롯한 전통 가치를 동요시킬 뿐만 아니라 '천주'라는 개념은 황제의 지배력을 파괴한다고 공격하였다. 그 이후 천주학을 이단으로 주장하는 수많은 공·사의 논저가 저술되었다. 그 양상은 조선에서도 마찬가지였다.[246]

논쟁은 서양 측에서도 마찬가지였다. 과학을 선교의 수단으로 사용할 수 있는가, 중국어와 중국 경전에서 차용한 냄새를 짙게 풍기는 개념들 예컨대 천주天主·영혼靈魂으로 서양의 개념을 설명할 수 있는가, 중국의 고유 전통을 어느 선까지 인정해야 하는가 등은 17세기 초부터 논쟁거리였다. 도미니크·프란시스코 등 다른 선교회는 예수회의 방식에 비판적이었고, 교황청은 오락가락했으며,[247] 예수회 내부에서조차 심각한 논쟁을 지속하였다. 리치 역시 생전에 루지에리M. Ruggieri(羅明堅)와 입장 차이가 있었다.

학문을 통한 우회 방식의 선교에 반대했던 루지에리의 견해는 롱고바르도N. Longobardo(龍華民) 및 주로 일본에서 활동한 경험이 있던 예수회 신부들이 견지하였다. 일본에서 선교한 경험이 있던 로드리게스J. Rodrigues(陸若漢)는 리치가 썼던 '천, 상제, 천주, 천사, 영혼' 등이 엄밀한 교리적 용어인지를 두고 고민하다 1616년에 예수회 총장 아쿠아비바C. Acquaviva에게 편지를 보내, 마테오 리치가 철학에 대한 무지로 인해 오류에 빠졌다고 지적하기도 했다. 특히 천주 개념이 잘못되었는데 중국인에게 친숙한 신개념은 전지전능한 기독교의 신과 다르다고 하였다. 천사와 영혼 역시 치명적인 오류를 가지고 있으므로 그의 저작을 개정하거나 없애야 한다고 주장하기도 하였다.[248]

학문을 통한 접근에 반대하는 자들의 대안은 'Deus', 'Anima' 등을 '陡斯', '亞尼瑪' 등으로 음차하는 것이었다. 하지만 리치 스타일을 따르는 후계자들의 반발도 만만치 않았다. 리치의 유고를 정리하고 중국의 선교 상황과 문화를 유럽에 널리 알린 트리고N. Trigault,

金尼閣가 '상제'라는 용어를 지키지 못했다는 압박감에 자살해버린 사실[249]은 논쟁과 고민의 치열함을 직접적으로 보여준다.

격의格義하여 만든 신조어[天主, 靈魂 등] 논쟁, 제사 논쟁 등은 단순한 선교 방식의 문제가 아니었다. 동양과 서양은 자신들과 필적하는 문화, 때론 자신을 뛰어넘는 성과를 보였던 철학, 윤리, 과학 등으로 무장한 또 하나의 진리성을 수용할 수 있는가 아닌가에 대해 태도를 정해야 했기 때문이다.

동서양이 문화와 철학을 매개로 접근하였던 이 최초의 만남은 18세기 중반 이후 서양 가톨릭의 배타적 오만과 중국 내 정치 상황이 맞물리며 갈등 속에 표류하였다. 중국 선교는 강희제의 긍정적 묵인 아래 18세기 초 신자 수 30만 명에 육박하는 최대의 성세를 이루었지만, 이후 중국 정부의 인표印票(선교사 거류증)를 통한 관리 그리고 간헐적 박해로 위축되었다.

배타적 태도로 금압의 빌미를 제공한 교황청은 계속 훈령을 내려 1715년에 예수회가 채택한 용어들을 대부분 금지시키고 제사를 불허하였으며, 1742년에 이를 다시 확인하고, 1773년에는 중국 안의 예수회를 해산시켰다.

서학이 전하는 주요 개념들

● 데우스Deus, 陡斯·천주天主·상제上帝
기독교의 지고한 존재인 'Deus[God의 라틴어]'를 어떤 용어를 빌어 설명해야 하는가는 유럽의 기독교를 중국에 이해시키는 관건이었다. 리치를 비롯한 예수회원들은, 일본의 경험과는 반대로,[250] 신조어인 '천주天主'[251]를 전면에 내세워 중국 지식인들에게 다가갔다. 신조어이긴 하지만 중국인에게 익숙한 '천' 관념을 빌려 대화의 발판을 마련한 것이다.

《천주실의》 1, 2편에서 리치는 천주를 정의하고, 천주와 유사한 불교·도교·성리학의 개념들을 반박하고, 서양의 천주는 중국의 경전에서 말하는 상제上帝이므로 천주를 믿는 것은 바로 중국 경전의 근본 정신을 계승하는 것이라 하였다.[252]

자신들의 신[Deus]을 다른 역사 속에서 형성된 지고의 존재[上帝]에 격의格義한 리치의 시도는 대담하다. 리치의 탁월한 점은 아마 인간에게 공통된 '보편적 이성 능력', 리치의 표현대로라면 영재靈才를 확신하고 그에 기반한 소통 전략을 구사했기 때문일 것이다. 중국의 일부 지식인들이 '동양과 서양의 마음이 같고 이치가 같다' [東海西海, 心同理同]라는 낙관으로 동조한 것도 같은 맥락이다. 또 하나는 리치의 유교관이다. 그는 유교를 불교·도교와는 다른 윤리 철학으로 여겼으므로 기독교와 유교의 공존이 가능하며, 중국의 고대 유교에선 원시적 자연 이성에 의해 상제와 같은 유일신 관념과 영혼불멸의 사고가 있었으나 후대에 단절되었다고 이해하였다.[253]

리치의 시도는 그가 거두었던 성과 만큼이나 복잡한 여파를 남겨 놓았다. 기독교에서 역사적으로 형성된 신의 여러 속성들, 예컨대 인격성·초월성·계시성과 아리스토텔레스를 거쳐 중세 스콜라 철학에서 완성된 만물의 근원이자 목적인目的因을 지닌 신의 속성을, 그에 못지 않게 복잡한 속성을 지닌 유교의 천天에 연결하였기 때문이다. 전통적으로 유교에서는 천 혹은 그에 상응하는 존재인 상제·천리 등을, 주재하는 인격, 생생生生하는 자연, 그리고 존재의 근원이자 이유[所以然]로 인식해 왔었다.

이 복잡한 연결에서 리치는 수용과 배제의 전략을 택하였다. 그는 성경, 삼위일체, 그리스도의 육화肉化 같은 이성으로 설명하기 어려운 차원의 계시는 잠시 제쳐두고, 오로지 이성으로 설득하는 철학적 대화의 길을 택하였다.[254] 그리고 상대방의 다양한 속성 가운데서 인격적 주재자인 상제上帝라는 면모를 특화시키고, 대신 천리天理는 의뢰자依賴者에 불과하다고 제한시켜버렸다.

그같은 전략은 서양과 동양 모두에게서 반발을 낳았다. 서양에서의 논쟁은 앞에서 설명하였다. 동양에서 가장 의문을 자아낸 것은 태극·천리를 사물에 내재하는 속성이나 형상으로 축소해버린 점이었다.[255] 특히 천리를 의뢰자라는 수동적 속성에 가두자, 리치가 시도할 수 있었던 또다른 소통의 길, 즉 데우스의 초월성과 천리의 초월성과의 대화는 놓쳐버리게 되었다.[256] 그러나 가장 강력한 비판은 도덕은 그 자체로 지고의 원리이자 선善이라는 '도덕지상주의'의 입장에서 제기한 반론이다. 이 점은 아래 '천당지옥'에서 설명한다.

● 아니마Anima, 亞尼瑪·영혼靈魂

'아니마Anima(亞尼瑪)'에 대한 소개는 '신을 신앙하는 기독교적 인간'이란 개념을 중국인에게 이해시키는 과정이었다. 천주의 사용에서와 마찬가지로, 그 과정은 용어 면에서는 익숙하면서 내용 면에선 새로운 개념을 소개하는 방식이었다.

《천주실의》3, 4편에서 리치는 중국인에게 익숙한 개념인 '혼魂'을 생혼生魂·각혼覺魂·영혼靈魂으로 나누고 영혼의 신령한 속성을 설명한 후, 귀신 등 영혼과 유사한 개념을 비교해 논증하였다.

리치의 설명은 내용과 용어의 유사성에 착근하여 부적합한 부분을 배제하고 새로운 이해를 접목하는 방식이었다. '영靈'은 전통적으로 '비물질의 어떤 것'을 직접 지칭하기보다는 그것의 신령스런 상태·양상을 표현하거나, 인간의 뛰어난 인식 능력을 지칭하는 단어이다.[257] 중국에서 인간에게 깃든 무형의 생명성을 대표하는 고대 이래의 개념은 차라리 혼백魂魄이나 형신形神이었고,[258] 혼령·영혼이란 쓰임은 비록 있었으나 일상적이거나 단속적이었다.

리치는 허령불매虛靈不昧한 영靈의 인식 능력과 죽음 이후 하늘로 올라가는 무형의 존재인 혼魂을 결합한 '영혼'이란 개념을 조성하고 거기에 불멸성 등 중국인에게 낯선 속성을 접목하였다. 따라서 이제까지 소멸한다고 여겨 온 중국인의 '혼'은 각혼覺魂 정도로 격하되거나 오류로 여겨졌으며, 혼과 짝하는 무형의 음기陰氣인 백魄은 소멸하는 육체 정도로 국한되었다.

리치의 선구적 시도는 후대에 조금씩 변용되었다. 삼비아시F. Sambiasi(畢方濟)는 《영언여작靈言蠡勺》에서 아니마Anima를 음차한 '亞尼瑪'를 다시 사용하며 스콜라 철학의 영혼관을 직접적으로 소개하였다.[259] 알레니G. Aleni(艾儒略)는 본성의 도덕적 측면을 강조한 '영성靈性'을 주로 사용하여 성리학적 사유를 폭넓게 수용하였다.[260]

후대 선교사들이 리치의 개념에서 분기하여 강조점을 이동한 것은, 중국과 조선의 학자들에게는 혼과 그에 연관된 사유 체계가 탄탄하여 리치의 접맥을 그대로 수용할 수 없었기 때문이었다. 조선의 학자 신후담愼後聃의 예를 들어보자. 그는 천주→영혼으로 이어지는 리치의 연관을 비판하며, 혼은 항상 백魄·신귀神鬼·음양陰陽의 체계 속에서 설명될 따름이며, 굳이 상제를 말한다면 심心으로 연결된다 하였다.[261] 즉 유학에서는 귀신·혼백은 음양이란 추상화된 질료인 기氣의 범주 속에서, 상제·인심은 주재성의 측면에서 설명되므로 천주·상제와 혼의 개념 연결은 무리라는 것이다.

● **천당지옥**天堂地獄

천당지옥은 유학자들이 가장 강력하게 비판한 개념이었다. 유학자들의 비판은 첫째 천당지옥설은 불교의 학설이고, 둘째 그것은 이해·기복과 같은 공리功利로 사람들을 현혹하는 이단이라는 것이었다.[262]

첫 번째 비판에 대한 리치의 응답은, 질문이 억지였던 만큼이나, 억지였다. 그는 천당지옥설과 윤회설은 원래 서양[유태교]과 피타고라스의 이론이었고 불교는 이를 차용한 것에 불과하다는 가정을 내세워 비판을 일축하였다.[263]

공리성에 대한 논쟁은 훨씬 복잡하였다. 《천주실의》에서 유학을 대변하는 중사中士가 군자의 선행은 '이해를 따지는 의도가 없어야 한다[無意]'고 주장하자 서사西士는 이를 '의지의 소멸[滅意]'로 오해하였다.[264] 이어지는 논의에서도 문답은 평행선이었다. 중사가 징

벌에 대한 두려움이 덕德의 동기가 될 수 없다 하면, 서사는 유학 경전에서도 권선징악을 말하고 있다 하였고, 중사가 미래에 대한 걱정보다 현재에 충실한 것이 본분이라 하면, 서사는 그것은 현세의 쾌락에만 안주하는 일이라고 응대하였다.[265]

문답이 평행선을 달린 근저에는 내세의 유무와 선행의 동기에 대한 관점의 차이가 존재하였다. 서사에게 현세란, 마치 연극과 같은 가상 공간이기에 인간은 배우일 따름이었고 진짜 실상은 내세이므로 내세의 이해를 위한 선행이야말로 근본 가치였다.[266]

내세 만큼이나 접근하기 어려운 것은 선의 근원에 대한 차이였다. 중국의 관리 공도립龔道立은, 인인仁人의 본심이 바로 천당이므로 천국의 보상과 지옥의 중벌은 천리[보편 덕성]에 근거한 본심本心이 심판하는 것이고, 마음 밖의 외재자인 천주가 행하는 것이 아니었다고 주장하였다. 그에 대해 리치는 윤리의 가치에는 동의하였지만, 덕행의 근원이 천주라는 점에 있어서만큼은 물러서지 않았다.[267]

덕행의 근원을 외재하는 절대 존재에게서 구하는 원칙을 리치가 양보할 수 없는 만큼이나, 유학자들은 외재하는 권선징악의 주재자를 승인하기 어려웠다. 유학자들은 덕행의 목적성이 긍정되는 바로 그 순간, 현실에서 기복을 바라는 사사로운 마음이 나타난다고 굳게 확신하고 있었다. 조선의 학자 안정복安鼎福은, 자신이 우려하는 것은 권선징악의 가르침이라기보다는 그 폐단이라고 하였다. 덕행이 스스로 밝아지지 않고 신비한 초월성에 기댄다면, 기독교에서 말하는 선행이 비록 의미가 없지 않지만 궁극적으로는 인심을 교란시키리란 점을 날카롭게 지적하였다.[268] 유학자들의 입장은 '도덕은 그 자체로 선하다'는 일종의 도덕지상주의에 선 것으로 지금도 매우 경청할 만하다.

조선에 미친 파장과 소통의 가능성

조선에서 유럽의 학문 성과를 본격적으로 접하고 유럽을 하나의 세계로 인식하기 시작한 것은 17세기 초에 접어들면서이다. 유몽인柳夢寅은 《어우야담》에서 유럽[歐羅巴, 大西], 그리스트교[伎利檀], 교황, 성경 등을 대략 소개하였고 〈교우론〉을 비롯한 리치의 저작을 읽었음을 밝혔다. 당시 서양에 대한 최고의 정보를 전한 인물은 이수광李睟光이었다. 그는 《지봉유설》에서 세계 50여 개국을 소개하였는데 포르투갈[佛浪機], 네덜란드[南番], 영국[英吉利], 이탈리아[大西國] 등을 소개하고 《천주실의》를 비롯한 리치의 저작을 소개하였다.[269] 유몽인, 이수광 등의 서양 인식은 정보를 일정하게 전달하고 합리성을 인정하는 부분도 있지만, 유몽인이 '이마두(마테오 리치)의 여도輿圖를 보니 서역이 천하의 중심이기에 마음이 허탈하여 복종할 수 없으니 이를 전한 자가 망령된 것이다'[270]라고 한 것처럼 대체로 황탄하게 여기는 경우가 많았다.

문헌에 입각한 소개는 구체적 문물을 보면서 조금 달라지기 시작한다. 1630년 정두원鄭斗源은 한역서학서 외에, 선교사 로드리게스[陸若漢]에게서 서양 화포, 화약, 자명종, 천리경 등을 얻어 귀

국했다. 기물은 실용성 면에서 서양에 대한 인식을 바꾸어 놓는 계기가 되었다. 국왕 효종을 비롯한 이들은 과학과 병기의 우수성을 높이 평가하고 하멜, 벨테브레 등 표류한 서양인들을 부국책에 일정 활용할 수 있었다. 17세기 후반부터 대청관계가 안정화하자 서양 문물의 소개는 매우 활발해졌다. 서학의 내용도 마냥 신기한 차원이 아니었다. 〈곤여도〉를 접한 최석정崔錫鼎은 '서양인의 설은 지구설을 위주로 하고 있다. ……비록 황당하여 불경스럽기까지 하지만, 그 설을 쉽게 부정하기 어려운 점도 있기에 마땅히 이를 두어 견문을 넓혀야 한다'[271]라고 제한적이나마 긍정하였다.

이 책 3장에서도 보았듯이 18세기의 분위기는 한층 달라졌다. 연행 사신은 으레 서양 선교사가 거주하는 천주당 혹은 흠천감을 방문하였고 그들의 천문·역법·수리·의학 등에 관한 서적과 기물 구입에 열성을 보였다. 지구설과 세계지도, 동양과는 다른 지식 체계, 정밀한 기계, 정확한 천문학·수학은 세계와 진리가 단일하지 않고 복수로 존재한다는 사실을 전해주었다. 비록 소수에 불과하지만 조선의 지식인 중에도 서학의 성과를 긍정하는 부류가 생겨났다. 대표적으로 이익을 중심으로 한 남인 일부와 홍대용을 비롯한 이른바 북학파이다.

이익은 18세기 전반 서학 관련 저술을 가장 많이 읽고 체계화한 학자였다. 그는 30여 종에 이르는 서학서를 통독하였기에 그로 인해 서학이 일세에 풍미하는 상황이 전개되었다고 당대에 평가받았다.[272] 이익은 '도구와 수리의 법도는 뒤에 나온 것이 더 교묘하다. 비록 성인이라 할지라도 다하지 못하는 것이 있고, 후일 연마

하여 시간이 지난 것일수록 더욱 정교하다. 서양인 탕약망湯若望(Adam Schall)이 만든 것은 착오가 없으니 성인이 다시 나와도 이를 따를 것이다'[273]라고 하였다. 이 짧은 언급 속에는 서양 기술의 우월성, 기술의 발전, 상대화된 성인, 진보적 시간관 등의 단초가 놓여 있다.

이익의 문하에서는 이익의 조카 이용휴李用休와 이용휴의 제자 이언진李彦瑱, 이용휴의 아들 이가환李家煥 등이 주목된다. 이용휴와 이언진은 양명학과 공안파公安派의 영향을 받아 파격적 시어를 구사하며 유교적 세계관에서 탈주하였다.[274] 이용휴는 이언진에게 천문학과 기하학을 가르쳤으며, 이언진은 마테오 리치와 천주교의 동향을 알고 있었고 '지구의 수많은 나라들이 무리에 따라 나뉘고 모여사는 복수의 인간 세계'를 알고 있었다.[275] 이들의 사유에는 양명학, 불교, 도교, 서학 등 이단시된 여러 사유가 혼재해 있음이 지적되고 있다.[276]

한편 이가환을 중심으로 한 그룹은 이른바 '친서파親西派'를 형성하여 서학에서 서교로 전환하는 파격을 보였다. 이가환은 채제공蔡濟恭의 정치적 후계자로 정조대 남인 정파를 이끌었다. 그는 천문·수학 등 서학 방면에서도 당대에 따라올 수 없는 해박한 지식의 소유자였다. 그의 문하에서는 권철신, 이벽, 정약전·정약용 형제, 이승훈 등 조선 최초의 자발적 천주교인이 나온 것으로 유명하다. 이 극적인 전환의 정점에는 이벽李蘗이 있었다.

이벽의 전환에는 어떤 계기와 맥락이 있었는지 아직은 매끄럽게 감지되지 않는다. 다만 남인 학자들이 17세기 중반부터 육경六經

에 천착하며 성리학을 반성적으로 사유하였다는 점을 주목할 필요가 있다. 그들은 유학의 정신을 다시 고민하며 성리 논쟁에 몰두한 노론 학계를 비판해 왔다. 현실 비판을 계기로 근본주의로 회귀했다고 할 수 있는데, 그 회귀가 학문인 서학에서 신념인 서교로 전환하는 단초가 아닐까 한다. 노론이 신념에 기반한 주자주의를 전개했다면, 그것을 비판하는 남인들은, 신념의 허구성을 밝히는 전략이 아니라, 또다른 강력한 신념을 구축하여 주자주의에 대응하려 했던 것이다. 이벽이 《중용》에서 상제上帝, 귀신의 실체, 천명天命의 실천 등을 강조했던 것은[277] 유학 자체에서 윤리를 보장하는 초월적 존재[上帝]를 찾으려는 노력이 이미 진행되고 있었음을 보여준다. 서양에서 전래된 유일신과 육경에서 묘사된 상제 사이의 간극은 이미 조선 사상계에서는 상당히 좁혀져 있었던 것이다.

정조대에 이용휴-이가환 그룹과 북학파와의 교류가 두터워지고, 서교로 전환하는 이들이 다양해지는 변화를 보였다. 당시 노론 학계에서는 이익의 《성호사설》을 '대문자大文字'로서 볼 만하다고 평가하고 있었다.[278] 박제가는 자신이 애호하는 친구 60인을 기린 시에서 이용휴와, 이가환으로 추정되는 인물을 노래하였다.[279] 또 박제가는 이벽을 경제의 선비이자 사물의 본성을 깨우친 이로 평가하며 그의 죽음을 애도하는 추모시를 쓰기도 했다.[280] 박제가가, 홍대용이나 박지원의 양가적 태도에서 한 발 벗어나, 서학과 중국 문물에 급격히 경사했던 것도 이와 관련이 있지 않은가 한다. 이언진, 박지원, 이덕무 사이에도 진전된 교류가 나타나고 있었다.[281] 한편 이 시기에는 비록 소수이지만 다른 정파에서도 서교로 전환하는 이들이 나왔다. 소론에서는 강세황姜世晃의 아들 강이 천姜彛天이 서교를 수용하였다. 당대의 노론 벌열인 안동 김문의 봉사손 김건순金健淳도 서교를 수용하였다. 그는 애초 주문모周文謨 신부에게 북벌을 설득하고 이용후생을 배우고자 접근하였다가 오히려 설득당하여 입교하였다.²⁸²

정조대에 출현한 급진적 경향들은 1801년의 신유박해辛酉迫害와 간헐적으로 전개된 탄압을 계기로 조심스럽게 바뀌었다. 잘 알려져 있다시피 천주교는 민중 속으로 파고들어가 지하화하였다. 지식인들의 저작 속에서는 서학과의 관련을 보이는 대목이 삭제되었다.

지식인들이 주도하는 노력은 사라졌지만 그렇다고 파장이 줄어들지는 않았다. '천주' 개념 자체가 전하는 사회적 파급력 때문이었다. 리치 이래 선교사들은 천주를 천지의 대부大父·대군大君으로 설정하고 천주에 대한 공경이 충·효를 포함한 더 근원적인 윤리의 완성이라고 설명하였다. 그들의 의도는 서양의 종교와 동양 윤리의 결합이었지만, 그 논리야말로 가장 큰 파란을 예고하고 있었다. 천주라는 존재 앞에 군신, 부자가 평등하게 될 가능성이 생겨났기 때문이었다.²⁸³

천주를 대부, 대군으로 인정하여 충효를 포괄하는 새로운 가치로 설정하고 이를 신앙의 정당성으로 변호하는 일은 조선 천주교 지도자들의 특징이기도 했다. 천주 신앙을 최초로 표방한 이벽의 〈천주공경가〉·〈성교요지〉, 정약종의 〈주교요지〉, 정하상의 〈상재상서〉에 이르기까지 초기의 대표적인 호교서들은 예외 없이 천주에 대한 공경이 충효의 완성이라고 주장하였다. 그 논리는 유학의 논법을 빌어 유학을 공격하는 논리이기도 했다. 유학이 이단을 공격할 때 자주 썼던 '무부무군無父無君'을 빌려 유학자가 천지의 참 부모를 알지 못하는 무부무군이라는 전개가 가능했기 때문이었다. 따라서 1839년 기해박해己亥迫書부터 등장한 정부 측의 공식 반박서인 〈척사윤음斥邪綸音〉이나 이후 다수 편집된 《벽위편闢衛論》 등은 만인평등을 내포한 '천주'라는 개념의 반체제성을 비판하는 데 주력하였다.

천주가 논쟁의 족쇄로부터 풀려난 것은 훨씬 오랜 시간을 지나야 했다. 그 역사는 동서양의 조심스럽고 섬세한 '다리 놓기'가 얼마나 힘들고 어려웠는지 보여준다. 그리고 표면적으로는 19세기의 격랑 속에서 위축되었다. 그럼에도 불구하고 그들의 시도는 소중한 역사적 경험이었다. 서양과 동양을 취사절충하는 논의의 전범이 되었기 때문이다.

제2부

개념의
지속과 대립

5장. 중화와 문명을 선취하라 : 중화·문명의 접점과 비판

동아시아를 차등 공간으로 사유했던 화이관華夷觀은 19세기 중후반 이후 체험한 서양 문명의 현실적 파괴력 앞에서 해체되기 시작하였다. '중화中華'라는 용어를 제외한다면 이제는 역사 속의 빛바랜 용어가 되어버렸고, 언제부턴가 그 자리를 '문명'과 '야만'이란 용어가 대체하였다.

6장. 근대에 재발견된 전통 : 실학實學과 내재적 발전

실학은 내재적 발전을 실증하는 대표적 개념 중의 하나로 설명되어 왔다. 그 핵심 구조는 조선 후기에 일어난 현실비판적, 개혁적 학문 일반을 실학으로 규정하고 실학에서 근대의 맹아를 검증하는 것이었다. 그러나 어떤 연구자라도, 실학은 장구하게 지속하였고 시대와 화자에 따라 다양한 의미로 사용되며 변천을 거듭하였음을 알고 있다.

7장. 가치의 내면화와 동일시 : 중화와 기독교 문명의 경험

19세기 후반 이래 한국인의 서양 문물 수용 태도에 대해서는 통상 세 가지 그룹 — 위정척사衛正斥邪, 동도서기東道西器, 문명개화文明開化 — 의 흐름을 주목하고 연구해 왔다. 이 분류가 적실성과 역사성을 지니고 있음은 두말할 나위 없다. 그렇지만 그 인식의 파장 아래 가려지는 지점 또한 있다고 본다. 그 정렬화를 보면서 은연중에 동양과 서양의 문명을 대립항으로 설정하고 그 위상을 일직선상에 고정시키는 패러다임을 구상하기 때문이다.

5장 ──── 중화와 문명을 선취하라

중화中華・문명文明의
접점과
비판

 동아시아를 차등 공간으로 사유했던 화이관華夷觀은 19세기 중후반 이후 체험한 서양 문명의 현실적 파괴력 앞에서 해체되기 시작하였다. '중화中華'라는 용어를 제외한다면 이제는 역사 속의 빛바랜 용어가 되어버렸고, 언제부턴가 그 자리를 '문명'과 '야만'이란 용어가 대체하였다.

 중화·이적에서 문명·야만으로의 이행은, 동아시아의 근대로의 이행이 급진적이고 불연속적으로 보이는 것처럼, 표면상으로는 단절로 보인다. 기존 연구 역시 화이관으로 대표되는 사유와 문명·야만으로 대표되는 사유 사이의 대비가 위주였다. 서구 학계에서 중화주의를 '문화주의culturalism'로 번역하며 '(중화)보편문화주의'에서 '근대민족' 또는 '국민국가'라는 자각이 나타남을 강조하거나,[284] 화이관의 문화적 요소에 주목하여 조선 후기에 대두한 '조선중화주의' 혹은 '문화 자존 의식'을 강조할수록 근대 문명론의 도입에 따라 생성된 민족·국가 의식 사이와의 단절이 강조되는 것이 그렇다. 하지만 중화라는 보편문화주의는 한편으로는 종족이나 민족성 수립을 위한 논리 나아가 배타적 이데올로기로 작

용했음을 증명한 연구 또한 끊임없이 제시되고 있다.[285]

5장의 문제의식은 여기서 출발한다. 화이관은 문화를 통한 민족의 개조라는 보편성과, 종족이나 민족성에 기반한 차별이라는 양면적 모습을 가지고 있었다. 그 양면성은 근대에 접한 문명·야만관의 '보편 vs 차별', '진보 vs 후진'이라는 이중적 모습과 크게 차이 나지 않는다. 화이관과 문명·야만관은, 전근대와 근대라는 상이한 지점에 서 있음에도, 논리 전개상의 공통점을 지니고 있는 것이다.

중화 혹은 문명은 밝은 세상 곧 지금보다 선진적이고 이상화된 사회를 그린다. 단순히 그리는 데에만 머물지 않고, 실현을 위한 행동을 촉발시키는 가치관이자 이데올로기라는 점에서도 쌍생아이다. 또 두 개념은 현실을 분열된 세계로 보며 차별적 타자를 전제하고 있다. 두 개념 모두 '인간의 이상'을 위해 '미개한 자연'을 대립물로 등장시키기도 하였고, 내부 개혁을 추동하기 위해 내부의 걸림돌(하층의 속류성, 상층의 타락과 허위)을 대립물로 설정하기도 했으며, 내부 집단(종족·민족·국가)의 정체성을 공고히 하거나 건설하기 위해 외부 집단의 폭력성과 야만성을 대비하기도 하였다. 그 대립이 하나의 선 위로 좁혀진다면 '앞선 것'과 '뒤처진 것'이란 선명한 분열의 세계 인식이 그려진다. 그리고 뒤처진 타자에 대한 부정이나 혹은 앞선 타자에 대한 전면적 수용으로 귀결할 수 있다.

5장은 화이관이나 문명·야만관의 개념 정의가 목적이 아니다. 차라리 그같은 사유 방식의 접점을 찾는 데서 출발한다. 화이관, 문명·야만관의 논리 구조의 유사성을 간단히 가설한 위의 단락이 출발인 것이다. 그런데 중요한 것은 그 차별 논리를 비판적으로 성찰하는 지성이 동아시아 전근대와 근대에 면면히 이어졌다는 점이다. 그 지점이 5장의 도착점이다. 만약 그들의 비판적 성찰이 일정한 논리적 유사성을 지녔다면 그것은 도리어 화이관과 문명·야만관 사이의 유사성을 반증하는 일이 되지 않을까. 그것은 전근대와 근대의 세계 질서를 대표하는 화이관과 문명·야만관의 충돌 속에 감추어진 또 하나의 지적 흐름에 대한 성찰이 될 것이다.

화이華夷, 차별과 개혁의 두 얼굴

중국에서 자신을 중국, 하夏 등으로 설정하고 주변을 동이, 남만 등으로 구별한 인식은 고대 경전에서 다수 발견된다. 그 구별은 애초 공간의 차이에서 자연스럽게 배태했겠지만, 주체와 타자를 구별하는 정체성으로 굳어진 것은 습성, 예제와 같은 문화의 제반 양태를 인식하면서였다.[286]

문제는 세계를 구별하는 인식이 문화, 그중에서도 보편·고급 문화의 실현태인 예법과 결합하면 '가치의 실현 여부'가 또 하나의 기준으로 작용하게 된다는 점이다. 공자는 관중이 천하를 크게 바르게 하여 오랑캐로부터 정통을 수호했다는 인식을 갖기도 했지만,[287] 바른 가치가 구현된 타자를 상정하여 현실 비판의 논리를 전개하기도 하였다. 그 유명한 언급은 다음과 같다.

나는 구이九夷에서 살고자 한다. 혹자가 묻기를 "비루합니다. 어찌 가시려 합니까?" 대답하시길 "군자가 거처하는데 어찌 비루함이 있겠는가."²⁸⁸

훗날 주희의 제자는, 공자의 이 말이 쉽게 납득되지 않았으므로 '우스갯소리[戲言]'인 듯하다고 말하면서 그 진의를 스승에게 질문하였다. 그러자 주희는 제자에게, '(중국에) 도道가 행해지지 않으니 공자께서 이렇게 탄식하신 것이다'라고 답하였다.²⁸⁹ 유학자들은 '중화를 버리고 오랑캐로 떠나는 군자'라고 해석하여, 공자가 중국에 올바른 예법의 실현을 진지하게 촉구하는 것으로 이해했던 것이다.

그럼에도 불구하고 '군자가 거처하는 오랑캐 지역에는 비루함이 없다'라는 공자의 파격적인 발언과 관련해서는 많은 논란이 생길 수밖에 없었다. 주희는 '성인이 거처한다면 오랑캐가 변한다'고 보았다. 즉 이 말은 군자의 '무소불위한 교화력'을 실증하는 것이다. 다른 이는 '충신독경忠信篤敬'과 같은 유교 덕목은 장소를 가리지 않고 보편적으로 실현된다고 보았다. 또다른 이는 '조선처럼 실제 오랑캐가 변한 곳도 있지만, 공자의 이 말은 격분해서 한 말일 따름'이라고 보았다.²⁹⁰ 해명은 대체로 오랑캐 역시 중화가 될 가능성이 있다는 데로 모아졌다. 조선이란 실제 사례도 있었기 때문이다.

맹자의 어법 역시 공자와 크게 다르지 않았다. 그는 '주공周公이 오랑캐를 아우르고 맹수를 몰아내 백성이 평안하였다'²⁹¹라고 하여 오랑캐를 적대시하기도 했으나, '순舜은 동쪽 오랑캐 지역 출신이고 문왕은 서쪽 오랑캐 지역 출신이다'²⁹²라고 하여 성인은 지역에 구애받지 않음을 말하였다. 그 이중적 사고가 잘 나타난 구절은 다음과 같다.

> 중국의 문물로서 이적을 변화시킬 수는 있어도 이적에게 (중국이) 변화되었다는 말을 듣지 못했다. 초나라 출생인 진량이 주공과 공자의 도를 좋아하여 중국에 북학하였는데, 북방의 학자들이 그보다 나은 자가 없었으니 진실로 호걸스런 선비이다.²⁹³

위 언명의 전반부는 선진과 후진의 차별화였다. 후반부에서는 그럼에도 불구하고 노력 여하에 따라 도리의 체현이 가능하다는 전범을 제시하며 북방 학자들을 자극하였다. 따라서 위 서술은 보편문화라는 기준에서는 차별적 질서를 긍정하면서도, 가치 차원에서는 후진의 변화 혹은 추월 가능성을 인정하고 있었다.

이후 중국은 진秦·한漢 제국을 거치며 일원一元 혹은 복수의 세계 개념을 선택적으로 수용하고, 내부의 직접 지배[군현]와 외교의 형식적 복속[책봉·조공] 체계를 성립시켜 나갔다.²⁹⁴ 그같은 사고는 주변에서도 찾아볼 수 있었다. 예컨대 고구려가 세계를 중층적으로 인식하고 주변을 조공국이자 '이夷'로 규정한 데에서 그 흔적을 찾을 수 있다.²⁹⁵ 따라서 이 시기는 보편 윤리와 같은 원칙보다는 '나'를 중심으로 중심과 주변을 찾는 지역성이 강조된 시기로 볼 수 있다. 위진남북조에서도 큰 경향은 달라지지 않았다. 다만 이 시기에 '중화'라는 용어가 등장하기 시작한 점은 지적할 만하다.²⁹⁶

북방 왕조와 대치하였던 송宋에 접어들자 화이관은 《춘추》의 존왕양이尊王攘夷를 핵심 정신으로 가진 정통론으로 재구성되었다. 화와 이의 관계는 다양한 대립항들 예컨대 본·말, 내·외, 양·음 따위를 동원하여 구분하였다.[297]

북송의 화이관을 이론적으로 계승하면서 화이 구분의 당위적, 현실적 요구를 철저히 부각한 인물은 남송의 주희朱熹였다. 천리·본연지성과 같은 그의 철학의 주요 개념은 보편성의 실현을 지향했지만, 사회 이론으로서의 그의 학문은 차별적인 것의 존재, 역사의 인과因果, 나아가 실천을 위한 이데올로기라는 또다른 면모를 지니고 있었다.

주희는 '천리', '도道', '선善', '성性'을 본원[本然]의 측면에서는 상대 개념을 가지지 않은 공변항상의 보편 개념으로 즐겨 정의하였다. 그 바탕 위에 물질적 현실, 형이하, 일상 등을 제기하며 보편의 분화分化 과정을 설명하였는데, 그때 천리·성·선 등은 인욕·기질·악 따위의 대립 개념과 함께 상대적으로 존재하는 개념이 되었다.[298]

그 관계는 인간, 역사의 영역에서도 동일한 방식으로 적용되었다. 사람과 사물은 천명天命을 동일하게 부여받은 존재이지만, 기氣로 인해 차별적으로 존재한다. 보편 정신은 항상성을 지니고 유전流轉하지만, 인욕에 구애받는 인간으로 인해 역사에서는 소장消長이 있게 된다는 등이다.[299]

여기서 중요한 점은 본연을 가리는 기질, 인욕, 악의 담지자들이다. 일반적으로 소인, 범죄자, 이단, 역적 등을 제시할 수 있겠다. 그런데 주희는 이러한 전통적 범주 외에 위진남북조 시대 이후 발흥하여 중화 질서를 교란시킨 오랑캐의 존재를 특히 강조하였다.[300] 주희는 그들을 사람과 금수 사이에 위치한, 선천적으로 보편 윤리를 상실한 불완전한 존재로 규정하여 그 고착성을 심화시켰다.[301]

주희의 화이관은 절대 가치의 보편성을 현실 사회 속에서 실현하는 논리를 제시했다는 점에서 시사적이다. 그가 강조한 유교적 가치의 불변성은 현실 차원에선 그것을 체현한 중화[南宋] 문화의 항상성이었으며, 그 강조를 통해 문화에 대한 우월감과 미래에 궁극적으로 실현되리라는 기대를 심어주게 하였다. 주희의 철학은 남[南宋]·북[金]이 대치하는 세계에서, 가변성을 상징하는 이민족[金]을 부정하는 민족 중심적 성향과 배타성을 낳았다. 그의 철학 체계를 일관했던 무한성에 대한 사고는 개인 영역으로 내재화되었고 문화의 보편성은 한족漢族 공동체와 조국에 한정되는 동원의 이데올로기로도 작동했던 것이다.[302]

17~18세기 화이관의 유형과 비판적 성찰

17세기 초반 명明이 건재했을 무렵까지도 명과 조선의 관계는 중화-소중화로 간주되었다. 그러나 명이라는 선진 문화를 대하는 조선 지식인들의 관점은 반드시 하나이지만은 않았다.

첫째 흐름은 16세기 중반 이래 사림이 정계가 주류가 되면서 유교 문물의 원형을 명에서 찾고 이를 전면적으로 수용하는 흐름이다. 유교 문화의 실현을 희망하는 사대부의 속성상 가장 일반적이

었다.³⁰³

둘째 흐름은 시사하는 바가 크다. 이는 명에 사신 가는 후배에게 장유張維가 당부한 언급에서 확인할 수 있는데, 축약해서 인용하면 다음과 같다.

① 하늘은 사람에게 신령스럽고 밝은 마음을 부여하였는데, 그것은 고금과 인종[이적·중화 사람]에 두루 통한다.
② 그 마음을 자각하면 주체를 자각하여 외물의 영향을 받지 않고 어떤 상황에서도 자득한다.
③ 중국과 조선이 화이와 대소의 구분은 있음은 사실이나, 그 보편심을 자각하면 변두리에 협소하게 처해 있다 하여 중국[선진 문화]을 부러워할 이유가 없다.
④ 선진 문물은 이적이나 중화인이 모두 원래 있을 수 있으나 다만 중국에서 먼저 계발해 낸 것일 따름이다. 그렇다면 역시 그 사람이 어떤가에 달려 있는 것이지 그 출신을 따질 일이 아니다.³⁰⁴

장유는 조선이 이적에 속해 있음을 과감히 긍정하였다. 그러나 하늘의 관점에서 보면 중화와 이적의 차이는 상대적이며, 오로지 보편적인 것은 자각한 주체뿐이다. 따라서 이적일지라도 시공을 초월하는 밝은 지혜를 자각할 수 있고, 세계를 주체적으로 대할 수 있다. 그에겐 정신을 빼놓을 정도로 압도적인 문명도 또한 외물로서 종속 변수이며 그 점에서 주체[조선]는 문화를 취사선택할 수 있었다.

하지만 장유는 화이를 전혀 다른 방식으로 생각하기도 하였는데, 그것을 셋째 흐름이라고 볼 수 있다. 인용하면 다음과 같다.

> 우리나라는 명[天朝]을 섬겨 명령과 분부를 받들어 다행히 죄를 얻지 않았다. 그런데 거짓 소문이 유행하여 양국의 관계를 동요시키니, 참으로 해명하지 않을 수 없으나 또한 강변해서도 안 된다. 제후의 법도를 더욱 지키고 실추하지 않으며 대의를 밝혀 '반역한 오랑캐[後金]'와 하늘을 같이하지 않겠다고 맹세하고, 국력을 다하여 명의 군대가 흥하기를 기다렸다가 힘을 다하여 싸워서 누린내 나는 오랑캐를 쓸어 천자에게 공을 바쳐야 한다.[305]

이 글은 심하 전투 이후 조선이 명에 원병을 재차 보내지 않고 명 조정에서 조선을 감독[監護]하자는 의견이 나오자, 조선의 처지를 설명하는 임무를 띠고 명에 가는 이정구를 전송한 글이다. 긴박한 목적으로 가는 사신에게 준 글이므로 앞 글과 도식적으로 비교할 수는 없다. 다만 장유처럼 주체의 자각을 강조한 인물조차도 현실 앞에선 명과 조선을 매우 특수하게 인식할 수밖에 없었다는 점을 지적할 수 있다. 그와 같은 인식은 조선을 소중화로 간주하여 다른 이적에 비해 특수한 존재로 인식하고 다른 이적을 배타적으로 여긴다.

 넷째 흐름은 위의 세 흐름과는 다른 상황에서 출발하였다. 이적인 만주족이 청을 건국한 후 조선이 항복하고 명이 멸망한 사건은 유교 지식인에겐 가히 질서의 전복이었다. 병자호란 이후 조선이 전복된 질서를 되돌리기 위해 복수설치에 입각한 북벌론을 전개하였음은 주지하는 일이다. 인조 후반~효종 초반에는 월왕越王 구천句踐이나 한 무제帝가 와신상담한 사례를 전범으로 여겨 성리학적 인식과 차이를 보이기도 하였으나, 송시열 등의 활동을 통해 당시 상황을 남송의 주희에 비견하고 춘추의 존왕양이 정신을 강조하는 흐름이 점차 주류 이념으로 정착하였다.[306]

　18세기에 접어들면서 청의 지배력이 안정화하고 명을 능가하는 사회 발전과 문물의 흥성을 목도한 조선의 지식인들은 화이의 구분과 전위轉位 가능성에 대한 고민에 빠지면서 한편으론 새로운 인식 지평을 열게 되었다. 변화한 상황에서의 갈등을 단적으로 보여주는 사례가 김이안金履安의 논설에 잘 나타나 있다. 요약하면 다음과 같다.

> 홍자 : 이적이 예의와 인륜을 숭상하고 선왕의 교화를 따르며 중국의 주인이 된다면 군자는 그것을 허락할 것이다. 그들을 미워하는 것은 그들이 이적의 풍습에 물들어 있기 때문에 사람으로 허락하지 않는 것이다. 진실로 행위를 고친다면 더불어 선해질 수 있다.
> 김이안 : 《춘추》의 가장 큰 의리는 양이攘夷의 의리이다. 단지 행실이 더럽다 하여 그들을 미워하는 것이 아니고 족류를 변별해야 한다. 혈기가 사람에게 붙을 때 그 종류는 두 가지이니 이적과 금수이다. 이적은 비록 사람과 비슷하지만 금수와 다를 바 없어 더불어 할 만하지 않다. 그 때문에 성왕聖王이 그들을 중국에서 분리하여 갈라놓았다. 지금 그들이 중국에 나아가 천의를 거스르고 선왕의 정치를 무너뜨렸으니

춘추 의리에 적이 되었다.[307]

혹자 : 화이 변별이 엄밀하다. 그런다면 조선은 어떻게 위치하고 있는가?
김이안 : 동쪽은 생성하는 곳이니 풍기가 다르고 성인이 교화를 베풀고 예악과 문물이 빛났으니 저들과는 다르다. 옛날에는 지리로 화이를 구분하였기에 우리가 이적이 되었다. 그런데 지금은 융적이 중국에 들어가 (중국의) 풍속과 종류와 서로 합해졌으니 지리로 변별할 수가 없다. 지금 우리에게 중화를 돌리지 않는다면 과연 누가 중화이겠는가?[308]

김이안의 논설은 홍자와의 문답이다. 홍자는 이적이 풍속을 바꾸고 유교 문화를 수용한다면 허여할 수 있다는 입장이었다. 그에 대해 김이안은 이적은 혈기와 같은 선천성으로 규정되었으므로 결국 금수와 다를 바 없다는 엄격한 분별론을 제시하였다. 문제는 혈연성을 강조할 경우 17세기 이래 조선이 견지해 왔던 조선중화朝鮮中華 논리가 부정된다는 데 있었다. 조선의 중화로의 변화 역시 문화 요인을 최우선에 놓아야 가능하였기 때문이다. 김이안은 그에 대해 조선의 지리, 역사, 문화의 특수성을 장황하게 강조하였다.[309]

김이안의 논리는 17세기 이래 유지된 조선 문화 자존 의식의 전형을 보여주었다. 다만 17세기는 양이攘夷를 통한 새 질서[중화] 구축이 주목적이었다면, 이제 조선은 운기·지리·풍속 등의 자연적 조건과 문화·역사가 선천적으로 이적과 다르므로 '조선이야말로 중화다'라고 확인할 수 있음이 차이였다.

더 주목할 인물은 김이안의 논적인 홍자洪子이다. 그 또한 조선이 중화라는 결론에 도달했지만, 도출 과정은 전적으로 달랐다.

특수성을 강조한 김이안에 비해 그는 문화라는 보편성을 차별없이 적용하였다. 그의 논법대로라면 조선이 중화가 될 수 있었던 것처럼 청 또한 중화에 도달할 수 있다. 홍자가 누구인지 쉽게 단정할 수는 없지만, 흥미롭게도 김이안의 동문인 홍대용洪大容의 화이 인식과 일맥상통하였다.

홍대용이 '화이는 하나다[華夷一也]'를 말하고 '역외춘추론域外春秋論'을 주장할 수 있었던 계기에 대해서는 크게 자연과학의 영향, 그가 속했던 학파인 낙론의 인물성동론人物性同論, 장자의 상대적 인식론이 지적되었다. 그의 사상 형성 과정을 총체적으로 보면 자연과학과 심성론의 상호 작용과 상호 규정, 낙론적 심성론과 기철학氣哲學의 혼융, 심성론과 자연과학 연구에서 자득한 상대적 관점에서 장자의 상대주의를 원용했다고 보아야 할 듯하다.[310]

여기서 중요한 점은 그의 사고 구성이 화이론에 대한 기존의 인식과 어떻게 연결되었고 또 어떤 지평을 열고 있는가 하는 점이다. 그의 사고가 집약된 걸작 《의산문답》 가운데 화이관과 관련한 핵심 사항은 다음과 같다.

① 사람의 입장에서 물物을 보면 사람이 귀하고 물은 천하지만, 물의 입장에서 사람을 보면 물이 귀하고 사람이 천하다. 하늘의 입장에서 보면 사람과 물이 마찬가지다.
② 하늘이 내고 땅이 길러주는 무릇 혈기가 있는 자는 모두 이 사람이다. ……하늘에서 본다면 어찌 안과 밖의 구별이 있겠는가. 까닭에 각각 자기 나라 사람을 사람을 친하고 자기 나라 임금을 높이며 자

기 나라를 지키고 자기 풍속을 좋게 여기는 것은 중화나 이적이 한 가지이다.

③《춘추》는 주周나라의 역사서이니 안과 바깥에 대해서 엄격히 한 것이 또한 마땅하다. 그러나 만일 공자가 바다를 건너 구이에 살았다면 중국의 문물로서 오랑캐를 변화시키고 주나라 도를 역외에서 일으켰을 것이니 안과 밖의 구별과 높이고 물리치는 의리에 대해 마땅히 《역외춘추》를 지었을 것이다. 이것이 공자가 성인이 된 까닭이다.[311]

홍대용의 사유는 우주·자연과 인간·역사에서 화이론까지 정연하게 연결되었다. 그 점에서 주희의 사유 범주와 방불하다. 물론 화이의 전위 가능성을 제시한 점에서 그 결론은 사뭇 다르다. 그런데 위 인용문 ③과 관련해서 홍대용을 문화 요소 중심의 화이론자로 일반적으로 파악하고 있으나 《의산문답》 전체를 흐르는 정신과 연관지어 파악하면 피상적 결론이다.[312]

인식상의 측면에서 홍대용은 '자각한 주체의 긍정과 문명의 상대화'라는 장유의 논점에 서 있으며 나아가 우주와 인간 사회를 아우르는 새로운 가치론을 전망하는 수준에 서 있다.

그 핵심은 첫째, 인·물·천의 입장에서 달리 보이는 세계 혹은 가치를 제시하여 관점의 상대화를 제시하는 것이며, 이는 궁극적으로 자기 중심적 사유의 폐기를 촉구한다. 그렇다면 인·물에 보편적으로 흐르는 (도덕) 가치가 승인되며, 타자[물]에 대한 존중까지 이끌어 낼 수 있다.[313]

둘째는, 관점의 상대화가 중심의 해체보다는 상대적 가치를 자각하는 주체를 지향한다는 점이다. ①과 ②에서의 하늘은, 주희나 송시열에서처럼 세계의 완성을 기획하는 목적인으로서 현실을 끊임없이 추동하는 규범이 아니다. 하늘은 보편성을 담지하지만 현실에 존재하는 개별 주체들의 각각의 가치, 윤리를 인증하는 역할에 머물고 있다. 그 보편성의 존재와 기능을 자각한 주체의 입장에서 본다면 나와 남이 다르지 않고, 안과 밖의 구별이 없다는 통일성을 인식하기에 각각이 고유한 가치로 함께 존재한다는 사실을 깨닫는다. 박희병이 지적했듯이 그때에는 피아의 차별을 넘어 개별성을 긍정함으로써 개별적 존재 각자의 삶을 존중하는 윤리로 발전할 수 있는 것이다.[314]

이상에서 본다면 홍대용은 화·이의 구분이 현실에서 가치 판단의 기준으로 작동하지 않기에 그 명명 자체가 무의미하다는 인식론상의 전환을 이루고 있었다고 보인다.[315] 그는 우리가 동이가 된 것은 지세상의 일로서 숨길 필요가 없으며, 본래 이적이므로 이적에게 걸맞는 성인이나 대현으로서 큰 일을 할 수 있기에 만족하지 않을 이유가 없다고 하였다.[316] 역으로 말하면 중화라는 허명에 매달릴 필요가 없으며 자기 처지에서 성인처럼 시세나 상황에 걸맞는 도리를 행할 따름이라는 열린 가능성으로의 귀결이다.

그 맥락에서 ③의 어법은 재독되어야 한다. 그 초점은 춘추의리라는 고정된 정신이 중국에서처럼 구이에서도 실현될 수 있다는 것이 아니라, 분열과 침범의 시세를 인식한 공자가 중국에서 그 상황에 맞는 도리—앞 맥락을 연결하면 그것은 상호 존중의 정신이다—를 주창하는 것이나, 구이에서 그 형세에 맞게 도리를 주창하는 뜻이 한 가지일 것이다라는 의미이다.

홍대용의 화이관은 동시대 청과 일본에서 전개된 화이관과 사뭇 다른 결론에 도달한 것이기도 하다. 이민족이, 전통적으로 화華를 상징하였던 한족을 지배하게 된 청에서는 화이관이 가진 정치적 파급력 때문에 화이를 언급하는 것에 대한 금압이 대세였다.[317] 다만 옹정제 연간에는 황제가 직접 나서서 배타적인 화이 정서를 정면으로 부인하는 《대의각미록大義覺迷錄》을 편찬하여 주목된다. 《대의각미록》은 오직 덕이 있는 자만이 천명을 받는 것이므로 지리를 경계로 화이를 구별함이 부당함을 설파하고[318] 보편적인 인륜이 인간과 금수를 가르는 기준임을 제시하였다.[319] 보편 윤리의 존재 여부를 화이 구별의 전제로 강조하였기에 몽고가 더 이상 이적이 아닐 수 있었던 반면 천륜과 인륜을 저버리면 한족 또한 언제든 금수가 될 수 있었다.[320]

《대의각미록》은 유교 문화, 인륜의 보편성을 전취하여 현실의 질서인 이민족의 한족 지배를 강화하려 하였으나 그 보편성이 자기 중심성의 해체를 통해 인종에 대한 구분을 무의미하게 만드는 수준으로 전개된 것은 아니었다. 따라서 차별 논리로 점화할 수 있는 불씨는 온존하였다. 그와 같은 인식 하에서는 청말 보편적 윤리의 우위성을 강조하여 내부의 이질성을 덮으려 하였던 캉유웨이康有爲의 노력도 가능하였고, 한족 우위의 화이론에 기반한 혁명론이 다시 부활할 수도 있었다.

화이관에 있어서 조선과 같은 처지[夷]에 있었던 일본의 화이 규정은 조선과 같으면서도 달랐다. 하야시 라잔林羅山 등은 천황의 선조를 태백泰伯(文王의 伯父)으로 긍정하여 일본은 고대부터 유교 도리가 전해진 특수한 이적임을 강조하였다. 그 비슷한 사유는 동시대 조선과 베트남에서도 있었다.[321] 그러나 점차 지智·인仁·용勇의 덕, 군자의 존재, 풍속의 선함과 같은 문화 규범이 화의 실질적 내용이라거나, 지나친 화이 분별은 성인의 본뜻에 어긋난다는 부정적 인식이 생겨났다.[322]

화이론을 새롭게 인식한 대표적인 인물은 야마자키 안사이山崎闇齋와 아사미 케이사이淺見絅齋였다. 안사이는 중국이 자신을 화로 규정한 것이 당연하듯이, 각국의 유학자가 자신을 중심으로 화와 이를 구분할 수 있는 상대성을 승인하였다. 그 승인은 각국이 서로 '여국與國'이 되는 평화적 국가 공존의 상태를 지향할 수도 있었다.[323]

안사이의 제자 아사미 케이사이는 〈중국변中國辨〉에서 도덕과 예의의 고하, 지리상의 위치, 국토의 대소, 문화의 선후에 따르는 피차의 차별을 부정하고 세계 만국은 저마다 주인임을 천명하였다. 그 점에선 홍대용의 결론과 같아 보인다. 그러나 결론에 도달하는 과정은 (일본의) 주체성 곧 자기중심성의 끊임없는 확인을 통해서였다. 그 점이 자기중심성을 부정했던 홍대용과의 차이였다. 따라서 케이사이의 논지에서 주체성의 보편 적용이 수반되지 않는다면 바로 주체와 주체 사이의 충돌은 불가피하였다.[324]

야마자키 안사이와 아사미 케이사이의 논리는 두 갈래의 길을 갈 수 있었다. 주체 사이의 평등한 관계가 두루 적용될 것인가 아니면 새로운 절대적 주체가 정립될 것인가. 안사이가 '중국이 공자를 대장으로, 맹자를 부장으로 삼아 일본을 공격하면, 우리는 공맹을 붙잡아 국은에 보답하는 것이 바로 공맹의 도이다'라 하고, 케이사이 또한 '공자, 주자가 일본을 공격한다면 내가 머리를 쏠 것이다'라는 유명한 말을 남긴 것은 그들의 화이관이 강력한 주체의 설정이라는 동기에서 출발했다는 단서를 준다. 안사이가 유학과 신도神道를 결합하고 신국神國을 바랐던 것은 그의 사상이 도달한 우울한 결말이었다.

화이관과 문명·야만관의 교류와 접합

전근대 화이관은 각국마다 그리고 개인과 국가에 따라 유사한 측면도 있고 차이도 있었지만, 서로간의 교류를 통한 국제·사회적 담론화에는 이르지 못하였다. 그 사회 내부에서조차 단절이 심하였다. 《대의각미록》의 성과는 이후에 부정되었고, 홍대용의 《의산문답》은 1939년 이후에야 주목받기 시작했기 때문이다.[325]

그러나 19세기 서유럽의 팽창과 더불어 세계 질서가 형성되자, 언어·문화적으로 고유한 범주를 지녔던 서유럽 밖의 문명들은 세계관 차원의 접촉과 충돌을 경험하지 않을 수 없었다.[326] 동양적 세계관이자 외교 질서의 근간이었던 화이관 역시 충돌과 변화를 피할 수 없었다. 19세기 청의 지식인 정관잉鄭觀應은 이를 '화이 연속의 천하'[327]라고 표현하였다.

먼저 살펴볼 것은 'civilization'이 '문명文明'으로 수용, 정착하는 양상이다. 이는 단순한 새 개념의 번역과 소개의 문제가 아니라 문명·야만관에 상응하는 화이관이 전제되어 있는 상황에서 그 접촉 지점에서의 변화 양상을 살피기 위해 필요하다.

'civilization'은 잘 알려져 있다시피 1870년대 일본에서 유럽의 문명사류의 책들이 번역되고 후쿠자와 유키치福澤諭吉 등의 문명개화관이 형성되면서 동아시아 3국에 전파되기 시작하였다.

문명·야만관은 화이관의 강한 전통 속에 놓여 있던 조선에선 다기한 대응 사유를 동반할 수밖에 없었다. 이미 강고한 문화 중심의 화이관, 즉 조선중화의 관점을 소유하였던 위정척사 계열의 유학자들은 '청=이적, 서양=금수'라고 규정하였으므로 문명이란 용어 자체를 원천적으로 부정할 수밖에 없었기 때문이었다.[328] 그러나 1881년 이후 사이에 유길준兪吉濬 등이 문명 용어를 사용하기 시작한 이래 《한성순보》 등에서 종종 문명 용어를 사용하기 시작하면서 용어 자체는 널리 퍼지기 시작하였다.

이른바 동도서기론 계열의 지식인들은 '조선[東土]을 이미 문명한 나라'라고 인식하였다.[329] 위정척사 계열의 지식인들은 1890년대 후반 이후 화하華夏가 진정한 문명이고 서양의 기술을 개화나 문명이라 지칭할 수 없다 하였다.[330] 위정척사의 지식인조차 동·서양을 '문명'이란 용어로서 평가, 판단한다는 점에서 그 표준을 승인한 것으로 볼 수 있다. 다만 문명 용어와 그 함의를 적극 소개한 개화파의 경우는 점차 두 개념을 대립해서 사용하였고, 1896년 이후 발간된 《독립신문》에서는 전통적인 용례와 완전히 대비된 서구의 문명 개념으로 전화하였다.[331]

한편 문명의 상대 개념으로서의 야만 역시 기존의 오랑캐, 이적 등의 표현과 비슷한 의미로 특별한 충돌과 혼동 없이 사용되고 있었다.[332]

문명·야만 용어가 순조롭게 기존의 중화를 대치하거나 이적과 혼용해서 쓰이게 된 데는 '문명'이란 용어가 애초 유교 경전 등에서 '문채·문덕이 빛나거나 잘 다스려지다' 혹은 그러한 세상을 의미하는 용례로 이미 쓰였고[333] 조선에서도 문명이 '세도世道가 잘 실현된 사회', '높은 문화를 이룩한 사회' 혹은 '중화' 자체를 뜻하는 표현으로도 쓰였던 만큼[334] 서양어 'civilization'에서 그 뜻을 연상, 원용하기엔 큰 무리는 없었으리라는 추론이 가능할 것이다.

문명이란 용어의 도입과 더불어 중화라는 표현 또한 의미가 변화하기 시작하였다.《한성순보》에서《중국공보中國公報》,《상해보上海報》,《중서견문록中西見聞錄》,《호보滬報》등 중국 신문을 왕성하게 소개할 때 전통적인 문화 의미가 강한 중화라는 표현도 있었지만 '중화 사람', '중화 군사', '중화 전선' 등 단순히 중국을 지칭하는 용법이 많아졌다.[335] 조선 조정에서도 중화를 중국으로 지칭하기 시작하였다.[336] 즉 애초 종족, 지리, 문화적 성격이 혼재하였던 중화라는 개념은 주로 중국이란 국가를 지칭하는 용어로 점차 전환하였으며 따라서 문화로서의 '중화'는 문명이란 개념에 자리를 내주게 되었다.

물론 이때의 문명이란 표현도 그 내용이 꼭 단일한 것만도 아니었다. 문명은 말뜻에서 정신과 물질 두 가지를 다 가지고 있었고, 또 주로 서양의 문물을 지칭하므로 인종·지리라는 요소가 잔존하기도 하였다. 다만 중국을 의미하는 중화에 비해 그 종족·지리적 성격이 약화된 것만은 틀림없었기 때문에 동양 문명, 서양 문명, 조선 문명, 중국 문명 등의 표현이 가능하였다.

용어의 습합을 통한 개념의 수용에서 주의깊게 봐야 할 대목은 서양 문명의 구체적 성과를 기존 사고와 접합하는 방식일 것이다. 그같은 태도를 견지한 부류는 동서양 문명의 성과를 다른 층위에서 각기 의미있다고 정의하였다. 예컨대 '천원지방天圓地方'과 같은 전통적 우주관은 천지의 도를 언급한 것이고 실제 모양은 지구설을 소개하는 방식이 그러하였다. 그러나 같은 글에서 기준을 오로지 실사구시實事求是로 정한 것은 절충의 논리가 수사적 차원에 머물고 있음을 스스로 드러내는 일이기도 하였다.[337]

비록 수사에 머무르기도 했지만, 당시 문명 사이의 접합을 꿈꾼 이들이 진지하게 절충 방식을 고민한 것은 사실이었다. 서양의 발전상에 대해 동양에 상응하는 정신이나 유사한 제도를 언급하며 방식[338]은 문명의 보편성을 기준으로 접합하는 방식이다. 그것은 이른바 '중국원류설'[339] 식의 아전인수적 방식을 탈피한 것이었다.

절충의 논리는 그 한계에도 불구하고 유가의 전통적 사유에 진지한 변화를 촉구하는 논리로도 기능할 수 있었다. 문명·야만으로 분열한 세계 속에서 층위가 다른 진리가 접합 가능하다는 절충론은 주자학에서 세계를 설명하는 정합성이나 규범의 보편성을 부정하는 일이었다. 오로지 존재하는 기준은 불변하는 도리가 아니라 시세에 맞추어 가변하는 도리였다.[340] 여기서 서양의 부강 또한 결국 시세의 작용이라는 인식이 생겨났다.

시세의 작용에 대한 인정은 동양의 낙후와 서양의 발전을 요령 있게 설명하면서 동양의 급무를 설정하고 미래에 대한 기대를 가능케 하는 역사관을 생성하였다. 그 내용은 대체로 고대와 중세까지는 동양이 서양에 압도적이었으나, 시세를 중시하는 유럽인들은 계속 진보하여 동양을 압도할 수 있었음에 반해 동양은 규범과 조술祖述에 얽매여 중세에 머무르게 되었다는 것이었다.[341] 그러나 동양이 시세를 제대로만 인식한다면 새롭게 자각할 수 있고, 그 자각에 기대어 불리한 형세를 극복하여 서양과 대등한 주체로 설 수 있다고 보았다.[342]

문명·야만관에 대한 비판적 성찰

19세기 후반 서양의 문명·야만관이 소개되면서 동양 3국의 지식인들은 다양한 사유를 전개하였다. 지금까지는 전통적인 화이관을 그대로 유지하거나, 화이관과 문명·야만관을 습합하거나 혹은 그 성과를 동양 구래의 성과와 맞물려 인식하는 경우를 주로 고찰하였다.

그렇지만 동아시아에서는 화이관을 해체하는 과정을 나름대로 진행해 왔다. 그와 같은 사고들은 문명·야만관을 해체하거나 상대화하는 논의로 나아갈 수 있었는가? 혹 나아갔다면 어떻게 논리를 전개해 나갔을 것인가?

조선에서 홍대용이 도달한 결론에 버금가는 혹은 범주적 차원에서 흡사한 사유를 전개한 19세기의 인물은 최한기崔漢綺였다. 그의 사상은, 방대한 선행 연구가 지적하고 있듯이, 우주[大氣]·사회[統民]·개인[一身]을 관통하는 운화運化의 보편성을 상정하고 그 안에서 인간과 자연, 개개 사회의 화호和好를 대담하게 구상한 것이 특징이었다.³⁴³ 그의 구상에서 개별 사회의 문화 혹은 풍속 사이의 위계는 존재하지 않으며 그 가치는 운화기運化氣 속에서 보장되고 있다. 그들 다양한 문명은 화협和協과 교접交接을 통해 서로의 장단을 취사할 뿐이다.³⁴⁴

이 점은 보편성의 긍정 속에 주체의 상대성을 강조한 홍대용의 결론과 흡사하다. 다만 차이가 있다면 최한기는 운화의 통일성과 그에서 비롯하는 세계의 보편 원리를 훨씬 강조하였다는 점이다. 홍대용에게 하늘은 주체의 통일성을 승인하는 정도에 그치고 고금의 변화를 인식한 성인의 작용과 자각한 인간의 역할에 대한 강조가 비교적 균형있게 결론내려진 반면에, 최한기에게 운화를 통한 세계의 승인은 일원성과 통일성에 대한 지나친 강조 및 고금을 균형 있게 사고하는 역사성과 구체적 시세 인식의 결여가 나타났던 것이다.³⁴⁵ 방대한 그의 저술 속에는 각론에 대한 소개가 생략되거나³⁴⁶ 아편전쟁 등 국제 정세의 민감한 부분에 대한 둔감함이 종종 드러났다.

문제는 홍대용과 그에 버금가는 최한기의 사유가 정작 문명·야만관이 소개되고 논쟁을 유발한 1880년대 이후에 계승, 변화하였는지일 것이다. 이 부분은 나에겐 아직 미지수이므로 추후의 과제로 남겨 둔다. 다만 《한성순보》 등을 통해 중국과 일본의 대응 사유를 수동적으로 접한 측면이 강했던 듯하다.

중국의 캉유웨이康有爲는 옹정제 식의 사유를 계승하면서 19세기 후반의 변화에 대응했다는 점에서 주목할 만하다. 그는 예禮에 의한 이적의 변화 가능성을 강조하는 입장에서 유교 문화 내에서 중화와 이적을 구분하지는 않았으나[347] 그 경우에도 문명·야만의 기준은 오직 중국의 유교일 따름이었다.[348] 그 방식은 유교식 보편을 강조하면서도 인종 사이의 이질성을 해체하지 않는 옹정제의 사유와 흡사하다.

그러나 1884년에 저술을 시작하여 1902년에 완성한 《대동서》에 나타난 사유는 사뭇 다르다. 《대동서》는 기획 자체에 분열성이 내재해 있고[349] 때론 우생학적 편견과 열등한 존재의 도태까지 거론되기에 다양한 각도에서 독해할 수 있다. 하지만 주체(인간)와 외물(타인·자연)의 관계, 이상 세계와 현실 문명 사이의 관계를 논한 몇몇 대목은 주목할 만하다.

① 야만인, 초목, 물고기 등과 사랑으로 끌어당기니 무관심할 수가 없으며 ······외계의 생물체도 인간과 성정이 다를 바 없다.

② 류類는 겉모습을 기준으로 나눈 것이다. ······자기 무리만을 아끼고 다른 만물을 해쳐 자기 무리에게 이익을 주는 것은 만물이 공통이며 성인과 호랑이가 다름이 없다. ······하늘이 이것을 볼 때 배척되어야 한다는 점에서 사람과 동물이 모두 같다.

③ 구미 지역은 부유하다고 하지만 ······(런던, 파리, 뉴욕 등 빈민가의 비참함) ······인간이 살면서 문명에 접하지 못하면 야만스러워지지만,

문명이 발전하면 할수록 또한 괴로움과 근심도 문명을 좇아 더욱 증가한다.

④ 문명국일수록 전쟁으로 인한 참화는 더욱 극렬했다.

⑤ 정도의 차이는 있을지라도 구미의 여성도 억압당하기는 마찬가지다

⑥ 처음에는 서로 돕고 보호하기 위해서 만든 좋은 법이 나중에는 억압과 불평등을 낳게 된다. ……공자는 이것을 근심하여 삼통과 삼세의 법을 세웠다. ……도를 지키는 사람들이 변화를 알지 못한 채 영원히 고통스런 도를 따를까 우려해서 하신 말씀이었다.[350]

①과 ②를 보면 본성의 보편성은 주변의 지각 있는 초목과 금수에서 출발하여 우주로까지 확대되었고, 그 보편성에 대한 자각은 자기(인간)중심성을 극복하게 하고 있다. 그 여정은 홍대용의 논리적 귀결과 매우 흡사하다. 근원적 고민 혹은 인류 공동의 한계를 자각하면 ③, ④, ⑤에서 볼 수 있는 바와 같이 발달한 서구 문명 또한 절대시되지 않고 상대적으로 인식하게 된다. 그들의 장점만큼이나 단점도 볼 수 있는 것이다. 한편 상대성의 강조가 시간에도 적용된다면, ⑥에서처럼 성인의 고정된 만세법은 존재하지 않으며 오로지 불변하는 정신은 시세의 변화에 따라 적용되는 도리뿐이다.

문명개화론의 진원지인 일본에서는 문명·야만관에 대한 비판적 성찰 또한 왕성하였다. 그 논의는 이른바 자유민권파 사상가인 나카에 조민中江兆民에서 출발하여 우에키 에모리植木枝盛를 거쳐 평화, 반전을 외치는 사회 운동으로까지 전개되었다. 그 흐름의

이론적 지주라 할 수 있는 조민은 일찍이 프랑스에 유학하고 루소의 《사회계약론》을 번역하여 '동양의 루소'라는 별명까지 얻었고 《맹자》, 《장자》 등 동양 사상에도 심취하여 자유와 평등에 기초한 서양의 민주제와 유가의 이상 사회를 결합한 이상 사회를 지향하였다.[351] 그의 대표적 저서인 《삼취인경륜문답》에는 그 이상 사회와 서양 문명에 대한 비판 정신이 잘 드러나 있다.

① 민주제는 시작과 끝의 구별이 없는 영원한 것이다. ……주권이 민에게 있고 따로 주인이 없을 때 나라 이름은 단지 지구 표면의 어떤 부분을 가리키는 이름에 지나지 않는다. ……자신과 타인 사이에 경계가 없으며 적대 의식도 생겨나지 않는다.

② 문명의 진보에 뒤진 소국이 자유와 박애에 뛰어들어 도덕을 닦고 평화를 추구하며 철학의 아들이 되면 문명이라 우쭐대는 유럽이 오히려 부끄러워한다. ……(유럽이 침략한다면) 그들의 소위 문명이란 야만에 지나지 않고 (도의를 지키는) 우리의 야만이야말로 문명이다.

③ 유럽의 인민은 국내에서는 야만스런 싸움에서 벗어나 문명 제도의 혜택을 누린다. ……인민 대 인민, 국가 대 국가로서는 야만스런 생활을 하고 있다. ……19세기 오늘날 무위武威를 국가의 자랑으로 여기고 침략을 방침으로 세워 남의 땅을 빼앗고 인민을 죽여 지구를 소유하고자 하는 나라는 미치광이 나라이다.[352]

①에서처럼 조민에게 민주제는 서양이란 지역성을 탈피하고 현실의 차별과 적대 의식을 해소하는 보편 이상으로 재설정되었다. 침

략에 대한 대응과 진정한 발전을 논한 ②의 언급에서는 문명·야만의 보편 기준은 오로지 '도의'임을 읽을 수 있다. 서양 문명의 성과 또한 새로운 기준에서 성찰되어야 하는 것이다. 사회 내부에서 일정한 성과를 거둔 서양 문명이 국가간 전쟁과 식민지 쟁탈로 귀결하였음을 지적한 ③의 언급은 문명 전파를 가장한 제국주의의 본질을 정확하게 짚어 낸 당시로선 흔치 않은 비판이다. 결론적으로 그는 동양의 이상 사회와 서양의 민주제를 결합한 또 하나의 보편 문명을 꿈꾸고 있었다고 볼 수 있다.

캉유웨이, 나카에 조민 등은 1880년대 동아시아 사유의 한 축에 보편 이상의 설정 하에 문명의 장단을 균형있게 보고 취사하며, 평화로운 국제 관계를 희구하는 지성인의 존재를 잘 보여준다. 그 같은 사유는 동양 3국의 지성이 일부 공유하는 것이기도 하였다. 그 관계를 잘 보여주는 자료가 1883년 《한성순보》 제6호에 소개된 〈소병의銷兵議〉이다. 이 논설은 중국의 양무이론가 왕따오王韜가 중국 신문 《순환일보》에 일본 역사가[木下眞弘]의 글로 소개하였고 그것을 다시 《한성순보》에 게재한 것이다.[353] 따라서 동아시아 3국의 지식인들이 일정부분 공유하였던 사유라고 볼 수 있다. 그중 주목할 사항을 추출하면 다음과 같다.

① 개명한 나라, 문현文賢의 정치를 실현한 나라에서조차 병술을 교묘히 하고 무기를 날카롭게 하여 원근에 흉포한 일을 자행하고 있다.
② 지구에 사는 사람들은 사는 곳으로 말하면 내외, 친소가 있지만 하늘이 보기에는 모두 똑같은 동포요 백성들이다. 각 나라의 군장들은

하늘을 대신해서 백성을 다스리니 토지나 재물 때문에 살생해야 할 이치가 없다.
③ 대의원과 만국대법을 세우면 대국이 소국을 깔보지 못하고 소국은 대국을 두려워하지 않아 비로소 천리의 정도를 이룰 것이다. …… 천하에서 군사를 거두면 오직 도만을 다투어 사람들이 모두 세상을 구제하고 개화하는 데에 나아갈 것이다.
④ (현실의) 공법은 국가 교제와 전쟁에서 지킬 만한 법이고 관행의 조례일 뿐이며, 전쟁이 천리에 어긋난다는 사실은 언급하지 않았다.[354]

①은 야만과 문명의 경계가 상대적임을 보여주고, ②는 자기중심성을 버린 바탕에서 차별과 침략을 폐기할 것을 촉구하고 있다. 홍대용, 캉유웨이, 나카에 조민 등과 마찬가지로 ①, ②와 같은 논의 또한 천리, 공의公義와 같은 이상 차원의 시각에서 각 문명의 상대적 가치를 승인하고 있다. ③과 ④는 구체적인 대안과 현실 공법에 대한 비판이다. 이상적인 세계정부[大議院]와 세계헌법[萬國大法]을 세우면 평화와 진정한 개화가 실현될 것이다. 그 시각에서 본다면 현실의 만국공법은 단지 조정에 치우쳐 있기에 전쟁 억제의 기능을 담보하지 못하는 조례에 불과하다. 그 질서가 진정한 공도[天理]를 지향함은 물론이다.

1880년대를 전후하여 동아시아 지식인 사이에 동양적 이상 질서를 상정하고 그에 기반하여 서양의 문명·야만관을 비판적으로 성찰하거나 취사하는 논의는 일각에서 제기되고 교류되고 있었다. 삼국의 지식인들은 약육강식이 횡행한 중국의 전국 시대와 19

세기 후반의 상황을 동일시하며, 맹자가 예에 기반한 사대 외교를 염원했듯이 친애에 기반한 국제 관계와 동양 평화를 꿈꾸며 공법 질서 속에 내재한 침략과 전쟁 지향성을 배제하고 있었던 것이다.[355] 그러나 한계 또한 지적하지 않을 수 없다. 최한기의 사유는 단절된 듯하며, 캉유웨이나 나카에 조민의 경우 강렬한 이상주의자이긴 하지만 현실 속의 그들은 분열된 자아를 또한 가졌었기 때문이다.[356]

화이관을 지양했던 경험이 있는 동아시아 지성인들은, 분열적 세계관이라는 동일한 유전자를 간직한 듯한 문명·야만관을 접하자 그 분열성을 극복하는 논의를 전개하였다. 그들은 중화에서 문명으로 기준이 변동하는 시기에 서양 문명을 넘어서는 동양적 이상 질서를 설정하고 그 하위에서 존재하는 여러 문명들의 상대성을 직시하였다. 때문에 그들은 동도서기식의 조합이나 서구 문명을 절대적 기준으로 제시하지 않았으며, 화려한 문명의 이면과 침략성을 인식하여 각 주체의 조화와 상호 승인 하에 이루어지는 평화적 국제 질서를 구상할 수 있었다. 1880년대 초반에 일본과 중국 그리고 조선의 신문에서 그같은 인식을 서로 소개하였던 사실은 그 교류와 공감의 일단을 또한 잘 보여준다.

물론 이 같은 사유가 현실에서 가졌던 한계 또한 지적하지 않을 수 없다. 이상이 높을수록 지식인들은 현실과의 괴리를 느끼지 않을 수 없었고 개인 차원에서는 분열된 자아상을 노정하였다. 실제 역사 속의 동아시아는 평화를 지향했던 사대 외교의 긍정적 측면을 계승하는 새로운 평화적 국제 질서를 수립하는 데 실패하였기 때문이다.

　사회 내부로 눈을 돌려도 우리는 다원적 가치를 승인할 수 있는 성숙함에 이르기까지 동아시아 사회가 수많은 시행착오를 겪었거나 겪고 있음을 볼 수 있다. 그런데 그것이 실패의 이유라면 역설적으로 그 이유 때문에 여전히 우리는 비판적 성찰의 전통을 유심히 보아야 한다. 중화, 서구 문명 그리고 지금의 선진화·세계화라는 절대 기준이 여전히 진행형이라면, 그 일방성에 대한 비판적 성찰이야말로 대안을 향한 또 하나의 선택으로 항상 기능하기 때문이다.

6장

근대에 재발견된 전통

실학實學과
내재적
발전

한국에서 개념사의 초점을 서양 개념의 성공적 수용을 통해 근대 질서의 정착을 기획하는 데 둔다면, 그것은 한국사에서 서양식 근대를 찾아 발전 사관을 정립하였던 내재적 발전론과 유사한 패러다임에 서게 된다. 그리고 양자는 결국 서양 대 동양의 이분법을 강화한다는 비판에 직면할 수 있다. '실학' 개념에 대한 재고찰은 그같은 패러다임에 대한 반성과 함께 그 너머를 전망할 수 있게 한다.

 실학은 내재적 발전을 실증하는 대표적 개념 중의 하나로 설명되어 왔다. 그 핵심 구조는 조선 후기에 일어난 현실 비판적, 개혁적 학문 일반을 실학으로 규정하고 실학에서 근대의 맹아를 검증하는 것이었다. 그러나 어떤 연구자라도, 실학은 장구하게 지속하였고 시대와 화자에 따라 다양한 의미로 사용되며 변천을 거듭하였음을 알고 있다. 거칠게 본다면 실학은 조선 시대에는 과거를 위한 경학經學 혹은 성리학으로 쓰였고, 19세기 중후반 이후 과도기를 거쳤다가, 20세기 이후 내재적 발전론과 결합하여 이를 지지하는 개념으로 정착되었다는 것이다. 전자에 설 경우 실학은 내재적 발전론을 받침하는 개념이 되고, 후자에 설 경우 실학은 오히려 내재적 발전론의 자의성을 설명하는 개념이 될 수도 있다.

이상에서 몇 가지 점을 시사받는다. 실학은 시대에 따라 화자話者에 따라 다양하게 변천하였고 그때마다 실학 개념은 현실 변화의 도구로 사용되었다. 20세기에 이루어진 재구성의 핵심은 과거의 내용을 지금의 기준이나 형식에 결합한 것이므로, 실학은 '과거의 현재화'이거나 또는 현재의 프리즘을 통해 굴절된 과거로 볼 수 있다. 실학과 같은 운명은 내재적 발전론의 또다른 축인 '자본주의 맹아론'에게서도 보인다.

그러므로 실학은 한국에서 장기 지속한 개념을 개념사적 방법으로 고찰하기에 좋은 소재가 될 수 있다. 또 실학 최후의 변신은 서구적 근대성과의 결합이었으므로, 내부의 변화와 외부의 충격이 복잡하게 얽힌 한국의 근대를 내부 시선에서 볼 수 있게 한다. 바로 그 점 때문에 실학은 내재적 발전론의 성과와 한계를 보여줄 수 있다. 이상이 6장을 시작하는 가설이다.

내재적 발전론과 개념사

한국의 개념사 연구와 관련하여 흥미로운 비교 대상은 한국사에서 근대성 규명을 실증해 왔던 '내재적 발전론'이다. 내재적 발전론은 보편과 과학에 대한 기대를 저변에 깔고, 주체적 입장에서 민족사를 발전적으로 체계화해 왔다. 그 핵심에는 근대의 맹아, 구체적으로 말해 '자본주의적 생산관계'와 그 사상적 반영으로서의 '실학'에 대한 검증이 있었다. 그러나 내재적 발전론은 현재 몇 갈래의 비판에 직면해 있다. 비판들은 내재적 발전론이 기초한 패러다임을 직간접으로 지적하고 있다.[357]

간단히 요약하면, 내재적 발전론은 민족국가 건설과 보편 발전 검증이라는 목적론적 의도에 기초해 한국사의 특정 부면을 자의적으로 부각했으며, 그 저변에 서구 근대와의 유사 양상을 의도적으로 간취看取하는 태도가 개입해 있고, 그 결과 서양 근대가 여전히 기준으로 작동하는 패러다임일 따름이라는 지적이다.

아닌게 아니라 내재적 발전론은, 19세기 중후반 이후 내재적 발전의 좌절과 외재 요인의 과도한 개입이라는, 애초 의도하지 않았던 귀결로 흐를 소지가 다분하다. 전근대 시기의 내재적 발전을 크게 강조할수록 19세기 서양의 충격도 덩달아 부각되며, 19세기의 충격을 제한시켜 놓으면 이후의 근대화 과정에 미친 서양의 공헌이 다시 커지는 딜레머에 놓인다. 마치 풍선 효과처럼 한 쪽의 연계성이 다른 한 쪽의 단절을 부각하는 양상을 빚어 내는 것이다.

나는 내재적 발전론이 이룬 실증적 성과와, 그에 기반해 전개했던 실천이 한국 현대 사회의 성숙에 미친 공헌을 부정하지 않는다. 아울러 내재적 발전론이 함의했던 '내부 시선에서 역사 바라보기'와 '역사의 연속성'이라는 명제는 여전히 자명한 공리公理라고 본다. 하지만 내재적 발전론이 기반했던 '보편과 발전', '단선적 진보'라는 긴박으로부터는 좀 헐거워질 필요가 있다. 내재적 발전을 찾으려 했던 기간의 고민은 새로운 인류 공동체를 향한 진보 가치의 모색과 연대를 향한 밑거름이 되어야 한다. 비슷한 문제의식에서 출발한 연구도 요즘 활발하다. 예컨대 외재적 계기의 동시 모색, 서구 기준으로의 편향 극복과 세계사의 다원적 발전 긍정, 지역사의 고려 등이다.[358]

내재적 발전론을 고려하다 보면 비슷한 문제를 기존의 개념사 연구에도 제기할 수 있다. 특히 기본 시각과 얼개가 그러하다.

기존의 개념사는 서양과의 접촉이 전면화한 19세기 중후반부터 20세기 전반前半, 말하자면 한국 근대 형성에 영향을 미친 서구 근대 개념들이 동아시아에 전파되고 수용되는 과정을 주로 다루었다. 그리고 그 과정을 일방적 수용의 역사로만 다루지도 않았다. 한국을 비롯한 동아시아 국가들의 역사 경험, 문화, 가치 등이 능동적으로 작용했고, 따라서 일방 수용이 아니라 개념의 충돌이었다는 것이다. 대략 이 같은 서술이 주조를 이루었는데, 이 서술이 기반한 패러다임 역시 '유럽 대 동아시아', '보편·진보 대 특수·정체'라는 이분법과, 동아시아의 서양 따라잡기의 성공은 동아시아의 특수성 때문이라는 기조에 서 있다. 유럽식의 발전을 단선적으로 설정하고, 그 선에서 일시 뒤처졌던 동아시아의 성공적 모방을 강조하는 것은 내재적 발전론의 문제의식이나 지향과 흡사하다.[359]

서구식 근대의 맹아를 찾아 발전 도식을 완성하는 내재적 발전론이나, 서구 개념의 성공적 수용을 통해 근대 질서의 정착을 기획하는 개념사나, 모두 공통의 지평 위에서 출발하였다. 출발선이 삐끗했기 때문에 기존의 개념사는 서구 개념의 도입과 정착사에 빠질 위험성이 상존한다. 근대 이후 익숙해진 '번역된 서구 개념들'에 대한 어원 추적을 통해 '본래 정의'를 찾는 경향이 그것이다.

때문에 근대에 대한 비판적 성찰에서 출발한 개념사가 오히려 '본래 정의를 지닌 것처럼 보이는 개념들'에 대한 강화된 해석을 낳아 서양 개념의 신비화를 조장할 우려를 낳는다. 이 같은 귀결 또한, 내재적 발전의 추구가 서양의 충격을 강화하거나 단절의 양상을 강조해버리는 본래 의도하지 않았던 결과로 흘렀던 양상과 비슷하다.

양 이론 모두 서양 근대에 얽매이지 않고 충격과 수용을 넘어서는 기준을 제시해야 한다. 해결의 단초는 어디서 찾을 것인가? 이 책의 서장에서 나는 '내부 시선'에서 바라보는 역사 인식이 매우 유효하고, '과거의 현재'와 '현재의 과거'를 중시하는 코젤렉의 문제 의식과 상통한다고 보았다.

그 점을 중시한다면 근대 시기의 변화는 서구의 충격뿐만이 아니라 자신들이 갖고 있던 유산을 선택적으로 수용하는 모든 과정 속에서 파악해야 한다. 서양이 미친 충격은 과정의 일부에 지나지 않았다. 예컨대 현재의 우리는 19세기 후반에 낯선 서양 개념을 자기 식대로 사용한 용법들을 왜곡의 사례로 지적할 수 있다. 지금의 관점에서는 어설픈 수용으로 보일 수 있지만, 당시 그 개념을 자의적으로 판단한 이들은 그것을 현실에 활용함으로써 스스로의 기대를 충족시켰던 측면이 있었음을 동시에 고려해야 한다.

정의와 활용법에 대한 섬세한 고려는 단순히 기존 서술의 문제를 지적하는 데에만 그치지 않는다. 그와 같은 고려는 개념사의 초점을 '서양 개념'에서 '개념을 수용하고 활용하는 주체'로 이동시키게 한다. 그 이동을 포착한다면 주체의 사유방식, 심성, 선택과 변용의 기제, 정치사회적 맥락 등도 함께 시야 속에 확보할 수 있다. 전근대와 근대를 관통하며 사용되고 끊임없이 의미를 재구성한 '실학' 개념은 이 점에서 시사적이다.

'실학' 개념과 개념사

실학과 자본주의 맹아론은 내재적 발전론을 떠받치는 두 축이다. 그런데 실학은 자본주의 맹아론과 차이가 있다. 실학은 이미 쓰이고 있던 용어를 근대에 재구성했다는 점에서 언어적 접근을 동시에 고려해야 하기 때문이다. 다시 말해 실학은 전근대 시기에, 개념화 여부를 떠나, 사람들이 연상하는 무언가를 지칭하는 용어로 이미 기능하고 있었다. 또 기존의 개념사에서 주목했던 서양 근대 형성에 기여하고 동아시아에 수입되어 근대 형성에 기여한 번역어들과는 달리, 전근대 용어가 20세기 이후 오히려 적극적으로 운동하며 근대 기획에 영향을 미친 경우이므로 기존의 개념사에서 주목하지 않았던 새로운 소재이다.

　개념사와 관련해서 실학을 살핀다면 기존의 실학 연구와 다르게 출발한다. 이 책의 서장에서 잠깐 언급했지만, 개념사는 '정의된 개념'을 전제하지 않는다. 유동하는 개념에 대한 분석과 해석, 심지어 '개념의 역사는 없고 단지 그것이 사용된 방식의 역사만이 존재'하는 지점이 출발선이다.[360] 그러므로 실학의 유무, 범주 등을 따져 정의를 시도하거나, 실학자의 실학적 정체성을 실증하거나, 그들의 계보를 형성하는 일은, 개념사로 바라보는 실학의 출발도 목적도 아니다. 개념사적 방법은 오히려 기존의 실학 연구에 대한 문제제기와 그 너머의 가설을 향한 제안이라고 할 수 있다.

실학과 관련한 수많은 연구 성과에도 불구하고 그 개념과 정체성을 둘러싸고 아직도 논쟁이 진행 중인 까닭은 '실학'이라는 개념의 전제가 강한 것도 한 요인이다. 실학의 개념적 명료성을 저 어딘가의 목표로 두고 그것을 정의하기 위한 끊임없는 연구를 진행해 왔기 때문이다.[361] '설정되어 있거나 혹은 설정되어야 할 실학'을 전제하고 연구 대상을 맞추는 기획이 앞선다면, 실학과 실학자는 기획에 따라 이렇게 혹은 저렇게 배열될 수 있다. 심하게 말해 16세기 중반 이후 특출하거나 개성적인 논의를 전개한 학자들은 현재의 관심에 따라 '실학자'라는 옷을 입고 불려와 정렬될 수 있다. 그 점에서 실학은 과거보다는 현대에 오히려 활발히 기능하는 담론이기도 하다. 때문에 실학의 현재적 담론성만을 집중적으로 해부한 연구 역시 퍽 유의미하다.[362]

실학에 대한 역사적 접근의 중요성을 강조하는 제안이 계속됨에도 불구하고, 실학을 고정적으로 정의하고 접근하는 연구 또한 계속 진행되는 이유는 무엇일까. 이는 유독 실학만의 현상이 아닐 수도 있다. 일반적으로 역사가는 '사실'이나 개념의 진의를 파악하고 '올바른 정의'를 내리는 경향이 있다. 과거와 현재에 의미가 아닌 형태의 동일성을 가지는 실학의 경우 그 경향은 더욱 짙을 것이다. 연구자들은 은연중에 용어의 동일성에 기초해서 실학의 존재를 의심치 않았고 다만 그것을 채우는 내용을 재구성하려 하였던 것이 아닐까. 그리고 '용어는 있었지만 의미가 달랐다'라고 단순하게 지적하거나 결론짓고는 넘어갔던 것은 아닐까.

나는 '용어는 있었지만 의미가 달랐다'는 단순한 지적이 오히려 출발이라 생각한다. 용어 혹은 개념은 시대마다 새로운 정의로 자신을 채우며 의미를 갱신해 나가기 때문이다. 예컨대 서양에서 '혁명' 또는 '문명' 개념은 화자 혹은 역사적 계기에 의해 의미를 변화시키며 재구성되고 의미 있는 담론이 되어 사회적 실천력을 발휘하였다. 실학 역시 의미를 지속적으로 변화시키며 현실을 변화시키는 담론이 되어 왔다. 따라서 과거에 의미를 변화시키는 계기성과 그 의미가 언제 현재와 접속하는 실학으로 재구성되었는지가, 실학에 대한 정의보다 선행되어야 한다. 단순히 말하면 '실학 개념의 형성사'를 살피는 일이 선행되어야 한다. 형성사는 기간의 실학 연구 중에서 그 역사적 맥락을 보아야 한다는 지적이나, 과거의 구성적 언명과 현재의 끊임없는 개념 재구성 사이를 동시에 고려해야 한다는 지적과 상통한다.[363]

《조선왕조실록》의 실학 용례 검토

실학은 통시대적이거나 보통 명사적인 개념으로만 연상되기 쉽다. 나 역시 다르지 않았다. 그러나 《조선왕조실록》의 실학 용례를 검토한 결과 실상에서의 실학은 특정 정책과 관련하여 구체적으로 지칭된 사례가 다수였음을 확인하였다.[364]

《조선왕조실록》에서 '실학'이 등장하는 기사는 총 83편이다.[365] 우선 눈여겨볼 사항은 기사의 2분의 1 정도가 특정 시기에 집중적으로 나타난다는 점이다. 그것은 실학이 일상적으로 쓰였다기보다는 정책 논란과 관련해서 등장했음을 알려준다. 그 정책은 주로 명경과와 제술과의 비중을 조정하는 과거 운영, 성균관에서 경학교육과 관련한 정책이었다. 그때마다 실학은 '경학과 같은 진실한 학문'이라는 일반명사적 뜻에서 출발하여 강경講經을 준비하는 과거 공부, 성균관의 경학 등으로 쓰였다. 예를 들어 '궁경실학지사窮經實學之士'는 '경학을 궁구하여 진실한 학문을 갖춘 선비'라고 일반명사적으로 해석할 수 있다. 그렇지만 특정 기사의 맥락 속에서는 사장詞章이 아니라 강론을 통해 선발되는 선비라는 의미를 동시에 지니게 된다.[366]

따라서 실학이 등장하는 기사에서는 실학이 구체적으로 가지는 의미 연관을 찾는 일이 중요해진다. 《중종실록》의 기사를 예로 들어본다.

> 신이 유생 시절에 보건대 사람의 성품이란 원만하지 못하여 혹은 실학에 가깝기도 하고 혹은 사장詞章에 가깝기도 하므로, 사장에 가까운 자는 사장을 힘쓰고 실학에 가까운 자는 실학에 힘쓰는데, 실학에만 힘쓰고 사장에 힘쓰지 않는 자는 사리에 통창通暢하지 못하니 마침내 무기력한 사람이 되어 다만 훈장직訓長職에 그칠 뿐이요, 사장에 능한 자는 발휘하는 일이 많기 때문에 사리에 두루 통합니다. 그러므로 국가에 등용되는 범위도 그 사람들이 더 넓었는데, 오늘날에는 경학經學이나 사

장이나 모두 힘쓰지 않으니, 어찌 이 같은 때가 또 있겠습니까. 이전부터 시장詩章만 숭상하는 것을 불가하다고 여겨 왔던 것은 그 폐단이 결국에는 부화浮華한 데 이를까 염려한 때문입니다. 그래서 전의 임금들은 감히 시장만 숭상하지 못하였지만, 오늘날에는 시장을 전혀 익히지 않기 때문에 따로 법을 만들어 권유하고 있습니다. 더욱이 우리 나라는 사대事大하는 나라로 실학만을 숭상할 수 없는 형편인데 한 사람도 사장에 능한 자가 없으니, 이를 어떻게 해야 좋을지 모르겠습니다."[367]

위 기사에서 실학은 사장과 뚜렷히 대비되는 반의어이다. 또 연관하는 여러 의미들을 이끌고 있다. 실학은 '경학'으로도 쓰였으며, '사리에 어두움', '현실에서 무기력', '훈장' 등을 연관 의미로 이끌어냈다. 사장은 '시장詩章'으로도 쓰였으며, '사리에 밝음', '부화浮華', '사대(의 업무)' 등을 연관 의미로 이끌어냈다. 물론 이때의 연관의미는 때론 긍정적으로, 때론 부정적으로 쓰인 것들이다. 결론적으로 이 기사에 나타난 실학과 연관의미들을 하나의 '의미장場'으로 고려한다면, 실학 혹은 실학자는 단순한 일반명사를 넘어 경학, 과거의 경학, 경학의 교육자, 현실에 어두움, 질박함 등의 구체적 이미지를 형성하고 있었음을 알 수 있다.

실록 기사의 의미장을 전체적으로 분석하면 이 기사와 크게 다르지 않다. 이 책의 부록 2를 참조하면 동의어와 긍정적 연관을 가진 어휘와, 반의어와 부정적 연관을 갖는 어휘의 대칭이 뚜렷하게 나타나고 있다. 이때 동의어나 긍정연관어는 ① 경서, 경전, 경학, 사서오경, 삼대지학三代之學, ② 강론, 강경, 고강, 친강, 명경과, 식년시, ③ 대사성·겸사성·사성, 성균관·학교·학궁, 박사, 교수, ④ 명인륜, 교회敎誨, 훈회訓誨 등이다.

반의어나 부정연관어로는 ① 사장, 문사文辭, 시구詩句, 문학, 부문浮文, 풍운월로, 사화詞華, ② 의의疑義, 초집抄集, 제술, 별시, ③ 결사決事, 지식, 사무, 외임, 사리, 사대, 문형, ④ 부화浮華, 허명, 위명 등이다.

대략 선조 초반까지 실학은 경학이지만 '과업을 위한 경학'이라는 구체적 용례를 지니고 있었다. 실학을 연마한 이들은 교육에 능하고 질박하지만 실무에 어둡고 답답하며, 그 반대로 사장에 능한 이들은 실무에 능하고 재능 있지만 명성을 붙좇고 화려하다.

그런데 중종대 조광조를 비롯한 신진 사림들이 '성리학'을 공부한 인재들을 등용하기 시작하자 기존에 실학과 사장만 있던 의미망은 미묘하게 흔들리기 시작하였다. 다음은 기묘사림의 인재등용책을 비판하는 중종대의 기사이다.

> (김극성) 국가에서 실학을 가지고 사람을 뽑는 것은 경학을 소중히 여기는 때문이다. …… (이귀령) 성리학이란 이름으로 과거 이외에도 출신出身할 길이 있어, 글읽기를 일삼지 않았습니다. …… (소세양) 조종조 때에 출신하려면 반드시 과거 급제를 거쳤기 때문에 사람마다 학문에 힘썼는데, 기묘년 이후로는 성리학을 한다는 이름만 가지면 경학이나 사장에 힘쓰지 않아도 품관이 되기도 하고 당상관도 되기 때문에 배우지 않는 폐습이 이로 인해서 생겨났습니다.[368]

위 기사에서 실학은 여전히 경학으로 쓰이고 있고, 사장과 함께 과거를 위한 학문으로서 성리학과 뚜렷이 구분되긴 하였다. 그러나 사장이 현실 실무 위주였던 데 비해, 성리학과 경학은 유학 본연의 학문이라는 의미를 공통적으로 지녔기에 실학과 성리학이 겹칠 가능성이 생겨났다.

선조대를 기점으로 사림들은, 기존에 주로 '경학'을 의미하였던 실학을 성리학과 유사한 의미로 사용하기 시작하였다. 《선조실록》과 《선조수정실록》의 8차례 용례를 보면 실학의 동의·긍정연관어로는 성학聖學, 삼대三代, 실행·실득, 명교·도학, 공맹정주학, 초야석사草野碩士 등이, 반의·부정연관어로는 기사지서記事之書, 속론 등이 등장한다. 실학은 성리학에 한층 근접하여 국왕 이하 사대부 일반이 지향해야 할 진실한 유학, 공리·과거에 휩쓸리지 않는 유학이라는 의미를 포괄한 것이다. 그렇다고 기존의 용례가 없어진 것은 아니었다. '강경으로 과업을 삼는 자'를 지칭하는 실학의 용례는 더욱 고정되었다.[369] 따라서 선조 이후로는 실학이 이중적 용례로 작용하였다고 결론내릴 수 있다.

인조-영조대에 실학 용례는 조선 전기 이래 쓰였던 강경을 위한 과업과, 선조대 이후 확장된 성리학 연관 의미, 즉 국왕의 성학, 심학, 지행병진의 학문, 명성에 걸맞는 학문, 실효가 있는 학문 등의 용례를 모두 찾을 수 있다. 흥미로운 점은 적어도 실록과 같은 연대기에서는 실학 자체의 빈도가 상당히 낮아진다는 점이다. 특히 영조대는 단 1건에 불과하다. 영조가 소론의 학자 양득중梁得中이 건의한 '실사구시實事求是'를 벽에 걸어 놓을 정도로 '실학적 정신'에 우호적이었고,³⁷⁰ 지금 우리는 이 시기를 실학의 본격적인 발흥기로 보고 있는데도 정작 실록에서 용례가 드문 것은 명칭과 의미 사이의 불일치에 대한 숙고를 요구한다.

정조대에는 실학이란 용어가 허위, 명성 등과 대비되거나 혹은 명실상부해야 한다는 뉘앙스로 나타났다. 18세기 이후 사회가 복잡해지고 사대부들의 속화俗化 현상을 반영하여 순수 성리학으로서의 실학을 강조하는 측면이 있는가 하면, 유학의 이용후생과 경세經世 정신을 반영하여 물질 개선을 요구하는 분위기가 있었으므로 실용 차원에서 실학을 강조하는 용례도 있었다.

19세기 전반前半 순종·헌종·철종대에는 실록은 말할 것도 없고, 《승정원일기》, 《일성록》 등의 연대기 자료에서도 실학이 쓰인 사례를 찾기 힘들다. 이용후생 같은 용어가 보수적 용법으로 사용되거나 급감하였음을 감안하면³⁷¹ 이 시기 국가 차원에서 개혁의 분위기가 실종되었음을 짐작할 수 있다.

고종-순종대의 실학 용례는 정치와 사상의 변화에 연동하여 시기에 따라 용법이 변한다. 고종 친정 초기에는 산림처사의 학문을 지칭하는 전통적 용법이었는데, 1884년에는 변통 옹호의 수사로 썼다.³⁷² 그런데 1884년 《한성순보》에서는 서양의 실학과 동양의 허문虛文, 사물의 진리를 캐는 격치학格致學(과학), 동서양에 적용 가능한 천하의 공학公學 등으로 실학을 사용하였다.³⁷³ 변통을 위한 실학이 물꼬를 터주자, 실학은 바로 전통 의미를 전복하여 서양학, 과학, 보편 학문을 포괄해버렸다. 실학의 의미 전복은 당시 개화파의 지향을 잘 보여주고 있는데 개화파의 몰락으로 이 용법은 오래가지 못했다.

　1899년 유교를 국가 종교로 확인하는 국왕의 조서에서 실학은 국교, 유교와 같은 의미로 쓰였는데, 2개월 후 실학은 상공학교에서 상업과 공업에 필요한 실용기술학의 의미로도 쓰였다.[374] 바로 직전인 1898년의 《매일신보》에서는 외형만을 바꾸는 데 치중하는 개화에 반대하여 참 개화를 의미하는 '개화 실학'도 등장하였다.[375] 1908년 윤황후의 '한성고등여학교' 창설 휘지에서 '실학[유학]의 미약은 국가 문명의 쇠퇴'라고 하면서 (광무유신 이후로) '새로운 학문, 보통교육과 여자교육'이 국운 융성을 가져올 것이라고 하였다. 실학은 유학을 벗어나지 못했지만 바로 신학문과 신교육으로 전환, 결합할 수 있음을 암시한다. 20세기 초반까지 실학은 황제권 강화에 부응하는 국교[유학], 실용기술학, 신문명의 바탕이 되는 학문 등으로 유동하고 있었다.

　마지막으로 1921년 《순종실록》 부록의 용례는 가장 흥미롭다. 박규수를 묘정에 배향하는 교서에서 '(박규수에게) 박지원이 가학을 전수하였으니 집안에서 실학을 얻었다[燕巖授箕裘之業, 得實學於家傳]'[376]고 하였다. 박지원의 학문을 실학으로 표현하고 또 박규수의 학문 연원을 뚜렷히 밝히고 있다. 실록에서 처음이자 마지막으로 현재의 규정과 동일한 '실학자'가 등장하고 또 개화파와의 연결이 암시되었다. 그것은 많은 용례 변천을 거쳤던 실학이 특정 인물과 그 인물의 사상으로 고정되는 장면이었다.

18세기 의미의 전화와 20세기의 재구성

실록에서 검증할 수 있는 실학 용례는 일상에서의 구체성과 사회성을 보여준다. 실학에 대한 접근이 한층 복잡한 이유는, 중국 송대 이후 그리고 조선의 성리학자들이 실학을 개념화했던 역사성과 사상적 맥락을 또한 가지고 있기 때문이다.

성리학자들은 불교의 공허함을 효과적으로 드러내기 위해 자신들의 학문을 '실實'이라고 언명하였다. 대표적으로 정이程頤는 도학과 경학을 실학이라고 정의하였다. 이후 주희朱熹를 비롯한 성리학자들은 리理의 현실성을 드러내기 위해, 또는 리가 현실에서 인의예지·성誠·예의禮義 등의 덕목으로 전화함을 강조할 때 실리實理라는 표현을 사용하여 실리-실학 개념의 범주를 확정지었다.[377] 그들의 정의 과정은 실학 개념의 두 가지 성격을 보여준다. 하나는 실학이 진실무망眞實無妄한 학문으로 공·허를 반대한다는 보통명사적 용법을 가질 수 있고, 또 하나는 실학이 실리에서 기원하고 실심, 실용 등의 연관의미로 확장되어 성리학 내에서 일정한 담론 혹은 사유 틀을 형성할 수 있다는 것이다.

성리학 내에서의 실학 개념은, 앞서 실록 용례에서도 보았듯이, 조선 중기 이후 성리학 이해가 심화되고 경학이 암송에 치우쳤음을 비판하면서 본격적으로 제기되었다. 예컨대 이황은 리理의 현실적 속성인 조화가 바로 실리이고, 그것이 인간에 내재하여 작동할 경우 실심이 된다고 보았다.[378] 이이李珥는 한 걸음 더 나아갔다. 그에게 성誠-실리-실심으로 이어지는 연관은 주희·이황과 다를 바 없었으나, 거기서 실공實功과 실효實效를 이끌어내어 실리와 실심이 변통·경세와 불가분한 관계를 맺고 있음을 강조하였다.³⁷⁹

이이를 거치면서 실리·실심→실공·실효 등으로 확대된 의미장을 가진 연관 개념들은 18세기까지 지속하며 개인의 사상에 따라 여러 차원으로 변주되었다. 예컨대 유형원柳馨遠은 실리에 근거하여 사회 전반 차원에서 변통·경세론을 구상하였고, 김원행金元行은 유속流俗에 휩쓸리지 않는 실심에 기반한 실사實事·실공實功·실사實士를 강조하였다. 개인에 따라 국가·사회의 개혁과 같은 경세적 관심, 성리학의 지나친 논쟁에 대한 비판, 과거 위주 학문이나 세속적 명성에 대한 비판, 일용에 힘쓰는 유용한 학문에 대한 강조 등이 나타났다. 그럼에도 그들의 실학 강조는 정주程朱 이래로의 실학 혹은 그와 연관된 개념들의 용법에 충실하거나 지향점을 확대한 자리에 놓여 있었다.

실학이나 실학 관련 의미들이 경세를 향하여 나아갔어도 그 변화의 궁극적 목표가 유학적 질서의 완성임을 잘 보여주는 사례는 정조일 것이다. 이 책 4장에서 살폈던 대로 정조는 '이용후생'을 내세우면서 물질 방면의 개선을 독려하였다. 그 점에서 이른바 북학파의 구성원들과 정조의 지향은 비슷했다. 그런데 정조는 북학적 흐름을 타고 체제에 파고 드는 다른 사상 경향을 용인할 수가 없었다. 정조의 사상통제책이자 대표적인 보수정책으로 꼽히는 문체반정文體反正이 그 실례이다. 문체반정을 알리는 유명한 실록의 기사는 다음과 같다.

예전 정미년(1787, 정조 11)에 이상황과 김조순이 예문관에서 숙직할 때 당, 송의 각종 소설과 《평산냉연平山冷燕》 등을 보면서 한가하게 시간 보내고 있었다. 주상이 입시해 있던 주서로 하여금 이상황이 무엇을 하고 있는지 알아보게 하였는데, 마침 그러한 책들을 읽고 있었으므로 그것들을 가져다가 불태우라 명하고서는 두 사람을 경계하여 경전에 전력하고 잡서들은 보지 말도록 하였었다. 이상황 등이 그때부터 감히 다시는 패관소설을 보지 않았다. 그런데 지금 남공철이 대책對策에 소품小品의 어투를 인용하니, 이 일 때문에 마침내 이상황에게 공함을 보내 답을 아뢰도록 명하였다. 그 사람들이 나이 젊고 재주가 있었으므로 그들로 하여금 실학에 힘쓰도록 하여 그들의 뜻과 취향을 보려 함이었다.[380]

이 기사에서 정조는 실학을 경전·고문과 같은 바른 사상이자, 패관·소품·소설·잡서와 같은 세도를 흐리는 잘못된 문풍의 대립 개념으로 사용하였다. 정조는 바른 문장이란 실용·실공·실덕에 도움이 되어야 하고, 실용적인 서적은 예악·병형·전곡·갑병 등에 대한 것이며, 당시 유행하는 패관·소품·소설 따위는 실용에 무익하고 잘달은 것이라고 여러 차례 비판하였다.[381]

이상의 언급을 보면 정조에게는 유학·주자학-고문古文-실용-이용후생이 비교적 정연하게 연결되어 있었음을 알 수 있다. 이는 금문今文-실용-이용후생으로 연결되어 소품·패관·이언俚言의 가치를 높이 평가하였던 박지원, 이옥李鈺 등의 지향과는 달랐음을 보여준다. 이는 어떻게 해석해야 할까.

영조가 사문시비斯文是非에는 국가가 관여하지 않는다는 관행을 세운 이래 학문에 관대해지는 분위기가 조성되고 정조대에 새로운 사유와 학문을 찾는 분위기가 더욱 활발해졌다. 그러나 정조는 주자학의 세계를 포기하거나 균열을 두고 보지 않았다. 오히려 정조는 무너지기 시작하는 주자학 세계를 보완하기 위해 출발을 달리하였다. 물질을 개선하여 일용日用을 향상시키는 방법이다. 그것은 유학에서 말하는 하학이상달下學而上達이고 경세론의 강조이다. 그 점에서 보면 정조는 앞서 언급한 유형원이나 김원행을 닮았다. 실학과 실용의 강조는 유교 윤리의 든든한 토대를 제공할 것이고, 결국 국가의 체제를 보장할 것이다. 정조의 이 같은 시도는 근대 이전 유학의 자장磁場에서 이탈하지 않았던 실학 용례로서는 거의 마지막 단계가 아닐까 한다.

다른 생각을 약간 덧붙여 보겠다. 정조의 지향이 그렇다고 해서, 패관소품의 유행이 근대 지향이라고 판단하는 것은 좀 섣부른 듯하다. 패관이나 소품의 개인주의적 성향, 세속적 지향, 감성과 욕구의 옹호 등이 중세의 규범 틀을 흔드는 데는 훨씬 효과적임이 분명하다. 다만 그 지향은 중세의 틀에 대한 개선으로 나아갈 수도, 아니면, 정조의 판단대로, 건전한 의지를 좀먹는 나태로 흐를 수도 있다. 다시 말해 도회적이고 세련된 문화 취향으로만 흐를 가능성도 있다. 18세기 후반의 개성 있고 날카로운 사회 비판을 전개했던 지식인들과, 19세기 전반에 개인 취미에만 몰두하는 세련된 문화 취향에 매몰된 지배층은 매우 대조적이지만, 경화벌열의 자제이거나 그 자장에 있었다는 점에서 동질성이 더 크다. 정조가 패관소품을 한다고 견책했던 김조순, 남공철, 이상황 등이 모두 경화벌열의 신진들이었다. 요즘으로 말하면 첨단에 민감한 세련된 엘리트들이다. 그들이 사회 개혁에 대한 엄중한 책임감을 도외시했을 때, 즉 경세적 책무를 도외시했을 때 곧바로 세도가[김조순]가 되거나 혹은 세도가의 충실한 보좌역[남공철, 이상황]이 되었다. 그들의 사례는 사회적 책임에 대한 긴장을 결여한 문화와 감성이 얼마나 쉽게 취약점을 노출하고 대중과 괴리되는지를 보여준다.

실학을 사용하여 새로운 문풍을 단속하려 했던 정조의 사례와는 정반대로, 실학이란 용어를 직접적으로 쓰지는 않았지만 기존 유학의 사고 틀을 벗어나 새로운 사유를 전개하는 흐름이 나타나고 있었다. 대표적으로 이익李瀷과 홍대용洪大容을 주목할 수 있다.

이 책의 2장과 4장에서 지적했듯이 이익은 형세와 사회의 흐름을 중시하는 구조적 시야를 강조하였고 서학에 대한 지식을 기반으로 상대주의적 인식을 전개하였다. 그는 이념과 실재의 분리, 다중심의 세계(공간) 인식, 기예와 학문의 진보 긍정, 인간의 능동성에 대한 새로운 인식 등을 통해 역사·사회에 대한 새로운 인식을 싹트게 하였다. 그리고 그 그늘 아래서 이용휴·이언진과 같은 파격의 문학가, 친서파라는 천주교 입교자가 나오게 되었고, 이 흐름은 정약용丁若鏞을 통해 완결되었다.

사유 틀의 전환은 홍대용의 경우도 마찬가지다. 이 책 3장과 5장에서 보았듯이 홍대용은 중화, 성인聖人, 춘추의리 등 기존에 절대적 가치들이 가졌던 중심성을 파괴하였다. 그리고 중심의 무화

無化 위에 '상황의 기준[時宜]'을 세워 각자의 시각에 따라 달라지는 다양한 가치를 받아들이자 하였다.

실학과 관련해서 본다면, 홍대용은 스승 김원행의 어법을 수정한 점이 독특하다. 김원행은 학문을 과거지학科擧之學, 사장지학詞章之學, 경서장구지학經書章句之學으로 분류하고, 경학의 바탕 위에서 실천에 힘쓰는 자야말로 최상의 유자라고 정의하였다.[382] 그 분류는 홍대용 역시 유사하였다. 홍대용은 당대의 선비를 거업지사擧業之士, 문장지사文章之士, 경학지사經學之士 그리고 진사眞士로 재구성하였다.[383] 김원행에게 실천에 힘쓰는 최상의 유자는 평소 표현대로라면 실사實士이다. 그리고 실사는 분류상 홍대용의 진사眞士와 같을 것이다.

그런데 김원행에게 과거와 문장에 힘쓰는 학문과 세 번째 분야인 경서장구지학은 상당한 차이가 있었다. 실사는 경학의 성과에 바탕하여 실천하기 때문이었다. 그에 반해 홍대용에게 진사를 제외한 나머지 선비는 세속적 이해와 명예에 급급하기는 모두 마찬가지였다. 위선적 태도에 대한 비판의 강도는 오히려 경사經士에게 집중되었다. 홍대용은 중국 선비 팽관彭冠에게 '학문은 의리·경륜·문장으로 나눌 수 있는데, 문장은 부질없이 부화浮華하고, 경륜은 재물과 공업을 숭상하고, 의리는 행실을 닦지 않고 허명을 도모하므로 모두 진실한 공부[實學]가 아니며 기세도명欺世盜名'이라고 비판하였다.[384]

김원행이 경학에 대해 신뢰를 걸고 있다면 홍대용은 경학 자체에 몰두하는 경향을 허학의 대명사로 여기는 변화를 보였다. 그 점에서 '실實' 혹은 학문에 대한 홍대용의 사고는 파격이다. 홍대용이 강조한 진사眞士는 《의산문답醫山問答》에서 실옹實翁으로 전형화되었다. 실옹은 허자虛子와 대립각을 세우며 사유를 극대화시킨다. 허자가 상징하는 허학이, 예전처럼 불교가 아니라 성리학으로 치환된 것은 홍대용의 '실'에 대한 사고가 독자적인 경지로 나아갔음을 보여준다.

홍대용의 사유를 계승하여 경전 해석이나 각종 논설에서 시의時宜와 금今의 정신을 강조하였던 박지원과 박제가를 비롯한 일군의 문인들 또한 기존의 사유 틀을 극복하였다. 그런데 이들은 정조에게 패관소품을 구사하여 세속을 타락시킨 장본인으로 지목되었다. 박지원 등은 실용을 강조하였지만 그때의 실용은 개성, 상대성, 감성, 미시 세계 등 기존의 성리학적 전체성을 이탈하는 경향과 결합하고 있었다.

이상으로 18세기 후반 이후 나타난 일련의 새로운 사유를 살펴보았다. '실實'의 정신을 적극적으로 강조한 홍대용을 제외한다면, 비록 대다수가 비록 실학이란 용어를 내세우거나 적극적으로 개념화하지는 않았지만, 후대에 실학이란 개념을 통해 그들의 학문을 재규정할 수 있는 내용을 마련했다고 볼 수 있다.

20세기 들어 18세기 이래의 개혁사상가들을 실학자로 지칭하고 그들의 학문을 실학으로 규정하는 결합 작업이 나타났다. 최남선崔南善은 1922년에 '조선학'이란 용어를 처음으로 사용하면서, 조선학의 하위 개념으로 실학을 배치하였다. 그때 실학은 조선 후기에 대두한 유형원, 북학론자들의 실증·실용학을 의미하였다.[385]

정인보鄭寅普는 양명학에서 기원하는 실심實心에 주목하여 조선 후기의 새로운 학문 풍조에 좀 더 초점을 맞추고, 유형원-이익-정약용으로 이어지는 실학자의 계보를 형성하였다.[386] 그의 재구성은 실심, 실사 등 조선 후기 이래의 실학 관련 의미장이 민족주의와 만난 경우였다. 조금 뒷시기 문일평文一平과 안재홍安在鴻은 실학의 성격으로 주자학에 대한 반동, 실용 강조, 자립적 근대 국민 국가 의식, 민족적이고 민주적인 합리성과 평등성 지향 등을 강조하여 실학에 근대성을 반영하였다.[387]

일제 시기 민족의식 및 근대성과 결합하기 시작한 실학은 해방 이후 역사 개념으로 굳어졌다. 양명학·고증학·서학·북학 등을 반反주자학적 실학으로 간주하여 근대 사상의 시원으로 간주한 천관우와, 조선 후기의 실학자들은 개혁가이지만 유교의 근본 정신에 충실한 전통주의적 개혁가로 규정한 한우근의 논쟁은 실학의 정체성을 둘러싼 논쟁의 기원이 되었다.[388] 하지만 두 사람을 필두로 논쟁에 참여한 많은 학자들도 실학과 실학자 자체의 용어에 의문을 제기하지는 않았으며 오히려 누구를 어떻게 규정하고 설명할 것인가에 치중하였다.

현재의 실학 개념은 기존의 성과를 기반으로 1960년대 이후 고정되었다. 일제 식민사관의 정체성론을 극복하기 위해 조선 후기에 대한 내재적 발전론이 학계에서 풍미하고, 박정희 정권이 '근대화와 민족주의'를 표방하면서, 실학은 근대 사상의 맹아로서 사상 방면에서 내재적 발전을 받쳐주는 일종의 역사 패러다임이 되었다. 그리고 교과서를 비롯한 수많은 역사 교재들, 박물관 등의 문화 인프라, 정치 구호 등을 통해 실학은 '조선 후기에 나타난 근대적, 민족적 자산'이라는 상식으로 각인되어 한국의 근대 발전을 상징하는 역사적 지표가 되었다.

실학 연구의 방향

실학은 시대와 화자에 따라 다양한 어의로 사용, 정의되고 변천을 거듭해 왔다. 변천을 거듭한 것은 가치 개념을 지칭하는 실학의 의미 속성상 불가피한 일이었다. 용어 자체는 조선 전기간 동안 과거 목적의 경학으로 가장 많이 쓰였다. 한편 송대 이후의 성리학자들은 실학의 내용으로 실리−실심−실효로 이어지는 의미 연관을 구성하였다. 그 방식의 용어 사용은 조선 중기 이후 활발해진다. 한편 18세기 이후 경세치용, 이용후생을 모토로 하는 새로운 사유가 형성되었다. 그러나 실학이란 용어와 새로운 사유 사이의 결합은 극히 일부를 제외하고는 적극적으로 나타나지 않았다. 19세기 중후반 이후 실학의 의미는 몇 차례 번복하는 실험기를 거쳤고, 20세기 전반前半과 1960년 이후 오늘날의 실학 개념으로 재구성되었다. 재구성된 실학은 현대의 매 시기마다 민족적, 정치적, 사회적 기능을 수행하는 담론으로 작동하였다.

  6장의 초점은 실제 일어났던 변화·결합의 작업을 어떻게 해석할 것인가에 놓여 있다. 실학과 관련해서는 적어도 세 방면의 작업 속에서 진행되어야 한다고 본다. 첫째, 오늘날 용어와 동일했던 당시 용어를 오늘날 용어로 번역해보는 작업이다. 둘째, 비록 오늘날 용어로 쓰이지는 않았지만 당시 동일하거나 유사한 의미를 가졌던 은유·용어·개념 등을 찾아 내는 작업이다. 셋째, 당시 용어가 언제 어떻게 오늘날 용어로 의미를 채웠는지를 밝히는 작업이다. 이 과정을 실학에 대입해 보자. 전근대 실학은 경학·심학·성리학과 같은 순수 학문 또는 순수 학문에 대한 고과 등으로 치환 가능할 것이다. 둘째, 18세기 이후 일군의 학자들은 비록 실학이란 말을 쓰진 않았지만, 새로운 사유를 전개했고, 경세치용·이용후생 등의 성리학 용어가 그들의 새로운 지향을 상징하게 되었다. 그 변화는 오늘날 실학 개념 형성의 단초가 되었다. 셋째, 18세기 후반 형태와 의미를 모두 마련한 실학은 19세기 중후반 이후 몇 차례의 변화 양상을 보였고 20세기 내내 새로운 개념화, 새 개념의 과거에 대한 재규정, 그리고 현실 변화의 추동력을 가지게 된다.

이상의 결론은 한국 근대성 이론에 어떤 의미를 지니는 것일까. 나는 18세기 사유의 변화가 당시에는 실학과 관련이 없었지만 오늘날 실학으로 규정될 수 있는 요소를 지녔다면 그것은, '(어느새 우리에게 친숙해진 서양 근대적 의미의) 개념화 이전의 의미 형성 과정'이라고 보고 싶다.

이러한 가설적 설명은 내재적 발전론의 또다른 축인 이른바 '자본주의 맹아론'에도 적용할 수 있다고 본다. '자본주의'라는 명백한 서구 근대식 사회경제 기제에 얽매이지만 않는다면 '(근대성의) 맹아' 자체는 사회사와 경제사에서 폭넓게 검증되었다. 이러한 흡사함을 1960년대 이래의 사회경제사 성과와 실학을 서로 받침하는 틀로 재구축하자는 것은 아니다. 내재적 발전을 의식적으로 강조하지 않아도, 사회경제사의 발전은 조선 후기 이래 매우 폭넓게 감지되기 때문이다. 문제는 그것을 의식적으로 찾거나 정의하여 현재적 관점을 덧입히는 과정이었다. 역사가 내재와 외재 요인의 선후를 따지기 어려울 정도로 얽히고 또 장기간에 걸쳐 인간 사회가 복잡화의 경향―이것을 근대 가치가 설정된 '발전'이라 불렀다―을 띠게 됨은 어느 사회나 마찬가지이다. 외재를 지나치게 의식하면서 내재 요인을 강조하는 사고 틀을 벗어나야, 발전에 대한 부각이 도로 발전을 부정하는 역설적 상황을 벗어나는 길일 것이다.

결국 자기-타자의 관계가 정당하게 자기 몫을 찾게 만드는 입장에 서서, 서구·선진을 모델로 삼았던 일로一路의 발전 도식을 포기하고, 다기한 변화 양상을 함께 포착하는 작업으로 전환해야 하지 않을까. 그렇다면 남는 것은 변화의 양상을 담아 내는 해석 틀의 확장이고 그에 기반한 실증일 것이다. 그 점에서 내재적 발전론이나 한국의 개념사는 아직 시론 차원이긴 하지만 다중 근대성, 대안 근대성 그리고 중층 근대성 등과 적극 소통할 필요가 있다.[389]

마지막으로 앞으로의 실학 개념의 향방을 전망하고자 한다. 실학이 유동해 왔던 개념이라면 현재 시점에서도 그 운동은 계속한다. 근대의 정착을 실제 경험하는 21세기의 대한민국에서는 조선 후기 일련의 사상가들로부터 근대의 단초를 제공했던 실학 개념은 그 역사적 시효를 다해가고 있다고 볼 수 있다. 그렇다고는 하더라도 실학이라는 용어의 폐기가 제시될 것 같지는 않다. 실학은 그 개념의 추상성으로 인해 끈질긴 생명력을 유지해 왔고, 지금에는 전통과 근대를 잇는 상징으로서 더더욱 회자되거나 파급력을 갖는 용어가 될 수도 있기 때문이다.

그러므로 실학자들을 기존의 실학 굴레에서 해방하여 새로운 의미를 부여하는 작업도 가능할 것이다. 근대를 특징지었던 발전, 자본주의, 과학, 주체성 대신에 다양, 생태, 문화, 주·객관의 조화 등이 21세기 '신실학'의 이름으로 들어설 수 있다. 시대를 특징짓던 한 개념이 소멸하더라도 용어가 자기 의미 속에 새 개념을 되살려내어 파급력을 더해 나갈지 아닐지는 실학 자체의 역사 속에서 이미 검증된 바이다. 그렇다면 실학이 새로운 생명력을 가질지 아니면 역사 속의 용어로 고착될지는 21세기 발화자發話者들의 몫이다.

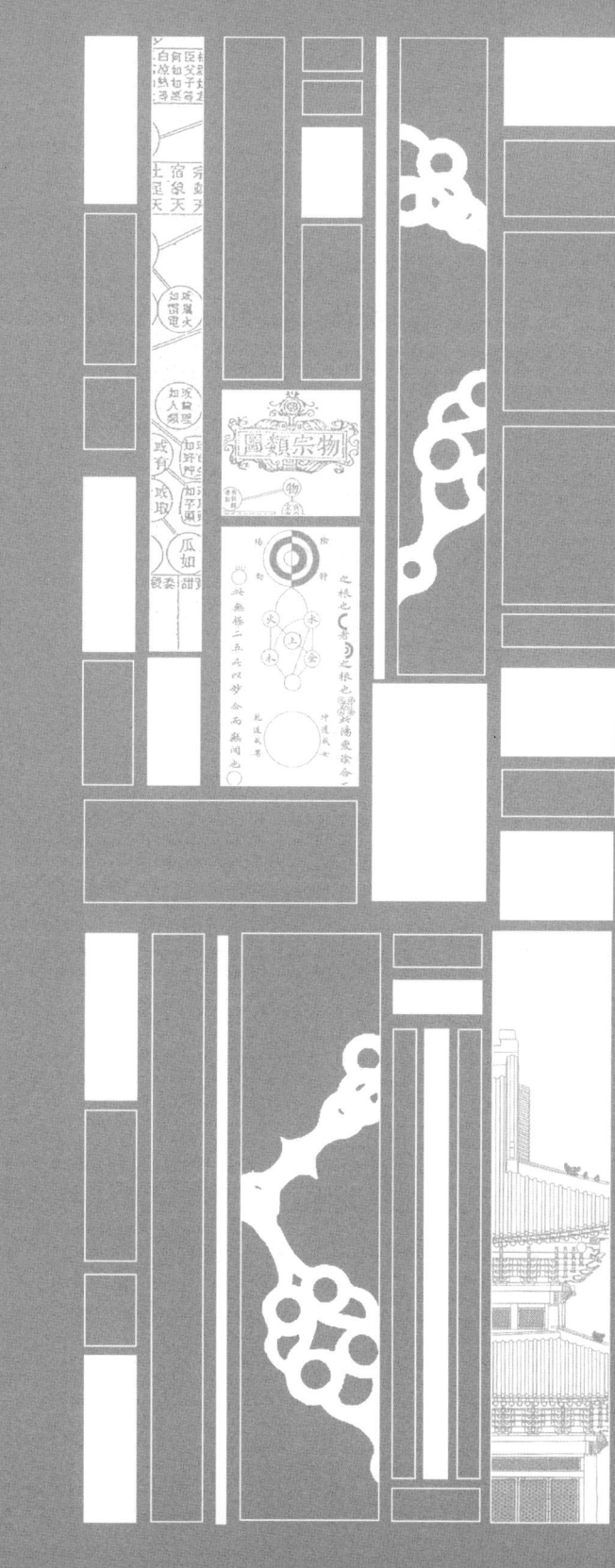

7장

―

가치의 내면화와 동일시

:
:

―

중화와
기독교 문명의
경험

19세기 후반 이래 한국인의 서양 문물 수용 태도에 대해서는 통상 세 가지 그룹—위정척사衛正斥邪, 동도서기東道西器, 문명개화文明開化—의 흐름을 주목하고 연구해 왔다. 이 분류가 적실성과 역사성을 지니고 있음은 두말할 나위 없다. 그렇지만 그 인식의 파장 아래 가려지는 지점 또한 있다고 본다. 그 정렬화를 보면서 은연중에 동양과 서양의 문명390을 대립항으로 설정하고 그 위상을 일직선상에 고정시키는 패러다임을 구상하기 때문이다.

그 패러다임 속에서 동양과 서양의 문명 개념은 유사점을 찾기 어려운 먼 길 위에 대립해 있다. 양 극의 위상이 뚜렷하여 서로 배제하는 양상을 띠는 위정척사·문명개화의 경우 대립은 선명하고, 두 흐름의 어느 한 지점을 절충점으로 삼는 동도서기 역시 대립에서 출발하기는 마찬가지다. 그러나 시선을 흐름 밖에서부터 흐름 안으로, 다시 말해 내부 시선으로 개입해 들어가면 중화와 '문명'은 행동을 유발하고 판단과 선택을 요구하는 가치 기준이라는 면모가 부각될 수 있다. 세 그룹은, '지킬 것인가, 융합할 것인가, 바꿀 것인가'라는 선택을 놓고 중화와 '문명'을 대극이 아니라 앞으로 도달해야 할 무엇'이라는 목표로 본다. 선택을 앞에 둔 지점에서 두 개념은 비교 대상이라는 동급의 위상을 공통적으로 확보할 수 있다.

사실 16세기 이래 몇몇 지식인들은 동양과 서양 모두가 보편 문명이 갖는 중요한 요소를 갖고 있다고 확신하며 문명간 소통에 힘을 기울였다.[391] 동서양의 문명 개념은 이상理想을 향한 진보 혹은 개조를 긍정하고 있고, 이적夷狄과 야만野蠻이라는 절대적 타자를 상정하는 차별 기제를 갖고 있으며, 강력한 가치 영역인 '교敎'[유교와 기독교]를 통해 물질·이익과 관련한 영역을 강력히 규제하고 있다. 게다가 그 개념의 내용을 규정하는 주요 요소들, 즉 문화, 지역, 종족·인종이라는 범주 역시 흡사하다.

따라서 두 개념이 갖는 유사한 측면에 주목한다면, 문명에 대한 태도 역시 문명화에 찬성하고 동참하는 흐름과, 문명에 반발하는, 더 정확히 말해 문명에서 기인한 차별과 부작용에서 반발하는 흐름으로 나누어 주목할 수도 있다. 말하자면 중화 혹은 '문명'을 고집하고 일원적 잣대로 보편을 전유專有하려는 그룹과, 보편 문명이라는 이상을 설정하고 현실 문명(중화와 '문명')의 부작용을 비판하고 한계를 반성하는 그룹이다.

앞서 5장에서는 중화와 '문명'의 유사성을 간략히 고찰하고 두 문명에 비판적이었던 전근대와 근대의 동아시아 지식인들을 추출하여 대안적 문명 비판의 흐름을 고찰하였다. 그리고 이를 통해 반성적 사유의 유사성은 역설적으로 두 문명의 유사한 측면을 드러내고 있었음을 확인할 수 있었다. 이제 7장에서는 중화와 '문명'의 유사성에 주목하고자 한다.

이와 비슷한 시각을 지닌 정치학 연구도 있다.[392] 다만 그 경우 두 개념의 개괄적 범주화와 중화의 정치적 기능에 주목했다. 7장은 다양한 측면에서 분석하고 열거하기보다는, 두 개념을 구체적 상황 속에서 내면화했던 방식에 더 주목했다. 보편 혹은 중심으로 여겨지는 문명에 대한 한국인의 가치 판단과 심성에서 일정한 흐름과 유사한 측면을 드러내고 있었기 때문이다.

조선 후기 중화中華의 내면화 양상

● 17세기 이전 중화 개념의 추이

중국에서 기원한 중화 개념은 애초 공간, 종족의 차이에서 자연스레 발생했지만 공자와 맹자의 해석을 거치며 보편 문명이 갖는 중의성重義性을 획득했다. 중국을 선진 문명으로 설정하고 주변을 열등한 타자[夷狄]로 만들어 배척하는 기능이 기본 축이었지만, 타자의 변화와 추월 가능성[393]을 제기하면서 주체(중화)의 변화를 촉구하는 논리가 또다른 한 축이었다.

화이관華夷觀은 송대 성리학에서 《춘추春秋》 존왕양이尊王攘夷라는 도덕률과 결합하여 가치 기준으로 고착, 강화되었다. 성리학자들은 이夷의 변화 가능성을 이론상 부인하지는 않았다. 하지만 이적夷狄(금나라)의 무력에 압도되었던 남송南宋에 살았던 주희朱熹는 중화를 보편 가치로 격상하고 미래에 대한 기대를 설정하여 저항과 배척의 이데올로기로 전화시켰고 그것은 후대에 일종의 전형

이 되었다.³⁹⁴

　고려 후반 이래 한국에서 문명의 주류적 상징 역시 중화였다. 고려 후반 이래 성장한 사대부들은 중화를 유교 문명의 이상적 모습으로 간주하고 새로운 국가 건설의 모델로 삼았다. 새 국가 조선은 명을 중화로, 조선을 소중화로 간주하고 유교 문명국끼리의 국제적 연대의식을 쌓아 나갔다. 조선에서 중화는 국가 건설과 국제 질서의 사상이었다.

　16세기 사림이 등장하면서 중화는 국가, 국제 질서 차원을 넘어 일상으로 침투하기 시작했다. 조헌趙憲의 〈동환봉사東還封事〉는 그 과정을 잘 보여주고 있다.³⁹⁵ 조헌은 명을 중화로 상정하는 데 그치지 않고, 중화-소중화 질서의 핵심을 예의禮義로 보고 조선의 일상을 개조하려 했다. 예의의 정수를 구현한 명의 제도와 풍속을 과감히 수용하는 것이다. 명의 제도를 중화의 유풍으로 파악하는 의식은 18세기 북학파에까지 영향을 미쳤다.³⁹⁶ 조헌이 강조한 명 제도 수용론은 외부 문명이 갖는 현실 개혁적 측면을 드러내는 한편, 외부 기준에 대한 이상화와 이식移植이라는 수용론의 이중성 또한 잘 보여주었다.

● 17세기 중화의 내면화와 동일시

소중화를 자처했던 조선이 중화 자체에 자신을 강하게 투영하기 시작한 것은 17세기 명·청 교체를 경험하면서였다. 홀로 남은 유교의 명맥인 조선에 중화를 실현하여 중화를 계승하자는 이른바 '조선중화주의朝鮮中華主義'의 등장이다.³⁹⁷ 조선중화주의의 등장은

16세기 이래 진행되어 왔던 중화의 수용이라는 지향을 결정적으로 굳힘과 동시에 새 지평을 열기도 했다. 수용을 넘어선 내면화와 동일시가 진행되었기 때문이다.

내면화는 중화의 핵심인 의리와 예의를 보전하여 미래를 위한 기지가 되어야 한다는 책임 의식을 기반으로 진행되었다. 동일시는 위기 상황의 유사성에서 기인했다. 난세라는 위기 상황에 태어나 춘추대의를 밝혔던 공자와, 화이분별에 엄격했던 주희의 실천을 계승해야 한다는 의식으로서, 유사한 처지에서 동일한 실천을 전개한다는 의식이다.

'가치의 내면화와 역할의 동일시'는 양난 이후 새로운 사회 질서 수립이라는 현실적 목표와도 잘 부합하여 강력한 사회 재건 이데올로기가 되었다.

과거에 주희가 그러했던 것처럼, 중화를 향한 새로운 지향을 만족시키고 시공을 넘나드는 보편 가치로 중화를 격상하는 논리는 송시열宋時烈이 쓴 〈여사제강서麗史提綱序〉에 잘 드러나 있다. 서문의 전반부는 다음과 같다.

고려 470년간 잘 다스려진 시기는 적었고 어지러운 때가 많았는데 중엽 이후가 특히 심했다. 그 까닭은 거칠고 게으르고 방자하여 수신제가修身齊家의 도리를 잃었기 때문인데 끝내 '이적夷狄과 금수가 되고 말았다.'[398] 특히 충선왕忠宣王, 충혜왕忠惠王 이후에는 스스로 호원胡元과 결친結親하여 편안함을 도모하고 자치自治에는 뜻이 없었다. 때문에 부자父子가 서로 자리를 노리고, 군신이 서로 헐뜯고, 비빈妃嬪이 임금을 원망하여 (원나라에) 쟁송하였다. ……천승千乘의 임금이 단지 수십 명의 겸인만을 거느리고 그곳(중국 남해)으로 유배되어 가다가 끝내 길에서 죽었다. (그보다 더 먼) 토번吐蕃으로 귀양 간 경우는 차마 더 말할 게 없다. 오랑캐와 결탁하여 얻은 친밀함을 어찌 믿을 수 있는가.³⁹⁹

송시열은 고려가 쇠퇴한 이유를 내부의 태만과 방자함으로 들면서 그 윤리성 상실의 표본으로, 보통 중화의 대칭으로 쓰이는 '이적과 금수'를 부각시켰다. 은연중 중화가 수신제가의 목적으로 등치되면서, 중화를 버리고 이적과 결탁한 고려 후반에 대한 본격적인 비판이 등장한다. 비판의 절정은 원 간섭기에 맞추어져 있다. 이 시기에 고려는 윤리성을 극단적으로 상실하여 내부의 분열이 극에 달했고 군주가 타국의 변방에 유배당하고 죽게 되는 전대미문의 참극을 겪었다. 그 원인은 오랑캐와 결탁하고 윤리를 내면화[自治]하지 못한 데 있었다.

보편 가치를 저버리고 변화무쌍한 존재에 기댄 참혹한 결과를 소개한 이 단락은, 이어지는 단락의 내용과 의도를 극적으로 고양시킨다.

그러나 남송南宋 사람들이 오히려 고려의 좋은 풍속을 칭송했던 것은 왜인가? 오랑캐가 천하를 뒤덮었을 때에도 송나라에게 신복했기 때문이다. ……실로 천리天理가 없어지지 않았기에 당시 고려의 예의바른 풍속이 중조中朝(남송)로부터 이처럼 칭송되었던 것이다. ……아마 이른바 음陰이 가득 쌓여도 양陽이 없던 적은 없었다는 것인가 보다. ……

우리 조선의 풍속과 교화는 오로지 정자程子·주자朱子의 학문을 숭상하여 고려의 풍속을 개변했으니, 만일 주자께서 보셨다면 그 칭송이 어떠했겠는가? 또 지금 (명이 멸망한 상황에서) 무어라 하시겠는가?

하지만 예의의 종주인 남송에서는 고려를 칭송했다. 핵심적 이유는 중화와의 연계 때문이었다. 송과 고려는 천리라는 불변의 기반을 공유하는 존재들이며, 현실의 부정적 측면[陰]을 언제가 극복하는 '기대 가치'[과거에 존재했고 현재는 미약하나 미래에 다시 밝아질 양陽]의 담지자들로 미래를 전유한다.[400]

과거에 대한 평가와 미래에 대한 기대는 궁극적으로 현재의 행동을 규정하기 위해서이다. 송시열은 고려의 풍속을 개변한 조선의 자부심을 상기시킨 후 마지막으로 간략하게 '지금, 여기서 무엇을 해야 하는지'를 반문하며 맺는다.

송시열의 이 글은 역사를 춘추의리로 재해석하고, 미래에 대한 기대를 상기시키며, 현재 중화를 수립해야 한다는 당위성을 고양시킨다. 시공을 넘나들며 보편 가치를 논할 수 있었던 근거는 '조선=중화'를 전범으로 내면화하고, 위기 상황의 유사성에서 기인한 역할의 동일성이었다.

● 18세기 중화의 자기화 과정과 반성

18세기 이후 조선에서, 중화는 좀 더 복잡한 의미를 지니게 되었다. 유교적 문명화를 비교적 성공적으로 달성했다고 자부했지만, 중원을 안정적으로 경영하는 청의 발전 모습은 중화와 이적에 대한 근본 물음을 던졌기 때문이었다. 본래 중화 개념은 보편성을 강조할수록, 조선의 경우처럼 주변의 중심화를 가능하게 하며, 따라서 새로운 중심을 정의하는 논리가 가능한 구조를 갖고 있었다. 아닌게 아니라 18세기 동아시아를 구성하는 청, 몽골, 조선, 일본, 유구琉球(오키나와), 베트남, 미얀마 등은 유교식 화이관 외에도 불교적 세계관, 고유한 선민의식 등을 처지에 따라 다양하게 활용하며 중심 이탈과 새 중심 만들기를 시도하고 있었다.[401] 18세기 이후의 동아시아 여러 나라는 가히 중화의 '자기화' 혹은 '국수화國粹化' 시대를 열고 있었던 것이다.

조선도 예외는 아니었다. 조선이 이룩한 유교 문명의 성과에 대한 자부심은 다양한 방식으로 전개되었다. 송시열의 사고를 계승한 노론은 예의와 의리를 중화의 핵심 요소로 보고 조선이 중화의 전통을 이었다고 보았다. 송시열의 재전 제자인 한원진韓元震은 조선의 위치와 규모는 중국보다 작지만 갖출 것은 다 갖추었고 정치·풍속·문화·유학이 중국과 같다고 보았으며 또 오랑캐가 천하를 좌우한 지 100년, 조선만이 홀로 문명을 보존하고 있다고 보았다.[402] 남인의 경우도 이와 논리가 비슷했다. 영조대 남인 관료 오광운吳光運 역시 중국은 오랑캐의 세상이 되었으므로 문화의 정수는 조선으로 건너와 소대昭代의 세상이 열렸다 하며 문화에 대한 자부심을 피력했다.[403]

그같은 인식은 삼대三代, 중국 한족 왕조, 조선의 수도를 병칭하고, 조선을 천하의 제일국, 유교 문화를 간직한 성현의 나라, 삼대에 필적하는 문명文明·문치文治의 나라 등으로 극찬한 1840년의 〈한

양가〈襄陽歌〉에서 절정에 이른다.[404]

그러나 조선의 자부심은 그늘이 있었다. 청을 비롯한 일본, 베트남 등도 그들 문화의 안정과 발전을 문명화로 여기며 자랑하고 있었던 것이다. 그들이 이룬 성과에 대한 승인은 특별한 존재로서의 조선에 대한 부정이었다. 그렇다고 기존의 입장을 고수하는 것은 현실 변화를 무시하고 타성에 빠지게 된다. 특별한 존재로서의 조선을 계속 강조할 것인가 아니면 변화한 현실을 직시하고 인정할 것인가?

비판은 두 갈래로 진행되었다. 하나는 자부심 속에 은폐된 위선에 대한 비판이었다. 진정으로 춘추의리를 계승하려 한다면, 치욕을 무릅쓰고라도 청의 발전상을 인정하고, 이기기 위해서라도 배우자는 박지원, 박제가 등의 주장이다.

다른 하나는 좀 더 진지하다. 이적인 조선이 중화가 될 수 있었듯이, 중화는 그 보편성 때문에 누구에게나 열려 있다. 나아가 이상, 보편 자체가 자기를 중심으로 설정된 상대적인 것이므로 중심-주변 자체는 인위적이며 부자연스럽고, 따라서 모든 사물은 스스로 고유한 가치를 갖는다는 홍대용 등의 논리였다.[405]

19세기 후반 '문명' 개념의 수용과 내면화 과정

● '문명'의 등장과 보편화

서양의 'civilization'이 '문명'으로 번역, 소개된 것은 1870년대 일본에서였고 조선에서는 1880년대 이후 개화와 짝을 이루며 부각되었다. 이 과정은 단순히 새 개념의 번역과 소개가 아니었다. civilization·barbarism에 상응하는 중화·이적이라는 개념 틀이 있었고, 또 문명이라는 용어 자체가 유교 경전과 조선 역사 속에서 '문덕이 빛나는 통치', '세도가 실현된 이상 사회', '중화' 등으로 쓰였기 때문이었다. 따라서 새 번역어 '문명'은 중화·문명이 함의하는 여러 의미와 상호작용을 전개하지 않을 수 없었다.

1866년에 반포된 〈척사윤음斥邪綸音〉 앞머리에는 '문명'이 소개되기 직전의 중화, 문명, 서양에 대한 용례가 드러나 있다.

> 모두 정학正學을 밝히고 강상윤리를 익혀 기강과 근본을 세웠다. 때문에 밝고 융성한 교화가 중화中華와 견주고 마침내 천하의 문명文明한 나라가 되었다. 불행하게도 70, 80년 사이에 이른바 서양학이 신해년(1791)에 생기고 신유년(1801)에 퍼져 많은 백성들이 물들어 바로잡을 수 없게 되었다.[406]

윤음에서는 문명을 윤리에 기반을 둔 추상적 유교 문화로 사용하여, 중국의 의미로 쓰인 중화와 구별하고 있었다. 적어도 도덕 차원에서 조선이 우월하다는 인식이 문명이라는 용어를 빌려 표현되었다고도 볼 수 있다. '서양(학)'은 그 문명의 적대적 타자였다. 따라서 문명이라는 용어는 이미 중화가 함의하는 문화, 인종, 지역 가운데 문화라는 의미를 한층 보편화하는 의미로, 말하자면 '천하 문명'이 될 가능성이 있었다.[407]

그런데 civilization이 문명이라는 용어로 번역되자, 문명은 보편 문명과 서양 문명을 동시에 지칭하는 말이 되었고 문명 일반의 지위를 빠르게 획득해 나간 듯하다. 1890년대 이후에는 위정척사 계열의 지도자들도 문명을 보편 술어로, 중화나 서양을 특수 문명으로 표현하기 시작했다. 이렇듯 문명이 동·서양을 아우르는 표준이 되자 종족·지리·문화적 성격이 혼재했던 중화 개념 가운데 보편 문명의 의미는 축소되고 단순히 중국을 지칭하는 경우가 많아졌다.[408]

중화의 의미가 축소되자 자연스럽게 현실 문명 또한 변화를 맞이했다. 유길준과 같은 개화론자들은 문명의 단계를 구분 짓고 중국과 조선을 문명에 못 미치는 반개半開의 자리에 놓았다. 비록 중국의 영광스러운 과거를 부인하지는 않았으나, 대체로 중세 이후 서양에 뒤떨어진 상태로 파악했다. 현실의 중국은 반개를 넘어 때론 미개로 전락하기도 했다.[409]

문명으로서의 중화가 실종된 반면, 부강과 서구화는 빠르게 문명의 지위를 획득했다. 《독립신문》 등에서 서양을 문명으로 규정하는 일은 흔했고, 때론 '개화가 바로 요순堯舜'이라 하여 서양 문명에 전통적 수사를 여유롭게 대입하기도 했다.[410] 전통 문명의 상징이 서양 문명의 수사로 전락한 일은 문명 기준이 서양 문명으로 이동함을 보여준다. 문명 사이의 조합을 넘어, 서양 문명 자체가 보편적이라는 인식이 생성하고 있는 것이다. 서양 문명이 보편이라는 관점은 《독립신문》이 전형적이다. 서양은 종교, 정치, 풍속을 아우른 표준으로 모든 것을 서양화하는 것이 바로 개화라는 인식

이 빠른 속도로 퍼져 나갔다.[411]

● 기독교 문명의 내면화

서양 문명이 중화를 압도했지만 문명을 규정하는 범주적 요소의 구조마저 다르게 설정되지는 않았다. 중화를 구성했던 종족·지리·문화의 세 요소는 내용이 서양 문명으로 바뀌었다 할지라도 범주적 동일성을 그대로 유지했다. 다만 차이가 있다면 무대가 동아시아에서 세계로, 종족에서 인종으로 지평을 확대했다는 정도였다.

세 가지 범주 가운데 문화는 자연적이거나 고착적이지 않고 인위적이고 가변적이다. 동아시아인들은 중화를 보편 문화로 해석하여 이적을 변화시키고 문명의 반열에 올렸던 경험을 역사적으로 경험했다. 서양 문명 역시 주변의 개조를 가능하게 할 수 있는 보편성을 지녔음을 예감하지 않을 수 없었을 것이다. 물론 반대로, 보편의 가면 뒤에 문명이 지리·인종 범주와 결합하여 열등한 타자를 위계화하고 배제하는 논리 또한 가능했다.

문명이 개조와 변화를 추동하는 강력한 보편성으로 작동하기 위해서는, 보편을 궁극적으로 규정하는 절대적 윤리와 같은 규범 혹은 우주적 차원의 도리에서 사회와 일상의 영역을 아우르는 포괄적 이론을 지닐 때였다. 중화가 우주의 근본 질서와 시비 판단의 윤리 기준을 모두 가지고 있었듯이, 새 '문명' 또한 기술과 정치제도 등을 넘는 '教教' 차원에서의 진리를 점유했는가, 그리고 그것이 일상과 체계적으로 연결되었는가를 질문하지 않을 수 없었다. 서

새 문명의 각종 장치들로 가득 찬 '모던 금강金剛 제일봉第一峯': 문명의 기기들은 매소루賣笑樓 (유흥업소), 음식점, 카페, 호텔, 심지어 자살장까지 다양하다. 그 맨 꼭대기에 '예배당禮拜堂'이 깃발을 날리며 고고하게 자리잡은 모습이 인상적이다(《별건곤》, 1933년 7월호 표지).

7장 _ 가치의 내면화와 동일시

양 문명 가운데 그 정도의 차원을 가진 정신 체계는 기독교였다.

조선은 불과 몇십 년 전만 해도 천주교에 대한 대대적 박해 경험을 가졌던 국가였다. 동도東道에 상응하는 서도西道인 기독교에 대해 1880~1890년대에도 거부감과 대항 인식은 여전했다.[412] 이 같은 거부감의 이면에서 우리는 역설적으로 기독교가 '교'의 영역을 잠식할 가장 가능성 있는 잠재태로 인식되었음을 알 수 있다. 유자들은 기독교를, 전통적인 이단이었던 불교와 도교를 넘어서는 매우 꺼림칙하고 위협적인 존재로 인식하고 있었다. 18세기 이래 그들은 충효忠孝라는 유교의 핵심적 실천 가치를 두고 천주교와 의미 투쟁을 벌인 경험도 있었다.[413] 서학 특히 기독교는 언제든 유학의 용어와 지위를 전취하고 전복할 우려가 있는 집단이었다. 위협적인 대극 문명의 정수였던 것이다.

천주교는 상대적으로 서양 문명의 전파에 적극적이지 않았던 데 비해, 개신교는 선교 초기부터 근대 문명의 옹호자이자 주역임을 내세웠다. 샌즈의 목격에 따르면, 프랑스 신부들은 조선의 풍습에 순응하고 서구화하는 데 관심이 없었기에 다른 서구인들로부터 '반문명주의자'로 낙인찍혔다.[414] 그와는 대조적으로 미국 선교사들은 병원과 학교에서 서양 지식을 가르치고 서구화와 자유화를 시도했다. 선교사들의 복음은 종교행위이자 선교 대상의 마음, 습관, 가정, 민족을 개조하여 결국은 새로운 국가를 창조해 내었던 근대 문명의 산파였다.[415]

개항기부터 지식인 사이에 새 문명의 기호로 수용되기 시작한 개신교는 단기간 내에 가장 고귀한 이상을 지닌 가르침 중의 하나로 올라섰고, 개화되고 부강한 기독교 국가들은 그 확실한 징표였다.[416] 요컨대 유교가 중화의 기초였듯이 새 문명의 기초는 기독교였던 것이다.

'문명화'를 기독교 선교의 도구로 활용하는 세속적 풍조에 대한 반성이 없었던 것은 아니다. 예컨대 북장로회의 선교사 마펫은 "(서양) 문명은 기독교가 아니다. 서구의 사상 관습 발명품은 기독교의 본질적인 부분이 아니다. 사실 많은 동양의 사상과 관습이 서구 세계의 이상한 개념이나 관습보다 훨씬 더 영적인 사상에 가까우며 서양 문명의 일부로 간주되는 많은 것들의 도입은 영적 생활에 도움이 아니라 방해가 된다. 우리의 사명은 영적 기독교의 소개이지 서양 문명의 소개는 아니다"[417]라며 서양 문명과 기독교를 분리했다.

그러나 한국에서 전개된 기독교 선교의 두드러진 효과에 기대를 걸었던 선교사들과, 기독교에서 사회 변혁과 우수한 문명을 향한 새로운 동력을 발견한 한국 지식인들의 조우는 새로운 기독교 국가에 대한 희망으로 귀착했다.[418]

종교와 세속적 열망을 함께 충족하는 기독교 국가의 건설을 바란 지식인들은 1890년대 이후 점차 사회의 지도자로 부상했는데 대표적 인물은 윤치호와 이승만이었다. 윤치호는 기독교를 인간 개선과 사회 변혁의 윤리, 서양의 문명부강과 자유민주주의를 창출시킨 힘의 종교이자, 또한 약자의 편에 서서 우리나라 교육을 도와주고 인민의 기상을 회복시켜주는 조선인에게 유일한 구원으로 파악했다.[419]

이승만은 인간(개조)-기독교-국가-문명 건설을 가장 체계적으로 구상하고 실천한 인물이었다. 먼저 주목할 부분은 그가 모든 실천, 변혁의 기초는 사람의 마음 개조에서 비롯한다고 본 대목이다. 만사의 근원은 교화敎化에서 출발한다. 유교는 수천 년간 교화의 역할을 수행한 지극히 선하고 아름다운 인간의 도道이긴 하나 시세의 흐름을 거역할 수 없는 한계가 있다. 그에 비해 기독교는 하늘의 도[天道]이고 보편타당하다.[420]

이승만에게 기독교는 단지 종교와 구원 영역에만 국한되지 않았다. 기독교는 근본적으로 개혁[更張]을 포함하는 사회 변혁의 씨앗이었고, 그 위력은 실재하는 문명국에서 확인되는 바였다. 그에게 기독교는 일제 시기에는 독립과 문명의 거점화를 가능하게 하는 혁명 사상이었고, 해방 후에는 공산주의와 대립하는 국가 건설의 핵심 가치였다.[421] 나아가 인류 사회 모든 이들이 이 교에 바탕을 둔다면 모두 상등의 문명국과 동등해져 천국과 같은 상태가 될 수 있다.[422] 예전의 유교적 일통의 구상은 이승만에게 마치 새로운 교의 일통으로 대체된 듯했다.

기독교가 문명의 핵심 가치라는 지위를 확보하고 보편 종교로까지 영역을 확장하는 과정은 유교가 문명의 지위를 상실하고 이어 종교 영역에서마저 축소되는 흐름과 짝하고 있었다. 20세기 초까지 국왕과 유림들은 유교를 하나의 종교로 간주하고 있었다. 그러나 기독교 인사들은, 유교는 교조·경전·교리·신앙 대상·내세관을 결여한 하나의 도덕에 불과한 인사교人事敎라고 하여 참 종교가 아니라고 보았다.[423] 그것은 서구의 개념대로 종교의 기준을 엄격하게 정의하고 종교의 의미를 전취하여 타자인 유교를 하위 혹은 자신의 위계적 개념 속에 가두는 일이었다.

중화, '문명' 내면화의 공유점

● 상황의 유사성

일반적으로 동양 종교에 부재한 유일신의 초월성과 계시성을 제외하고 철학이 사회 사상으로 전화하는 지점만을 살핀다면, 성리학은 기독교와 닮은 점을 상당히 내포하고 있었다. 주희朱熹는 천리天理, 태극太極과 같은 절대적 이상, 기준, 가치를 설정했는데, 그 이상은 실재와 대면하는 순간 악惡, 열등한 존재와 같은 차별적 타자를 설정한다. 성리학에서 보편성과 차별성은 서로의 존재를 전제하면서 제약하는, 뗄 수 없는 근본적 분열을 내재하고 있는 것이다. 따라서 성리학은 개별 주체들이 개조될 수 있다는 보편성을 강조하면서도 개인, 신분, 민족 단위의 배타성을 언제든 용인하고 절대화할 수 있는 사상이기도 했다.

기독교의 경우에도 보편타당한 존재[신]가 현실의 복잡다단한 부면에서 작용하는 과정은 적대적 타자에 대한 선한 존재의 외연을 확장하는 것이었다. 오랜 포교의 역사는 신의 의지를 거스른 자연, 악한, 이교도, 이민족에 대한 부정과 개조의 연속이었다. 교학 체계에서도 보편애에 기반을 둔 문명화 논리는 야만에 대한 선교와 동전의 양면처럼 늘 따라다녔다. 그리고 마침내 근대 서양 문명과 결합하여 기독교적 오리엔탈리즘으로 전환했다. 기독교 특히 개신교는 동양 전통에 부재한 계시성과 '문명성'이 충만한 종교로서, 전통적 종교들을 핵심이 결핍된 종교로 평가하며 배제하거나 주변화시켰다.[424]

그러나 전화轉化의 양상이 가지는 유사점은 꼭 성리학과 기독교 사이에서만 찾아지는 것은 아니다. 보편과 차별의 양면 기제는 오랜 역사를 지닌 종교 사상이 갖는 공통된 속성이기도 하기 때문이다. 그래서 차별 기제의 공통성 여부를 따지는 것만으로는 내면화 양상의 공유점을 찾는 데 부족하다. 문제는 어떤 역사적 순간에 전화가 발생했는가를 보는 것인데, 그 점에서 주목할 부분은 사회적 상황과 그에 호응하는 엘리트들의 심성이다. 이제껏 주목한 17세기 초중반의 조선과, 19세기 후반에서 20세기 초의 한국은 외적 위협의 증대라는 상황과, 그에 상응한 사회 지도층의 선택이라는 점에서 매우 닮아 있었다.

지도층에 의해 선택된 양 시기 문명화 전략의 실질적 내용이 다른 것은 두말할 나위 없다. 내용 외에도 차이는 많다. 17세기의 외적 위협은 잠재적이었지만 19세기에는 전면적으로 존재해 있었다. 17세기에는 지역 차원의 문제였지만 19세기는 전 지구적 차원의 문제였다. 17세기는 군사적·정치적 위협의 성격이 강했지만 19세기는 군사·정치 외에 경제·사회·문화·사상 등이 복합적으로 작용했다.

그러나 이상의 차이에도 불구하고 양 시대에 이른바 사명감을 지닌 사상가, 실천가들이 사유하고 구상한 문명 세계의 규모와 강도가 그리 크게 다르지 않았다는 점은 한국의 지도층이 위기 상황을 어떻게 타개해 나갔는지를 추적하는 데 중요한 시사점을 제공해준다. 17세기의 중화건설론자와 19세기의 문명개화론자들의 성리학과 기독교에 대한 쏠림이 어느 세대보다 강했다면 그리고 유사한 위기 상황에서 일어났다면, 그것은 특정한 행동양식의 재현을 가능케 하기 때문이다.

● 내면화의 재현과 가假중심

17세기는 중화라는 보편 타자의 절대성이 강하게 인식되고 그것을 향하는 책임 의식이 유별나게 강했다. '조선에 중화를 건설하자' 라는 의식일 것이다. 그러나 18세기 중화는 외부적 존재가 아닌 내재화된 것으로 역전한다. '조선은 중화다' 인 것이다. 그 역전의 중심에는 유교 문화 혹은 문화를 중심으로 한 이념에 대한 자부가 있었다. 그 양상은 후대에 일정하게라도 유사하게 반복된다고 볼 수 있겠는가?

서양의 학문과 종교에 대한 한국인의 수용은 서학西學과 서교西敎를 분리하고 취사했던 데서 출발했다. 분리와 취사의 전통은 19세기 후반 서학의 성과를 동양의 도리와 결합하는 동도서기와 같은 새로운 사유 양식으로 발전했다.[425] 그리고 한국 지식인의 일부는 이내 서교 자체를 대면하며 그 핵심으로 인식한 기독교[개신교]를 수용하기 시작했다.

동도서기 단계를 지나 전면 수용되는 서양의 교학은 이제 동양의 그것과 대등한 문명 가치를 지니게 되었고 그 단계부터는 '신념화'의 문제가 부각한다. 신념화는 가치의 내면화와 그에 따르는 행동을 유발한다. 신념화 단계에서 한국, 중국, 일본의 선택은 달라진다. 전통적으로 중국은 여러 종교를 회통會通하는 경향이, 한국은 보편적 일교一敎로 단일화하는 경향이, 일본은 보편 종교의 일본화 경향이 강했음을 지적할 수 있다. 이 차이는 현재 삼국의 기독교 상황을 보면 쉽게 감지할 수 있다.

한국의 문명화와 종교 수용 과정을 중국, 일본, 때론 영미권까지 비교하며 분별했던 헐버트H.B. Hulbert(1863~1949)의 분석에서 한국에서 일어난 종교 신념화의 일단을 감지할 수 있다. 그는 한국의 잠재력과 인종적 우수성에 대한 강조, 중국 문화에 대한 경시를 통해 한국과 중국을 근본에서 분리했다.[426] 일본에 대한 비판은 더 흥미롭다. 그는 일본은 모방적·세속적 문명이며 서양 문명의 원칙에 근거하지 않은 채 옷만 바꿔 입은 것으로 파악했다.[427] 문명화가 기독교적 신념으로 전화되지 않는 점에 대한 비판이다. 그에 비해 한국은 복음이 전해진 기독교 국가 중 제일이었다. 그는 '기독교는 가장 이성적이고 신비로운 종교인데 그런 특성이 한국인에게 가장 적합했다'[428]고 보았다. 나아가 한국인들은 서양의 모든 문화를 동양적 생활과 습관으로 표현하는 새로운 문명을 고안할 수 있을 것이라고까지 전망했다.[429] 그의 사고 근저에 한국인과 앵글로 색슨족을 인종적으로 연결하고, 또 한국을 아시아 선교의 통로로 부각하려는 저의가 있었음을 감안한다 해도, 그가 한국의 기독교 수용의 신념화 과정을 높이 산 점만은 분명하다.

헐버트의 지적대로 한국의 지식인 일부는, 마치 17세기의 중화가 지녔던 강박의 재현처럼, 기독교 수용을 통해 다른 문명을 배제하고 스스로를 기독교적 보편과 동일시했다. 배재학당 입학 전까지 신학문을 배우는 친구들을 반역자로 간주하고 서양 문물을 해괴한 것이라 일축했던 이승만이 배재학당 입학 후엔 동도서기자로 변모하고 옥중 회심 사건을 통해 서도서기파로 변화한 것은 그 내면화의 계통적 발생을 떠올리게 한다.[430]

이승만에 비해 윤치호는 좀 더 복잡한 내면 변화를 보였다. 동시대의 서재필이나 이승만과 다르게 그는 기독교화와 서구화 사이에 선을 그었다. 그 원인은 미국 유학 시절 목격한 인종 편견, 차별, 물질문명의 반기독교성 등의 영향이 컸다. 인종 편견과 차별이 끊임없는 미국을 대신할 문명의 이상형은 개화된 기독교 국가였지만, 현실의 모델은 일본이었다.[431] 기독교적 가치가 변함없는 상수였음은 이승만 등과 다를 바가 없었지만, 그에게 현실 문명의 기준은 늘 요동쳤던 것이다. 일본, 러시아가 기준이었는가 하면 러일전쟁기가 지나면서는 둘 다 포기되었다.[432]

윤치호는 일찍부터 나라의 생존권을 다른 문명한 나라에 맡길 수도 있다는 생각을 갖고 있었다.[433] 그의 생각은 자력 근대화를 포기하고 차선책으로 문명국 통치 하의 조선 개혁을 제기한 것으로 읽힌다. 하지만 스스로 그 문명국에 대한 통치를 선택하는 조선의 주체성이 보장되어 있다는 점에서 문명국의 우산 아래 문명국을 닮아가는 조선을 희구한다는 지향을 읽을 수 있다. 때문에 현실의 문명국은 조선의 선택에 따라서 변할 수 있는 것이다.

이승만과 윤치호의 경우에서 공통점은 보편 진리에 대한 내면

화이자 스스로 중심을 지향하는 의식이었다고 할 수 있고, 그것은 17세기의 위기 상황에서 중화를 내면화한 지식인들의 태도와 매우 흡사했다. 그 점에서 문명이란 보편 가치를 대하는 한국인의 역사적 전형은 절대적 기준 혹은 중심을 향해 주체를 '가假중심' 혹은 '아亞중심'으로 만드는 과정이라고 생각해볼 수 있다.

하지만 두 사람의 차이도 무시할 수 없다. 가중심을 지향한다 할지라도 실제 현실에서의 중심에 대한 태도의 문제가 남는 것이다. 이승만의 경우 이상적 문명과 현실 문명의 괴리가 크지 않았으나 윤치호의 경우 현실 문명은 상황에 따라 바뀔 수 있었다. 그것은 많은 복잡한 문제를 야기할 수 있다. 전자는 내면화가 강렬해지는 만큼 외부 중심을 향한 주체의 쏠림이 커질 것이고, 후자는 외부 중심을 탄력적으로 사고할 수 있으나 내면화의 전일성을 의심받을 수 있기 때문이다.

가치 내면화의 경험과 반복

7장에서는 17세기 중반과 20세기 초반 이른바 문명적 가치를 구현하려는 지식인들의 사유 특징을 통해 이른바 보편 문명을 대하는 한국 지식인의 일반적 양상을 규명하고자 했다. 그리고 거칠게나마 주자학의 가르침대로 사회를 재건하려 했던 17세기와 서양 기독교 문명을 내면화하며 사회를 개혁하려 한 이들의 사유방식이 유사하다는 것을 보여주려 했다.

19세기 후반 이래 한국인들이 서양 문물을 수용하기 시작하면서 그들은 점차 기독교를 서양 문명의 정수로 확인했고, 몇몇 엘리트들은 기독교 국가 건설을 구상했다. 그같은 현상은 확실히 일본·중국과는 달랐다. 그 차이는 아마도 17세기 이래 유교 문명의 정수인 중화를 보편 진리로 확신해 왔던 경험에서 기인하는 것이 아닐까. 말하자면 한국의 지식인들은 문명을 단순히 물질 차원이 아니라 가치 판단의 근거인 정신적·도덕적 실체로 물려받아서가 아니었을까.

나는 최근에 막부 말기에 일본의 사무라이들은 유학과 주자학을 내면화하지 않고 방편적으로 활용했는데 이것도 일종의 '선비화[士化]'로 볼 수 있다는 연구를 접하였다.[434] 현재의 연구자가 '선비화'를 넓게 해석하고 분석 틀로 활용하는 데에는 이견이 없다. 다만 나는 그 연구를 보면서, 18세기 무렵에 사무라이들의 유교적 소양을 시종 주자학의 관점에서 평가했던 조선의 선비들을 떠올렸다. 조선의 선비들이 그들을 재단할 때 항상 제일 기준으로 작동했던 것은 '그들이 과연 유교적 도덕을 체현했는가'였다. 물론 평가는 대부분 인상 비평에 그쳤기에 피상성을 벗어날 수 없었다. 그러나 적어도 조선의 선비들이 '가치를 내면화한 인간'에 죽고살았던 점만은 확인할 수 있다.

한국의 지식인들이 가치의 내면화를 유학 수용의 전제로 택했던 경험을 가졌었다면, 서양 문명을 접했을 때 그 문명의 정수인 기독교적 가치의 내면화가 바로 수용의 전제로 작용했음을 이해할 수도 있다. 일본의 경우라면, 유학을 적절히 활용했던 경험이

메이지 이래 서양 문명을 적절히 활용하는 자산이 되었을 터였다.

한국의 지식인들이 教 차원의 내면화를 어느 사회보다 철저히 훈련하였다는 역사적 유산을 가지고 있었다면, 교 차원의 충돌과 전환 따위가 중국과 일본에 비해 훨씬 극적으로 나타날 수 있었다. 18세기 후반 서학에서 자발적으로 천주교로 전환하는 지식인이 출현한 것도 한국이었고, 개항기 서양과의 수교에서도 教가 가장 큰 걸림돌로 작용한 것도 한국이었다.[435] 기독교에 대한 지속적인 탄압을 거치고도 기독교로 대거 전환하는 민중을 가진 나라도 한국이고, 맑시즘을 거의 教 수준의 주체사상으로 바꾸어 낸 나라도 역시 한국[북한]이다.

보편성을 역사적으로 내면화해 온 한국의 지식인들은 적어도 정치사상·사회사상에 있어서는 보편의 진리 앞에 비교적 단일한 태도를 보이는 것이 특징일 것이다. 그리고 그 과정에서 주체의 부각 작용이 별로 없는 점도 특징일 것이다. 아마 사회의 격동기에 자신에게 보편 문명을 덧씌워, 다시 말해 압도적인 보편성을 자신에게 그대로 투사하는 형태로 재건의 이데올로기를 만들어 왔다고 볼 수 있다.

그 과정에 긍정적·부정적 요소가 뒤섞여 있음은 물론이다. 선진적 타자 혹은 중심이 도덕성을 핵심으로 하는 문명–종교라는 점에서 그것과의 동질화 과정은 꽤 세련된 명분을 제공해준다. 그러나 기준이 완결적이라는 것은 그만큼 절대적이거나 전체적이다. 따라서 동질화 과정은 기준끼리의 융합보다는 충돌이나 또다른 가치의 폐기로 나타날 수 있다.

또 하나의 복잡한 문제가 있다. 전통 시대의 선진적 타자[중화]이건, 근대의 선진[서양문명]이건, 그들의 도덕적 권위가 높을수록 중심을 향한 주체의 쏠림 그리고 결국 주체의 부재라는 체험을 야기하지 않을 수 없다. 이 경우 주체성은 어떻게 보장받을 것인가. 조선 시대에 그것은 17세기에는 유별난 특수 의식, '우리가 보편(중화)을 전유했다' 식으로, 18세기에는 조선의 풍토를 강조하는 의식으로 나타났다. 근대에는 민족과 국가라는 강한 의식이 가중심 의식과 연결되어 있었다.

그럼에도 가중심적 사고는, 중심-주변을 폐기하지 않는 한 본질적으로 주변의 '중심 가면 쓰기'라는 혐의를 떨쳐버리기 힘들다. 따라서 그 중심은 현실에선 은밀한 중심 예컨대 한국인들의 서양을 향한 이중적 욕망 따위로 나타나는 듯하다.

결론 : 소회와 전망

이제까지 18세기 이후의 개념과 사유 구조의 문제, 개념 사이의 소통 등을 몇몇 개념을 통해 고찰해 보았다. 소재가 극히 일부이고 분석의 틀과 대상 영역에 허점이 많기에 갈 길은 여전히 멀다고 느낀다. 결론에서는 소회나 단상, 반성, 전망을 두서없이 적어 보았다.

집필 과정에서 무엇보다 곤혹스러운 점은 이 책에서 다룬 사람, 개념, 사유 등이 얼마나 '사회화되어 있었는가' 하는 점이다. 내심 그들의 영향을 강조하고 싶긴 했지만, 그 영향은 당대에 뿌려진 작은 씨앗 정도였다는 것이 타당하겠다.

그러나 나는 우연히 북유럽 신화를 다시 읽으면서 작은 씨앗의 힘을 잘 보여주는 비유를 얻을 수 있었다. 신화에 등장하는 빛의 신 발데르는 아주 미약한 겨우살이 새싹에 가슴을 찔려 죽는다. 연약한 새싹 하나가 발데르를 쓰러뜨리자 북유럽 신들은 멸망을 예감했다. 연약한 씨앗의 가장 큰 힘은 '변화를 담지한 미래'가 아니었을까.

한 사람의 각성, 신념으로 맺어진 결사, 몇 줄의 언술 따위가 종종 겨우살이가 되어 막강한 신을 무러뜨리기도 한다. 그러므로 조짐은 비록 미미할지라도 항상 주목의 대상이다. 이 책에서 주목하였던 변화와 균열의 징후는, 비록 전면적이지도 또 일상적이지도 않았지만 충분히 음미해 볼 만하였다.

이 책에서 개념을 다룰 때 어의語義를 역사적으로 살핀 사례가 왕왕 있었다. 이로 인해 개념 자체가 일반성을 지닌 것처럼 느껴질 수도 있다. 마치 초역사적으로 작용하는 불변의 관념을 생각할 수도 있다. 예컨대 변통을 중시하는 사고를 시대적으로 고찰하다 보면, 변통론 자체는 언제가 존재했던 사고이지 않은가 하는 느낌이 들 수 있다.

이 같은 느낌은 경전에서 출발하여 사상가들을 건너뛰는 설명 방식에서 상당부분 기인하리라 본다. 경전, 고전 등은 사유와 개념의 원천이다. 그곳에는 언제든 꺼내들고 상황에 맞추어 늘리고 줄일 수 있는 여의봉이 즐비하다. 고전에서 다시 생명력을 얻은 래디칼한 사유가 혜성처럼 등장하여 변혁을 주도한 사례를 우리는 무수히 보았다. 지금도 '민주주의'를 논할 때는 그리스의 민주주의나 맹자의 위민爲民으로 거슬러 올라가지 않는가.

그러나 나는 사고와 개념의 원형이 있고, 그 불변의 속성이 역사적으로 적응해 왔음을 밝히려고 하지 않았다. 오히려 개념의 원형이나 정의定義를 쟁취하여 정치·사회 활동의 동력으로 사용하는 맥락을 밝히고 싶었다. 원형은 오로지 '현재에 규정된 원형일 따름'이라는 입장이다. 만약 이 책을 읽으면서 초역사적으로 존재하는 듯한 개념의 자기 전개를 밝힌다는 느낌이 들었다면, 그것은 전적으로 나의 미진한 공부와 미숙한 논리 전개 탓이다.

그렇지만 개념이 마냥 구심점 없이 유동하지는 않는다. 개념은 텍스트와의 긴장과 사회경제적 맥락 속에서 움직일 따름이다. 고전은 언제든 다시 시작할 힘을 주지만, 그 힘이 발현되는 곳은 구체적인 시간대이다. 그리고 여기서 주목한 개념들은, 장기간 지속하였던 중세라는 거인을 눕히고 우리가 '근대'라고 부르는 시기를 만들어 낸 씨앗들이다.

내가 이 책에서 주목한 개념들은 결국 '동양 혹은 한국에서 개념은 근대라는 시기와 어떻게 관련했을까' 라는 질문에 직면하지 않을 수 없다.

응답을 위해서 먼저 기존 학계에서 근대를 논의한 흐름을 나름대로 갈래지어 보겠다. 서양 근대의 수용과 정착, 내부에서 자발적으로 성장한 근대 찾기, 근대의 상대화 작업, 단선적 근대가 아닌 다양한 경로의 근대 찾기, 이 네 가지가 그동안 검토된 주요 흐름이 아닐까.

앞의 두 흐름에 대해서는 서장에서 나름대로 공과를 살펴보았다. 나는 뒤의 두 흐름에 공감하고 있다. 서양의 근대를 근대의 한 유형으로 축소하거나 근대라는 개념의 외연을 넓히는 것이다. 사실 근대는 우리의 정의 여하에 따라, 서양에서조차 적용 시기가 고무줄이다. 사상의 싹을 기준 삼으면 르네상스까지 올라가고, 사회경제 관계를 기준 삼으면 17~18세기를 주목할 것이며, 산업화를 기준 삼으면 19세기가 떠오른다. 결국은 근대가 아니라 '근대 개념'이 문제이다. 따라서 서양 근대라는 고정된 기준으로 근대를 검출하는 것이 아니라, 각각의 사회가 경험했던 변화를 실증하고 스스로 구축해 나가는 진로를 바라보아야, 근대성 검출의 압박으로부터 자유스러워질 듯하다.

그러면 어떻게 근대를 설정해야 할까. 이 책의 제1부는 주로 근대의 시작과 관련이 있다. 17세기는 규범의 시대였고 이 규범은 18세기 중후반 이후부터 흔들리기 시작하였다. 규범의 이완 아래에는 도시화와 같은 사회·경제·정치 방면에서의 변화가 깔려 있었다. 그리고 다양한 계기로 다양한 영역에서 변화를 반영하는 용어나 개념들이 부상하였다. 그 방향이 당대 질서와 사유 체계의 해체를 조장하거나, 변화에 따른 가치·규범의 재검토를 요구한 것은 틀림없다. 그러나 질서나 체계를 벗어나 어디로 나아갈지는, 서학 수용과 같은 극히 일부를 제외하고는, 아직 알 수 없었다. 무엇보다 개념을 표현하는 형식인 언어가 여전히 유교적 틀을 벗어나지 못했다.

그같은 변화를 어떻게 표현할 수 있을까. 나는 서장과 6장에서 '(서양식) 개념화 이전의 변화 또는 의미 형성'이란 표현을 썼다. 달리 말하면 내용은 달라졌지만 내용을 포장하는 형식은 아직 바뀌지 않았다. 그렇지만 내용의 변화로 인해, 형식은 조만간 다른 형식으로 대체되거나 후대에 재규명될 가능성을 지니게 되었다. 그것이 우리 근대의 서막이다.

개념과 근대의 시작에 대한 논의를 기간에 한국에서 진행된 개념사의 성과와 관련지으면 근대에 대한 논의를 더욱 확대시킬 수 있다.

한국에서의 개념사는 주로 일본·중국의 번역어를 통해 서양과 접촉하거나, 서양과 직접 대면하기 시작한 19세기 중반~20세기 중반을 주목하였다. 최근에는 시기가 확장되고 있다. 1950년대 이후 이른바 분단 체제 시기에 근대 개념의 정착을 주목하는 연구들이다.[436] 이 새로운 모색은 근대 개념을 도입한 주체의 내면에 주목하고 있다. 예를 들면 상대적으로 주변인 곳에서 주체의 안정성과 불안정성이 동시적으로 있어야 한다는 것이다.[437] 이러한 지적은 1950년대 이후의 한국의 역사적 경험을 바탕삼아 전개한 것이다. 그런데 이 지적은 17~18세기에도 훌륭하게 적용된다.

17~18세기에 조선은 '정통성 있는 중심'으로 간주하지 않았던 청淸으로 인해 전례 없는 고민과 논쟁을 벌였다. 17세기에는 청에 대해 불편을 감수하며 귀속할 것인가, 독자적 유교 문명으로 탈주할 것인가를 두고 사상적 갈등을 겪었다. 18세기에는 기대했던 미래상[청의 멸망]과 실상[청의 안정과 조선의 낙후] 사이에서 또다른 인식의 전회轉回를 경험하였다. 17세기 이래 조선은 중심과 주변의 관계, 주체의 자율적 문명권 설정에 대해 가장 예민하게 반응하였던 것이다.

안정성과 불안정성이 상존했던 조선의 고민은, 19세기와 20세기의 경험과 크게 다를 바가 없을 수 있다. 물론 다른 점이 더 많다. 시간적으로 먼 지점에 서 있으므로 서로에 대해 간여하기가 퍽 어렵고 19세기 이후는 서양이라는 더 복합적인 실체를 만나기 때문이다. 그러나 중심과 주변에 대한 고민, 때론 중심을 지향하거나 아亞중심으로 존재 의의를 생각하는 안정과 불안정 사이의 패턴은 유사하다. 이 점을 한국의 근대 형성기를 관통하는 일정한 공통점으로 포괄하는 구상은 어떨까. 그것은 상당히 장기적인 근대 설정의 틀이 되지 않을까. 이 책의 제2부는 그러한 문제의식에서 출발하였고 장기 근대에 대한 제안이 내재해 있다.

사실 장기 근대는 그간 내가 보아온 개념사 연구자들의 은밀한 경향을 반영하는 측면이 있다. 개념사 연구자들은, 조금 과장해 말하면, 자신이 보는 시기를 근대로 설정하려는 유혹을 느낀다. 17세기 이후를 전공하건, 19세기 중반 이후를 전공하건, 아니면 해방 이후를 전공하건, 자신이 보는 시기를 근대로 구상하고 싶어하고 또 나름의 근거가 있었다. 나는 그 경향을 모두 긍정적으로 포섭하고 싶었다.

이 책을 준비하면서 애초 예상치 않았던 성과를 두 가지 얻을 수 있었다. 하나는 17~18세기에 이루어진 동서양의 접촉이다.

예수회 선교사와 동양 지식인들의 만남은 상대에 대한 배려와 존중을 기반으로 수준 높은 상호 이해에 도달하였다. 그 점에 19세기 중반 이후에 전개된 무지와 폭력을 동반한 접촉과 여러모로 대조적이다.

예수회 선교사들은, 자의적이고 부조적인 한계는 있었지만, 성의껏 유럽의 장점을 동양에 알렸고 또 동양의 장점을 유럽에 알렸다. 그리고 그에 조응해 중국과 조선의 일부 지식인들은 서학을 과감히 수용하거나 천주교와 유교의 보완을 꿈꾸었다. '문명화된 나'와 '문명화된 타자'가 상호 존중하며 대화한 그 장면은 지금 봐도 경탄스럽다.

한편 그들의 대화와 저술 그리고 그에 대한 비판 논리들은 기독교 문명과 유교 문명을 이루는 개념의 습합襲合과 충돌이란 점에서도 흥미롭다. 동양의 입장에서 보자면, 또 하나의 천하와 또다른 진리가 존재한다는 복수複數의 세계를 경험했고 이에 반응하지 않을 수 없었다. 공존할 것인가 갈등할 것인가. 갈등이 아닌 융합과 취사取捨를 택한 경험은, 훗날 동서양의 충돌 한편에서 자라나 상호 이해와 공존의 토양이 되었다.

그렇지만 전파자의 입장과 수용자의 입장이 백퍼센트 같을 수는 없다. 그 점을 진지하게 고려하지 않으면 '주체의 상실'을 초래할 수도 있다.

상대방에게 문명으로 치장된 나는 분명히 초라한 측면 또한 가진 존재이다. '이상적 문명'으로 치장되어 소개되는 나를, 상대방은 상대방의 필요에 따라 활용할 뿐이다. 역으로 보면 내 공간에서는 '초라한 나의 단점'과 '문명으로 치장된 타자의 장점'이 대비될 수 있다.

공자가 '나는 오랑캐 지역에 가서 살고 싶다' 하면서 자기가 속한 사회의 각성을 촉구했듯이, 상대의 장점과 나의 단점을 비교하는 방법은 개혁가들이 오랫동안 써온 논리이기도 했다. 예수회가 전한 서학서에 묘사된 서양은 안정된 생활, 인정이 넘치는 풍속, 약한 자에 대한 배려, 형제애가 실현된 이상적인 모습이었다. 반대로 서양의 계몽주의자 역시, 예수회가 전하는 동양 사회의 미덕을 과장하며 유럽의 현실을 타개하는 데 동원하였다.

현실에 대한 개혁 의지가 강할수록 이 같은 대조는 더 선명해질 것이다. 근대화론자들이 서양을 절대선으로 보고 조선을 바꾸려 했던 것, 해방 이후 미국을 절대 기준으로 삼아 한국의 근대화를 추진한 일들도 타자의 보고 싶은 면만을 부각하고 동원하는 전략이다. 외재 기준의 절대화는 수용자에겐 개혁의 원동력이라는 잇점이 될 수도 있다. 그러나 상대화를 동반하지 않는 절대화의 위험성은 그 모든 잇점을 덮고도 남는다. 주체의 상실을 초래하기 때문이다. 나와 타자를 상대화하고 장단을 취사하는 일의 절실함을 이 책 곳곳에서 강조하고 싶었다.

또 하나의 성과는 유럽을 바라보는 일이었다. 한국에서 서양의 개념사에 주목한 이유는 그 이론의 일부가, 지역에 상관 없이 공통적으로 적용 가능한 요소가 있기 때문이었다. 개념을 언어와 사회의 맥락에서 해석하거나, 과거에 기대한 역사상과 현재에 재구축한 역사상과의 관계 설정 등이 그것이다. 내 생각에 개념사의 최고 장점은, 개념이 구체적인 상황 속에서 사용되는 순간의 변주들을, 개념사는 맥락을 강조하여 본질적으로 옹호한다는 점이다.

그렇다면 개념의 역사를 서양과 동양에 적용할 때 어디까지 같으며, 변주되는 지점은 어디서부터인가. 양 권역에 포함된 많은 사회가 중심과 주변을 고민하면서 일국 범주에서 근대를 건설하기 시작하는 부분까지는 공통적이라고 판단된다. 다른 지점은 서양 이외의 지역에서는 그 과정에서 기존의 중심이 소멸되거나, 혹은 중심이 서양으로 이동하는 과정을 거쳤고 지금까지 중심(서양)에 대한 고민을 지속하는 것이 아닐까 한다. 서양을 제외한 지역이 대체로 그러할 것이다. 그러므로 이 역사적 경험은 대개는 비서양권에서만 겪을 수 있었다.

따라서 동양의 개념사는 중심이 소멸하거나 이동하는 지점부터 서양의 개념사와 많이 달라져야 한다. 그리고 동양의 이러한 작업과 유사한 작업들이 서양 이외 지역에서 다양한 방식으로 전개된다면, 그 작업은 대개는 서양에서 발흥한 근대 개념들이 '보편'이 아니라 '보편으로 인정되는 지역의 경험'이라는 성격을 폭로할 것이다. 말하자면 우리의 개념사는 우리가 보편으로 생각한 서양 근대의 상대화 혹은 지역화를 부각하게 될 것이다.

좀 심하게 말해 서양은 자신을 상대화시켜 본 역사적 경험이 없는 듯하다. 그들은 압도적인 보편을 만들어 내었다고 상상하면서, 그 보편이 갖는 한계에 대한 다양한 고찰을 게을리하였다. 통찰하지 못한 결과는 일면 전복적이다. 세계의 압도적 다수는 중심의 바깥에서 고통받으며 다양해지고, 예민해지고, 중심에 대한 긴장을 늦추지 않았다. 그리고 점점 더 '서양=보편'의 신화를 벗겨내면서 각자 구심을 만들고 서양을 지역화시킨다. 과거의 포위자였던 서양은 어느새 포위당하는 자가 되고 있다.

한국의 개념사는 이제 서양의 경험을 의식하기보다, 주변의 공통성을 추출하는 기획 위에 서야 할 듯하다. 그런데 그 기획은 우리가 이미 경험했던 것이기도 하다. 18세기에 중화=보편으로 여겨지던 세계 속에서 일부 지식인들은 중화에 대한 비판적 성찰을 일구어 냈다. 그것은 당시에 보편으로 행세하였던 중화라는 기준이나 가치의 허구성과 국지성을 밝히는 작업이었다. 그 작업을 성공적으로 계승하여 현재에 다시 진행할 때 우리는, 우리가 중심을 의식하면서 써왔던 가假중심의 이중성을 스스로 폭로하고 벗어날 수 있을 것이다.[438]

부록

부록 1
《조선왕조실록》, 《승정원일기》, 《일성록》의 이용후생 용례표

* 출전 : 《조선왕조실록》 = 실 / 《승정원일기》 = 승 / 《일성록》 = 일

국왕	연월일	출전	話者	형식	내용 요약
명종	8년 8월 14일	실	사간원	계	황해도의 陳地 立案을 환수하여 백성과 이익을 공유할 것
인조	3년 10월 27일	실	호조판서 김신국	계	화폐를 통용하여 백성의 재산을 부유하게 할 것
	14년 8월 6일	승	평구찰방 유비	상소	역졸은 고역이니 위전을 두어 이용후생하게 할 것
숙종	2년 3월 5일	승	특진관 정석	대화	이용후생은 이익에 기인하여 이롭게 하는 것을 말함
	42년 12월 17일	실	우의정 이이명	차자	화폐 통용은 성인의 大權
영조	4년 2월 25일	승	참찬관 이정제	대화	요순의 정치는 양민인데 지금 이용후생의 정치가 없어진 것이 많음
	13년 9월 30일	승	부사과 양득중	상소	개물성무와 이용후생은 통함. 실사구시에 힘쓸 것
	28년 6월 16일	승	왕세자	令書	영남의 산물로 이용후생하고 민국이 함께 부유해짐
	39년 1월 5일	승	장의 서호수	대화	이용은 器皿이고, 후생은 稼穡임
	50년 7월 11일	승	장령 이홍제	상소	이용후생은 안민의 정치이나 지금은 세금의 폐단으로 인해 백성이 고통받음
정조	2년 6월 4일	실.승.일	정조	大誥	공업과 상업은 의식을 족하게 하고 이용후생의 바탕
	2년 7월 20일	승	부사직 윤면동	상소	이용후생은 濟民의 도리이고 崇儒重道는 養士의 근본임

정조	4년 4월 17일	승	동지사 이진형	대화	정치의 요체는 保民에 있고, 보민의 도리는 이용후생의 방도에 있음
	7년 7월 18일	실.승	대사헌 홍양호	상소	청의 이용후생의 기구는 법도가 있음. 유용한 물건을 무역할 것
	8년 3월 20일	실.승.일	정조	하교	공시민을 불러 화폐 유통의 편부를 묻고, 이용후생에 힘쓰고자 함
	10년 1월 22일	일	전설사 별제 박제가	소회	중국의 흠천감에서 일하는 서양인이 이용후생에 능하니 자제를 보내 배우게 할 것
	14년 3월 11일	승	좌의정 채제공	대화	수레가 이용후생이 되지 않고 國用民食에 도리어 해가 될 것
	15년 10월 20일	승	대사간 신기	상소	절검하고 권농하면 民食이 부유해져서 이용후생을 볼 수 있을 것
	16년 10월 6일	실	정조	자문	청 황제는 이용에 힘씀. 화폐를 통해 후생의 혜택을 입음. (*이용, 후생 분리)
	17년 4월 29일	실.승.일	비변사	계	대청도, 소청도에 경작을 허락하여 이용후생의 도리를 다할 것
	17년 11월 24일	승.일	좌의정 김이소	대화	風落松의 발매는 이용후생하는 취지였는데 과반이 넘었으니 정지할 것
	19년 2월 18일	실.승.일	정조	비답	수차의 이익이 큼. 水利는 이용후생의 근본
	19년 윤2월 12일	일	정조	대화	지금부터 화성에 이용후생하는 도리로서 점차 정비할 것
	19년 9월 19일	일	전라감사 서정수	절목	본도의 楮, 竹은 소민의 이용후생의 기구
	22년 12월 20일	승	전 감찰 이우형	상소	수차 사용은 이용후생의 정치를 다하는 일

부록

정조	23년 2월 23일	승	관반 정민시	대화	화성의 西屯築垌은 이용후생의 방책이니 균역청에서 만냥을 주어 완성케 할 것
	23년 3월 22일	일	이광한	농서	논밭의 경계를 정하는 것은 이용후생의 한 방도임
	23년 5월 1일	일	비변사	계	함경도의 松政에서는 守法과 이용후생을 병행해야 함
	23년 8월 25일	승	행대사간 송전	대화	전하가 이용후생과 질고를 지나치게 살펴 백성의 상언이 참람한 지경에 이름
	24년 2월 22일	실.승.일	정조	비답	은화 유통을 청하는 상소를 보니 이용후생을 언급하여 가상함
순조	1년 10월 27일	승	제학 김조순	대화	이용후생의 물건은 항상 접하나 진귀한 보물은 자주 볼 수 없어 귀하게 여김
	2년 1월 21일	승	헌납 강세륜	상소	이용후생의 방책을 항상 생각하여 선왕의 소민을 위한 정치를 본받을 것
	2년 5월 9일	승	영사 이시수	대화	덕으로 다스리고 이용후생하게 했는데도 따르지 않으면 부득불 用刑함
	6년 7월 26일	승	검토관 신재명	대화	군주가 實德으로 양민하면 이용후생하게 되어 백성이 혜택을 봄
	7년 11월 26일	승	시독 이지담	대화	정덕 이용 후생이니 정덕으로 정치를 하면 백성이 스스로 바루어질 것
	8년 4월 2일	승	시독관 이석호	대화	'節用愛人 使民以時'는 이용후생의 긴요한 방법
	8년 9월 26일	승	검토관 홍희준	대화	行用하는 수레를 우리나라에서 쓰지 않으니 이용후생의 도리가 아님
	10년 1월 1일	실	순조	윤음	농사 권장 (*이용, 후생 분리)

순조	10년 11월 27일	일	시독관 이영하	대화	정덕 이용 후생은 재용을 절약하는 데 있음
	12년 5월 11일	승	교리 이지연	상소	이용후생은 聖王의 民産에 대한 제도인데 이용한 후에 후생할 수 있음
	13년 9월 8일	승	영흥부사 엄기	상소	뱃그물과 箭盆에 대한 세를 혁파하여 이용후생의 근본을 막지 말 것
	18년 3월 26일	승	시독관 윤명규	대화	勿施所惡는 이용후생하고 不忍의 정치를 행하는 것일 뿐
	18년 8월 12일	승	시독관 김교희	대화	우가 이용후생한 것은 농사를 중하게 여겨서임
	22년 윤3월 3일	승	순조	교서	전라도는 이용후생하여 물산이 풍부함
	25년 11월 19일	실.승.일	우의정 심상규	상서	정덕 이용 후생은 모두 養民하는 일
	26년 6월 19일	승	장령 임효헌	상소	우리나라는 척박하여 이용후생이 없지만 절검으로 裕國安民함
헌종	2년 8월 20일	승	검토관 박래만	대화	절용과 검약이 이용후생의 政法임
철종	9년 1월 1일	일	철종	윤음	권농 윤음
고종	2년 5월 13일	승	검교대교 조영하	대화	사농공상은 하나라도 폐할 수 없으니 교역을 금단할 수 없음
	3년 2월 27일	실.승.일	영돈령 김좌근	대화	禹의 정치는 양민과 이용후생
	3년 11월 6일	승	행대호군 신명순	헌의	이용후생의 도리는 隨時權宜에 있음
	6년 11월 30일	승	동지사 서당보	대화	예악형정과 정덕이용후생의 기구는 하나라도 없을 수 없음
	15년 5월 26일	일	경사좌도 암행어사 이만식	서계 별단	일인들이 우리의 미곡 같은 이용후생의 자원을 바꾸고자 함

고종	16년 1월 1일	일	고종	윤음	권농윤음
	19년 8월 5일	실	고종	전교	서양의 기계는 이로워서 이용후생에 보탬이 되니 받아들일 것
	19년 8월 23일	실	유학 지석영	상소	외국 서적과 기계를 수집하고 뛰어난 인재들이 연구하는 일은 이용후생의 법도
	19년 9월 5일	일	직강 박기종	상소	서양의 교는 멀리하되 그들의 기계는 이용후생에 도움이 됨
	24년 5월 3일	실.일	영의정 심순택	대화	요순이 양민하는 정치는 정덕 이용 후생임
	25년 2월 29일	실	영의정 심순택	대화	법과 기강을 확립해야 양민하고 이용후생할 수 있음
	31년 10월 3일	실.일	전 승지 신기선	상소	진실한 개화는 公道를 넓히는 등의 일에 있지, 이적을 따르는 데 있지 않음
	32년 윤5월 20일	실.일	고종	詔	개화를 향한 유신을 고함
	33년 12월 18일	일	도제조 정범조	대화	다른 나라의 良法을 취하는 것이 가히 이용후생했다 할 수 있음
	35년 11월 9일	실	특진관 조신희	상소	급선무는 기율을 세우고 이용후생의 대책을 강구하는 것
	36년 2월 24일	일	고종	칙령	중학교는 정덕 이용 후생의 중등 교육으로 가르침
	36년 3월 18일	일	고종	詔	학교를 개설하여 인재를 배양함은 개물성무, 이용후생의 기본임
	36년 4월 4일	실	고종	칙령	중학교는 정덕 이용 후생을 교육하여 실업 인민을 양성함
	36년 4월 27일	실	고종	詔	학교 개설은 개물성무, 이용후생의 기본
	43년 9월 21일	실	내부대신 이지용	훈령	지방관은 인민에 대한 이용후생의 정책에 힘쓸 것

	44년 6월 22일	일	고종	詔	비용을 절약하여 이용후생에 응용함이 금일의 급무이니 군대를 해산함
순종	즉위년 7월 31일	실	순조	詔	비용을 절약하여 이용후생해야 하니 군대를 해산함
	즉위년 10월 13일	일	순조	諭	정덕 이용 후생에 힘쓰면 백성은 부유해지고 나라는 강해짐
	즉위년 11월 18일	실	순조	칙유	정덕 이용 후생에 힘쓰면 백성은 잘 살고 나라는 강해짐
	2년 1월 13일	실.일	순조	칙유	이용후생으로 나라의 근본을 견고히 할 것
	2년 1월 29일	실.일	순조	칙어	이용후생으로 나라의 근본을 견고히 할 것

부록 2
《조선왕조실록》의 실학 용례와 의미 연관 어휘

밑줄 : 집중 시기
→ : 동의어, 긍정적 관련어
↔ : 반의어, 부정적 관련어

연도	긍정적 관련어	부정적 관련어
1407 태종070324	→窮經/講論/經學	↔詞章/疑義
<u>1418 세종001007</u>	→강경	↔浮華
<u>1419 세종010217</u>	→考講	
<u>1430 세종120813</u>	→고강/강경/교수/대사성/종학박사	↔사장
<u>1430 세종120822</u>	→실/강론/경학/교수	↔疑義/허명/위명/文辭
<u>1430 세종121025</u>	→강경	↔抄集
1432 세종140412	→경서/대사성	
<u>1437 세종190903</u>	→경서/강경	↔사장
<u>1437 세종190903</u>	→경학	↔사장
<u>1437 세종190914</u>	→강경	
1449 세종310122	→강경	↔문사/제술
1452 단종000823	→경서	
1456 세조020415	→自爲之道/親講/사서오경	↔사장
1472 성종030417	→강경	
1474 성종050208	→강경	
1477 성종081120	→대사성/겸사성	
1479 성종100124	→實才/강경	
1484 성종150418		↔제술/문사
1492 성종231006	→경학/강경/식년시	↔제술/별시
1502 연산081129		
1504 연산101123	→경술/경사	↔詩句

240　　　　　　　　　　　　　　　조선 후기 사상사의 미래를 위하여

1510 중종050809

1515 중종101102

1516 중종110530 →학교/강경 ←浮文/풍운월로

1516 중종110725 ←별시/抄集/應擧之學

1516 중종111009 →성균관/구독지학 ←決事/知識

1517 중종120121 →殿講(친강)/학술/경술 ←詞華

1518 중종130727 →삼대지학/명인륜/구독

1520 중종150515 →구두지학/경전 ←의론/黙視/外飾

1522 중종170424 →독서/학궁/강경/경학

1527 중종220905 →經術/敎誨 ←사장/제술

1528 중종230513 →성균관동지/교훈/訓誨 ←사무

1528 중종230514 →성균관/교회/경술/精明/精熟 ←과거지업/외임

1534 중종291109 →실효/청강/사장/교회/교훈

1536 중종310206 →강경/강습/훈회/경학 ←초집/부화/제술/사장/
시장/풍운월로/사리/
통창/사대

1538 중종331003 →강경/독서/치심보국 ←사대/문학/문형

1538 중종331023 →강경 ←초집

1539 중종340119 →교육/고강/향교/성균관/
성현지서/명경과/경학

1539 중종340610 →강경 ←별시/잡서

1539 중종340804 →경학/구독/정숙

1541 중종360827 →경학/理書 ←제자백가/잡서/의약/
복서/천문/지리

1542 중종370201 →경학 ←史學/無實之書

1542 중종370401 →성명지리/이륜지도/경학

1542 중종370824 →강독/회강

1545 명종001219	→강경	
1555 명종100429	→경학/대학연의	↔근사록/강목
1561 명종160906	→강경	↔문장
1572 선조수정050101	→성리대전	↔과업
1575 선조수정080901	→성학	↔記事之書
1581 선조수정141001		
1581 선조141016	→三代	↔속론
1583 선조160805	→실행/실득	
1586 선조수정191001	→儒學	
1600 선조331206	→강학/경술/경학/독경	↔사장
1605 선조380617	→명교/도학/공맹정주학/ 명유/草野碩士	↔사장/輕躁浮妄/과목
1626 인조04윤601	→實/궁행지실/풍화/實才	↔名
<u>1660 현종개수010125</u>	→강경/경학	↔제술
<u>1660 현종개수011222</u>	↔과목/浮華	
1687 숙종130204	→심학	
1690 숙종160720	→立大志/지행	↔허위간단지폐
1696 숙종220311	→聖上/무실학/正士趨	
1718 숙종보궐441206	→실용/공리/실심	
1724 경종040128	→폐거/유현	
1756 영조320312	→산림/명유/숙덕/요순삼대	
<u>1783 정조070105</u>	→천거/실덕/실재/眞才	↔색목/지벌
<u>1783 정조070116</u>	→聖學	
<u>1784 정조080118</u>	→성학	
<u>1784 정조080310</u>	→성학	
1792 정조161024	→경학	↔패관소품
1799 정조230625	→실용	

1874 고종110429　　→산림숙덕/실심
1874 고종110613　　→산림숙덕/경학
1874 고종110907　　→명경/고강/眞工
1874 고종110916　　→명경/경학/經科/독서　　↔제술/製科
1884 고종210722　　→변통/援古酌今/薰陶成就
1891 고종281230　　→실덕/의리　　　　　　↔浮詞/誦習/浮華
1894 고종310628
1898 고종350709　　→養士/師儒　　　　　　↔浮華
1899 고종360427　　→종교/유교/학교/경서　　↔허문
1899 고종360624　　→실용기술
1906 고종430325　　→교육/삼대/산림
1908 순종010520　　→國家文明
1921 순종부록—0331　→燕巖, 家傳

주석

[1] 나인호, 2011, 《개념사란 무엇인가》, 역사비평사, 20~31쪽.
[2] 양일모, 2011, 〈한국 개념사 연구의 모색과 논점〉, 《개념과 소통》8, 11~12쪽.
[3] 이 책에서 사용하는 '전근대', '전통', '근대' 등에 대한 대체적인 경향을 밝히 필요가 있다. '전근대'와 '전통'은 대개 19세기 중반 이전 시기를 가리키는 편의상의 용어로 썼다. '전근대적', '전통적'은 서양과의 상당한 수준의 접촉이 발생하기 이전에 장기 지속했던 문화, 가치 체계를 지칭하는 경우가 많다. 한편 '근대', '근대적'은 시기, 문화, 가치 체계를 혼용해서 사용하였다.
[4] 박상섭, 2009, 〈한국 개념사 연구의 과제와 문제점〉, 《개념과 소통》4, 242쪽.
[5] 18세기 時體의 등장 및 용례에 대해서는 이 책 2장 참조.
[6] 《조선왕조실록》에 쓰인 시체는 영조 이전에는 중종대 1건, 광해군대 1건뿐이었다. 그런데 영조대 19건, 정조대 4건으로 급작스레 증가하였다.
[7] 《영조실록》33년 12월 21일.
[8] 《동아일보》1931년 4월 27일, 〈時體의 변천〉.
[9] 고지현, 2010, 〈유행 개념으로 바라본 식민지 조선의 근대성〉, 《대동문화연구》71, 369쪽.
[10] 유행 개념의 의미와 식민지 시기 유행 담론의 전개 및 그 담론에 담긴 근대성의 의미에 대해서는 고지현의 위 논문 참조.

[11] 폴 A. 코헨, 이남희 옮김, 2003, 《학문의 제국주의》, 산해, 30쪽, 63쪽.

[12] 《孟子》, 〈梁惠王〉.

[13] 丁若鏞, 《與猶堂全書》 1집, 11권, 〈湯論〉.

[14] 진관타오·류칭펑, 양일모 외 옮김, 2010, 《관념사란 무엇인가》, 푸른역사, 52~55쪽.

[15] 北宋의 孫穆이 편찬한 견문록 《鷄林類事》의 고려어 가운데 '天은 方言(고려어)으로 漢捺(하늘)'이라 하였다.

[16] 천도교의 천天 개념과 이돈화의 해석에 대해서는 허수의 《이돈화 연구》(2011, 역사비평사) 참조.

[17] 안드레 슈미드, 2004, 〈오리엔탈 식민주의의 도전〉, 《역사문제연구》 12, 169~175쪽.

[18] 한국의 가톨릭 교회는 초기에 '天主, 텬쥬, 上帝, 하느님'을 혼용하였다. 개신교에서는 20세기 초까지 '하느님, 하ᄂᆞ님, 텬쥬'를 혼용하다가 1910년 《신약전서》에서 '하ᄂᆞ님'을 채택하였다. 1933년 'ᆞ' 표기가 폐지되자 1937년에 나온 개역 《성경전서》에서 '하나님'을 사용하여 기존의 전통적 관습[하늘님, 하느님]과 차별하였다. 1977년 한국의 가톨릭과 개신교가 공동으로 번역한 《성서》에서는 문법과 의미를 따져 '하느님'을 택하고 '하나님'은 신의 엄격과 유일성만을 강조한 신조어라고 비판하였다. 그러나 현재까지 개신교의 주류 표기는 여전히 '하나님'이다(허호익, 〈한중일 신관 비교를 통해 본 환인 하느님 신관과 한국 기독교〉, 《단군학연구》 13).

[19] 이승만, 《한국교회핍박》(2008, 청미디어), 119~125쪽.

[20] 이승만, 《독립정신》(1999, 한국독립운동사연구소 편), 292~294쪽.

[21] 한국의 《조선유학의 개념들》(한국사상사연구회 편, 2002, 예문서원)은 '자연, 인간, 학문, 사회'라는 범주를 설정하고 太極, 理氣 …… 井田, 中華 등의 개념을 서술하였다. 중국의 《理學範疇系統》(蒙培元 저, 1998, 人民出版社)은 '理氣, 心性, 知行, 天人'이라는 범주를 설정하고 理氣, 道器 …… 仁, 樂 등의 개념을 서술하였

다. 일본은 성리학 개념만을 본격적으로 해설한 예를 찾기 어려웠다. 비근한 것으로《中國思想文化事典》(溝口雄三 외 편, 2001, 東京大學出版會)을 들 수 있다. 이 책은 '우주·인륜, 정치·사회, 종교·민속, 학문·예술·과학'이라는 범주를 설정하고 天, 道……風水, 醫藥 등의 개념을 서술하였다.

22 이 같은 지적은 유교적 문화에 익숙한 이들에겐 새삼스러울 것이 없다. 유교를 외부에서 분석하는 서양 학자들 가운데도 이에 동조하는 이들이 생겨나고 있다. 대표적으로 명말청초 중국의 자유주의 전통을 분석한 시어도어 드 베리W. T. De Berry나 중세와 근대를 관통하는 유교 지식인들의 심성 기제를 부각시킨 토마스 멧거T. Metzger를 들 수 있다.

23 〈物宗類圖〉는 마테오 리치가 아리스토텔레스와 포피리우스의 도표를 참조하여 만들었다.

24 이 단락은 쟈크 제르네의 〈중국적 사유와 서양적 사유 — 언어의 차이와 사유의 차이〉(송영배, 2004,《동서철학의 교섭과 동서양 사유 방식의 차이》, 논형)를 축약하여 재인용하였다.

25 마테오 리치, 송영배 편역, 2000,《교우론, 스물다섯 마디 잠언, 기인십편》, 서울대출판부, 540쪽.

26 알레니,《聖學𢪛述》권1.

27 병자호란 이후 조선 사상계의 동향에 대해서는 정옥자의《조선후기 조선중화사상 연구》(1998, 일지사)를 참고.

28 金尙憲,《淸陰集》권13, 雪窖別集,〈敬次栗谷先生可笑吟〉.

29《淸陰集》권12, 雪窖後集,〈次講經權有感韻〉.

30《淸陰集》권11, 雪窖集,〈次曹侍御士窮見節義分韻之作〉.

31 송시열은 이이-김장생으로 이어지는 학맥에 서 있지만, 김상헌의 문인 또한 자처했다. 특히 의리와 관련한 문제에서는 김상헌의 의견을 따랐다. 주자와 관련된 저서를 정리할 때도 金壽恒(김상헌의 손자) 부자와 논의하여 결정하였다.

32 각종 논쟁에서의 송시열의 입장에 대해서는 우경섭의《宋時烈의 世道政治思想

研究》(2005, 서울대 박사논문) 참조.

33 宋時烈,《宋子大全》拾遺 권7,〈握對說話〉.

34 《宋子大全》권139,〈朱子大全箚疑序〉.

35 尹鑴,《白湖全書》권25,〈四端七情人心道心說〉.

36 숙종이 노론, 소론 사이의 오랜 논쟁인 懷尼是非에 대해 노론의 논리를 승인하고 尹宣擧의 문집을 훼판한 처분을 말한다.

37 《宋子大全》권130,〈朱子言論同異攷序〉.

38 韓元震,《朱子言論同異攷》,〈序〉.

39 《주자언론동이고》에서 사용한 방법은 本源, 稟賦, 流行, 一原而言, 分殊而言, 專言, 各言, 離看, 合看, 參看, 通看, 對言, 因言, 截斷言, 體言, 用言, 竝言, 活看 등이다(한원진 저, 곽신환 역주, 2002,《주자언론동이고》, 소명출판,〈주자언론동이고 분석〉재인용).

40 한원진과 같은 노론에 속했지만 학문적으로 한원진의 논적이었던 낙론 계열의 학인들은《朱子大全箚疑問目》,《朱子大全箚疑問目標補》등을 간행하여 이황, 김창협 등의 해석을 반영하였다. 남인 안정복은《朱子語類節要》를 간행하였다.

41 《정조실록》23년 7월 16일.

42 《정조실록》위 기사.

43 윤사순, 1986,〈인성 물성의 동이논변에 대한 연구〉,《한국유학사상사론》.

44 노론이 분열하여 호론과 낙론으로 크게 갈린 것은 전체적 이론의 속성이 드러난 것이라 해도 과언이 아니다. 중세 유럽의 교황무류설, 헤겔과 맑스주의 등 전체적 철학 체계 등이 성립과 동시에 분열하는 것은 속성이다. 한국은 그 전체주의의 잔재를 여전히 경험하고 있다. 북한의 수령무류, 남한 일부 개신교의 성경무류 등이다.

45 영조와 정조대에 湖論은 대체로 벽파, 洛論은 시파와 연계되었다. 순조 초 정순왕후 수렴청정기(1800~1803)에 벽파 정권이 강경하게 사문시비를 전개하며 주도권을 잡았지만, 수렴청정 후 순조가 친정하게 되자 시파가 정권을 장악하

며 벽파와 그에 연계된 호론을 숙청하였다. 시파의 핵심은 서울에서 성장해 온 世家大族, 이른바 京華士族이었다. 경화사족은 17세기 후반부터 점차 진행되어 온 서울의 팽창과 짝을 이루며 성장해 왔다(한국역사연구회 19세기정치사연구반 지음,《조선정치사 1800~1863》, 1990, 청년사).

46 1769년(영조 45)의 이른바 '華陽書院廟庭碑' 논쟁이 전형적인 일례이다. 호론 측은 묘정비에 송시열의 성리설, 의리론을 함께 서술하려 하였으나, 낙론의 金元行은 묘정비에는 의리만을 저술하고, 성리설은 함부로 저술할 수 없다고 주장하였다. 더 자세한 설명은 이 책 2장 참조.

47 노론 낙론 학자들의 상황중시론은 이 책 2장 참조.

48 한원진의 삼무분설은 낙론의 학설이 유교와 불교의 차별을 없애고[儒釋無分], 인간과 짐승의 차별을 없애고[人物無分], 중화와 오랑캐의 차별을 없앤다[華夷無分]는 것이다.

49 홍대용의 상대적 인식은 이 책 3장과 5장 참조.

50 이경구, 1998, 〈영조~순조 연간 湖洛論爭의 전개〉,《한국학보》93.

51 《泉門俟百錄》,《十二辨》,《湖洛事實》,《不易言》,《湖洛源委》는 편찬자와 저술 시기를 알 수 없다. 대개 18세기 후반~19세기에 낙론 학자에 의해 저술되었던 것으로 추측된다.

52 李麟祥,《凌壺集》권2, 〈大報壇篇復用實在迎風寒露之玉壺九字余拈在字〉.

53 이경구, 2004, 〈1740년(영조 16) 이후 영조의 정치 운영〉,《역사와 현실》53, 30~32쪽.

54 R. 코젤렉, 한철 옮김, 1998,《지나간 미래》, 문학동네, 150~158쪽, 402~403쪽.

55 1世는 30년, 1運은 12세, 1會는 30운, 1元은 12회로 129,600년이며, 세계는 1원이 다하면 다시 새로운 1원이 시작한다는 시간관이다(邵雍,《皇極經世》書2, 〈經世一元消長之數圖〉).

56 세계와 시간을 동일하거나 혹은 긴밀한 정합성을 관계로 파악하는 사고는 북아메리카 인디언, 인도, 유태인 등 광범위한 종교 전통에서도 발견된다(M.엘리

아데, 이은봉 옮김, 1998, 《성과 속》, 한길사, 92~95쪽).

57 일반적으로 '易'을 설명하는 蜥蜴說(도마뱀의 변화)이나 日月說 모두 隨時變化를 의미하고 있다.

58 《孟子》, 〈萬章下〉.

59 《論語》, 〈先進〉.

60 《論語集註》, 〈子罕〉.

61 한국 역대 왕조의 대표적인 개혁가들로 꼽히는 崔致遠, 崔承老, 李珥 등이 時中·時宜를 강조하며 변통책을 제시하였다. 그러나 柳馨遠의 《磻溪遂錄》을 읽은 친구 鄭東稷과 裵聖瑜는 '度時制宜'라는 현실 추수 논리를 들어 유형원을 반박하기도 했다(俞漢雋, 《自著》 권15, 〈柳馨遠傳〉). 고려 말에는 시의를 강조하는 보수 용법도 있었다(도현철, 2004, 〈고려말 經權道의 활용과 體制 保守〉, 《湖西史學》 37).

62 M. 엘리아데, 앞의 책, 55~57쪽.

63 불교 혹은 민간 신앙 속에서 출세간의 이상을 찾았던 모습, 중국과 한국에서의 佛法과 王法의 융합과 대립 등을 들 수 있겠다. 그 모습은 성리학이 주류였던 조선 시대에서는 많이 약화되었다(김인호, 2006, 〈고려시대 성속의 경계와 개인적 넘나듦〉, 《韓國史學報》 22). 그러나 유교 또한 나름의 聖·俗 통괄 구조를 가졌다는 견해도 있다. 그 경우 대립항은 聖賢의 道統을 계승한 유학자(山林)와 국왕이다(김상준, 2003, 〈조선 후기 사회와 '유교적 근대성' 문제〉, 《大東文化硏究》 42).

64 《論語》, 〈泰伯〉.

65 金昌協, 《農巖集》 권26, 〈淸冷瀨新亭上梁文〉.

66 朱熹, 《詩經集傳》, 〈序〉.

67 유학에서는 성인과 범인의 관계가 구원과 죄인, 해탈과 윤회 등과 같이 근본적으로 구분되어 있지 않다. 모든 사람은 이미 明德을 지닌 존재이기에(《大學》), 성인과 범인의 마음은 시공에 구애받지 않고 동일하다(聖凡心同). 성인이나 현인은 단지 먼저 알고, 먼저 깨달았기에 다른 이를 깨우치는 역할만을 한다. 그

역할은 다른 차원에 먼저 들어선 성인이 일방적으로 수여하는 것이 아니라, 사람들이 선천적으로 갖추고 있는 본성이나 깨달을 수 있는 능력을 자각하는 데 도움주는 것일 따름이다(《孟子》,〈萬章上〉).

68 朴齊家,《北學議》,〈序〉; 朴趾源,《燕巖集》 권7,〈北學議序〉; 古俗을 실현하기 위해 노력하는 박지원의 모습은《나의 아버지 박지원》(박종채, 박희병 옮김, 1998, 돌베개) 111~113쪽에 잘 소개되어 있다.

69 李瀷,《星湖僿說》 권13, 人事門,〈孝悌爲本〉.

70 金昌翕,《三淵集拾遺》 권5,〈到氷津偶吟〉.

71 尹愭,《無名子集文稿》 책9,〈策題〉.

72 《중종실록》 34년 5월 3일.

73 《광해군일기》 3년 12월 20일.

74 《영조실록》 33년 12월 21일.

75 英祖,《御製集慶堂編輯》 권2,〈噫字命題二十四篇〉.

76 李德懋,《靑莊館全書》 권30, 士小節(下),〈婦儀〉.

77 이경구, 2005,〈法典을 통해 본 17~18세기 서울의 변화〉,《서울학연구》 25, 133~135쪽.

78 《영조실록》 33년 12월 21일; 41년 2월 25일; 41년 5월 26일; 48년 5월 28일.

79 時體를 개탄하는 영조의 글은 문집 곳곳에서 산견할 수 있다. 시체를 제목으로 삼은 어제는〈御製慷慨今時體〉,〈御製憎時體〉(11편),〈御製今日混時體〉,〈御製問時體〉,〈御製悶時體〉(5편),〈御製悶時體苦建功〉,〈御製醒時體〉,〈御製時體固宜抑〉,〈御製時體息〉,〈御製抑時體〉,〈御製子問世人一何時體〉,〈御製與時體問答〉,〈御製子與時體問答〉,〈御製歎今世時體〉,〈御製歎時體〉(3편) 등 총 31편이다. 모두 한국학중앙연구원 장서각에 있다. 저술 시기는 대개 영조의 80세 (1774, 영조 50) 전후이다.

80 《영조실록》 40년 10월 25일.

81 이경구, 앞 논문, 136~137쪽; 위백규가 말한 당대의 다섯 가지 폐단은 허례에

빠진 상장례[葬荒], 놀고 먹는 양반[班荒], 사치의 빠른 유행[時荒], 자기 이해만 따지는 친교[交荒], 명분이 무너진 향촌[鄕荒]이다.

82 尹愭,《無名子集文稿》책7,〈策〉.

83 《세종실록》15년 5월 7일;《단종실록》2년 8월 17일.

84 《세종실록》30년 1월 18일.

85 《세조실록》3년 6월 10일;《성종실록》9년 12월 7일;《중종실록》9년 4월 29일;《명종실록》21년 12월 2일;《선조실록》7년 3월 18일.

86 《효종실록》원년 5월 26일; 5년 6월 20일.

87 南九萬,《藥泉集》권3,〈玉堂論君德箚〉.

88 이경구, 2007,《조선후기 安東 金門 연구》, 일지사, 223~248쪽.

89 북벌 의식의 존주 의식 및 중화 계승 의식으로의 전환에 대해서는 정옥자의 《조선후기 조선중화사상 연구》(1998, 일지사)와 허태용의〈朝鮮後期 中華繼承意識의 展開와 北方古代史認識의 强化〉(2006, 고려대 박사논문) 참조.

90 이경구, 2004,〈1740년(영조 16) 이후 영조의 정치 운영〉,《역사와 현실》53, 30~33쪽.

91 한원진의 正學 수호 사상에 대해서는 김태년의〈南塘 韓元震의 '正學' 形成에 대한 硏究〉(2006, 고려대 박사논문) 참조.

92 黃胤錫,《頤齋亂藁》권2, 병자 9월 19일 갑자.

93 《頤齋亂藁》권12, 기축 3월 11일 갑오.

94 《農巖集別集》권4,〈諸家記述雜錄-出洪直弼梅山集〉.

95 권오영, 2003,《조선후기 유림의 사상과 활동》, 돌베개, 140~141쪽.

96 신항수, 2001,〈李瀷(1681~1763)의 經·史解釋과 現實認識〉, 고려대 박사논문, 151~157쪽.

97 원재린, 2003,《조선후기 星湖學派의 학풍 연구》, 혜안, 161~173쪽.

98 《영조실록》48년 6월 11일; 48년 7월 23일.

99 《정조실록》2년 윤6월 18일; 14년 4월 16일; 15년 4월 18일.

[100] 《정조실록》8년 12월 8일.

[101] 《정조실록》8년 7월 28일; 8년 12월 18일.

[102] 《정조실록》12년 3월 10일.

[103] 《정조실록》12년 3월 12일.

[104] 《정조실록》12년 4월 23일.

[105] 정옥자·유봉학 외, 1999, 《정조시대의 사상과 문화》, 돌베개, 90쪽.

[106] 時·僻의 다양한 용례에 대해서는 박광용의 〈正祖년간 時僻薰爭論에 대한 再檢討〉(1990, 《韓國文化》 11) 참조.

[107] 李卓吾, 公安派의 상대적 사유가 조선 후기 문인들에게 미친 영향에 대해서는 강명관의 《공안파와 조선후기 한문학》(2007, 소명출판) 참조.

[108] 宋時烈, 《宋子大全》 권139, 〈泛翁集序〉.

[109] 金昌協, 《農巖集》 권25, 〈泛翁集跋〉.

[110] 《農巖集》 권4, 〈卽事效劍南〉; 권3, 〈月夜女兒輩登寒碧樓久不下余方坐脩然齋不覺起興隨至眞所謂老子於此興復不淺也〉.

[111] 《農巖集》 권17, 〈答任大仲埪〉.

[112] 《農巖集》 권34, 〈雜識-外篇〉.

[113] 吳光運, 《藥山漫稿》 권15, 〈昭代風謠序〉.

[114] 朴趾源, 《燕巖集》 권7, 〈嬰處稿序〉.

[115] 《燕巖集》, 윗 글.

[116] 《燕巖集》, 윗 글.

[117] 華·夷의 구분 자체를 부정한 홍대용의 사상에 대해서는 박희병의 〈淺見絅齋와 洪大容〉(2002, 《大東文化硏究》 40) 참조.

[118] 박희병 지음, 《저항과 아만》, 2009, 돌베개, 424쪽, 432~434쪽.

[119] 趙憲, 《重峯先生文集》 권3, 〈質正官回還後先上八條疏〉; 권4, 〈擬上十六條疏〉.

[120] 《선조수정실록》 7년 11월 1일.

[121] 《重峯先生文集》 권4, 〈東還封事跋〉.

122 朴趾源,《燕巖集》권2, 煙湘閣選本,〈答李仲存書〉.

123 작자 미상,《薊山紀程》권5, 附錄,〈風俗〉.

124 이압,《燕行記事》下,〈聞見雜記〉上.

125 《燕行記事》, 윗 글.

126 朴趾源,《熱河日記》, 口外異聞,〈羅約國書〉.

127 崔德中,《燕行錄》,〈日記〉, 壬辰年 12월 4일; 李宜顯,《庚子燕行雜識》上;《燕行記事》下, 戊戌年 2월 11일.

128 金昌業,《燕行日記》권2, 12월 7일 병진.

129 徐浩修,《燕行記》권3, 8월 5일~12일.

130 《燕行日記》권1,〈山川風俗總錄〉.

131 《庚子燕行雜識》下;《燕行記事》下,〈聞見雜錄〉上.

132 李宜顯,《壬子燕行雜識》;《薊山紀程》권5, 附錄,〈風俗〉.

133 崔德中,《燕行錄》, 日記, 癸巳年 1월 9일;《燕行日記》권5, 癸巳年 2월 7일.

134 《燕行記》권1, 7월 4일; 권4, 9월 16일.

135 《燕行記》권1, 7월 11일.

136 《燕行記事》下,〈聞見雜記〉上.

137 《燕行日記》권7, 癸巳年 2월 21일.

138 《燕行日記》권2, 壬辰年 12월 12일.

139 《燕行記事》下,〈聞見雜記〉上.

140 《熱河日記》,〈銅蘭涉筆〉; 朴齊家,《北學議》外編,〈尊周論〉.

141 《熱河日記》,〈審勢編〉.

142 朴宗采,《過庭錄》권2.

143 《燕行日記》권3, 壬辰年 12월 19일.

144 《燕行日記》, 윗글.

145 《壬子燕行雜識》;《熱河日記》〈銅蘭涉筆〉에는 좀 더 자세한 시말이 전한다.

146 《燕行記》권4, 9월 13일.

147 《燕行記》, 윗글.

148 《燕行記》 권4, 9월 18일.

149 《燕行日記》 권4, 癸巳年 1월 17일.

150 《燕行日記》 권5, 癸巳年 2월 7일.

151 朴齊家의 〈北學辨〉에는 연행 정보를 입맛에 맞게 취사하는 당시 풍조를 풍자하는 대목이 있다. "진실을 제대로 전달하면 언짢아하고 심지어 죄주려 한다. 반대로 '만주 사람이 말을 하면 개짖는 소리 같고, 음식은 고약하며, 뱀을 시루에 쪄먹고, 황제의 누이동생은 역졸과 간통한다' 등의 말을 하면 전하기에 분주하다. 내가 이 일로 언쟁했더니 나를 비방하는 사람이 제법 있었다"《北學議》 外編, 〈北學辨〉).

152 《燕行日記》 권1, 〈山川風俗總錄〉.

153 《燕行記事》 下, 〈聞見雜記〉 下.

154 이경구, 2007, 《조선후기 安東 金門 연구》, 259~261쪽.

155 《燕行日記》 권6, 癸巳年 2월 9일; 《熱河日記》, 黃圖紀略, 〈天主堂〉.

156 《熱河日記》, 〈馹汛隨筆〉, 7월 15일.

157 《熱河日記》, 윗글.

158 金正中, 《燕行錄》, 〈奇遊錄〉, 辛亥年 12월 3일; 壬子年 2월 23일.

159 《熱河日記》, 〈도강록〉, 6월 27일.

160 《熱河日記》, 〈太學留館錄〉, 11일.

161 《熱河日記》, 〈審勢編〉.

162 《熱河日記》, 〈太學留館錄〉, 8월 9일.

163 《熱河日記》, 〈酷汀筆談〉.

164 〈菱洋詩集序〉《燕巖集》, 別集, 권7, 鍾北小選)이다. 이 글은 연행에서 돌아온 박지원이 1792~1796년 안의현감으로 있을 때 지었다.

165 《燕巖集》 권5, 映帶亭縢墨, 〈答某〉.

166 《燕巖集》, 別集, 권7, 鍾北小選, 〈蜋丸集序〉.

167 류준필, 2008, 〈조선후기 문인 사회의 인정 욕망과 타자(성)〉, 《국문학연구》 17, 55쪽.

168 洪大容, 《湛軒書》 內集 권3, 〈與金直齋鍾厚書〉.

169 《湛軒書》 內集 권2, 〈桂坊日記〉, 乙未年 4월 9일.

170 《湛軒書》 外集 권1, 杭傳尺牘, 〈與孫蓉洲書〉.

171 박희병은 이에 대해 인물균과 화이무분론이 역외춘추에 우선하는 혹은 지양하는 명제로 이해해야 한다고 하였으나 설명이 소략하다(박희병, 1999, 《한국의 생태사상》, 돌베개, 289쪽).

172 덧붙이자면 춘추관의 앞단락 두 문단은 '하늘에서 본다면 안과 밖의 구별이 없다', '四夷가 중국을 침범하고 중국이 사이를 침범하는 것은 똑같은 짓이다'로 끝났다. 그 맥락에서 '공자가 《춘추》를 지었듯이 《역외춘추》를 지었다'라는 언명은 '공자가 《춘추》를 짓거나 《역외춘추》를 짓는 일이 모두 같은 의미다'를 내재하고 있다고 보아야 할 듯하다.

173 박희병은 홍대용 사상의 핵심을 李松(홍대용 친구)이 제기한 '公觀併受'로 파악하였다(박희병, 앞 책).

174 김종후의 이 편지는 《本庵集》에는 없고 《湛軒書》 內集 권3에 〈直齋答書〉로 실려 있다.

175 《湛軒書》 內集 권3, 〈答秀野書〉; 秀野는 김종후가 세운 高遠亭 인근의 봉우리 이름이다.

176 《湛軒書》 內集 권3, 〈與人書-二首〉.

177 〈일동조아발〉이 홍대용의 사유를 구체적, 현실적 차원에서도 실현하였다고 본 것은 이미 박희병이 지적한 바 있다(박희병, 2002, 〈淺見絅齋와 洪大容〉, 《대동문화연구》 40, 409~410쪽).

178 《湛軒書》 內集 권3, 〈日東藻雅跋〉.

179 《湛軒書》 內集 권3, 〈贈元玄川歸田舍-二首〉.

180 예컨대 〈日東壯遊歌〉에서 金仁謙은 일본의 도성의 인구와 거리, 건축에 대해

서는 중국에 버금간다고 찬탄하며 우리의 왜소함과 비견하였다. 그러나 그들의 풍속이나 윤리에 대해서는 동의하지 않았으며 여전히 오랑캐의 범주로 생각하고 있었다. 그는 그러한 이치를 이해할 수 없었다.

[181] 《燕巖集》 권1, 煙湘閣選本, 〈騷壇赤幟引〉.
[182] 《燕巖集》 권7, 鍾北小選, 〈綠天館集序〉.
[183] 《燕巖集》 권7, 鍾北小選, 〈嬰處稿序〉.
[184] 《燕巖集》, 윗글.
[185] 이 부분은 박지원의 사유를 시간에 따라 천착해야 좀 더 엄밀한 단정을 내릴 수 있다. 시의와 시각의 상대화를 강조한 글들은 대개 〈鍾北小選〉에 실린 문학 관계 저술에 많다. 그 저술들 가운데 연대를 확인할 수 있는 글들은 극히 소수이다. 만약 그 글들이 연행 이후에 상당 부분 저술되었다면 연행 당시 보인 입장은 후대에 퍽 교정되었다고 볼 수 있다. 아마 왕민호와 학성 같은 이들의 영향도 감지할 수 있을지 모른다. 그러나 현재로선 그 판정이 용이치 않다.
[186] 《熱河日記》, 〈太學留館錄〉, 8월 9일.
[187] 《熱河日記》, 〈酷汀筆談〉.
[188] 《熱河日記》, 〈銅蘭涉筆〉.
[189] 《熱河日記》, 〈行在雜錄序〉.
[190] 《北學議》 內編, 〈女服〉.
[191] 《北學議》 內編, 〈漢語〉.
[192] 박제가의 언어 문자관에 대해서는 박수밀의 〈박제가의 언어 문자관과 문학세계〉(2006, 《한국언어문화》 31) 참조.
[193] 《北學議》 內編, 〈古董書畫〉.
[194] 《北學議》 外篇, 〈通江南浙江商舶議〉.
[195] 《北學議》 內編, 〈宮室〉.
[196] 강명관, 2007, 《공안파와 조선후기 한문학》, 소명출판, 416~420쪽.
[197] 국왕이 德와 禮로 다스리면 모든 제도가 바로잡히고 병폐가 사라져 후생을 노

래하고 공효가 있을 것이라는 상소(《정조실록》 2년 윤6월 23일), 이용후생은 말단인 공상업과 관련한 논의(《정조실록》 2년 6월 4일), 崇儒重道는 선비의 배양이고 이용후생은 백성의 구제라는 논의(《승정원일기》 정조 2년 7월 20일), 정덕을 군주의 수신과 관련해 쓴 용례(《승정원일기》 순조 7년 11월 26일) 등 어렵지 않게 찾을 수 있다.

198 朴趾源, 《燕巖集》 권1, 〈洪範羽翼序〉;《熱河日記》, 〈渡江錄〉.

199 蒙卦의 '利用刑人', '利用禦寇', 需卦의 '利用恒, 无咎', 謙卦의 '利用征伐', '利用行師', 觀卦의 '利用賓于王', 噬嗑卦의 '利用獄', 益卦의 '利用爲大作', 萃卦의 '孚乃利用禴', 困卦의 '利用享祀' 등이다.

200 태종 10년 4월 15일; 세종 14년 12월 22일; 세종 18년 윤6월 18일; 세종19년 6월 30일; 광해 11년 10월 13일.

201 세종 1년 5월 25일; 연산 5월 12월 25일; 연산 6년 1월 9일; 연산 6년 1월 22일; 선조 27년 11월 12일; 광해 5년 6월 19일; 광해 5년 7월 9일.

202 성종 19년 윤1월 15일; 선조 30년 5월 27일; 헌종 14년 11월 15일.

203 영조 43년 5월 2일.

204 《조선왕조실록》을 비롯한 《승정원일기》, 《일성록》에 등장하는 '이용후생'은 부록1에 정리하였다. 이하 특별한 경우를 제외하고는 '국왕 연-월-일'로 간략히 제시하였다.

205 조선 후기에 '이용'이나 '후생'이 단독으로 쓰인 경우에도 기사 내용이 '이용후생'의 의미로 사용된 경우도 있었다. 다만 이 경우는 주관적 판단이 개입하는 영역이라 일단 배제하였다.

206 순조 25년 11월 19일, 고종 24년 5월 3일, 고종 36년 4월 4일, 순종 즉위년 11월 18일; '정덕이용후생'이 함께 등장하는 기사는 養民을 강조하는 《서경》의 용례에 충실한 사례들이었다.

207 영조 4년 2월 25일.

208 영조 39년 1월 5일.

[209] 영조 28년 6월 16일.

[210] 영조 13년 9월 30일.

[211] 《영조실록》 5년 2월 6일; 5년 2월 10일.

[212] 《영조실록》 17년 2월 23일.

[213] 정조 2년 6월 4일.

[214] 정조 7년 7월 18일; 정조 16년 10월 6일.

[215] 정조 8년 3월 20일.

[216] 정조 10년 1월 22일.

[217] 정조 14년 3월 11일.

[218] 정조 19년 2월 18일; 정조 22년 12월 20일.

[219] 정조 24년 2월 22일.

[220] 정조 17년 4월 29일; 정조 17년 11월 24일; 정조 19년 9월 19일; 정조 23년 5월 1일.

[221] 정조 19년 윤2월 12일; 정조 23년 2월 23일.

[222] 정조 23년 8월 25일.

[223] 정조 2년 7월 20일.

[224] 정조 15년 10월 20일.

[225] 문체반정을 통해 소품을 배격하려 했던 정조의 지향에 대해서는 강명관의 《안쪽과 바깥쪽》(2007, 소명출판) 제7장 참조.

[226] 《정조실록》 23년 7월 16일; 주자학 완성을 위한 정조의 노력은 이 책 1장 참조.

[227] 순조 8년 9월 26일.

[228] 순조 13년 9월 8일; 순조 22년 윤3월 3일.

[229] 순조 원년 10월 27일; 순조 2년 5월 9일; 순조 6년 7월 26일; 순조 7년 11월 26일; 순조 8년 4월 2일; 순조 10년 11월 27일; 순조 18년 3월 26일; 순조 18년 8월 12일.

[230] 고종 3년 2월 27일; 고종 6년 11월 30일; 고종 16년 1월 1일.

231 고종 2년 5월 13일; 고종 3년 11월 6일.

232 고종 15년 5월 26일.

233 고종 19년 8월 5일.

234 고종 19년 8월 23일; 고종 19년 9월 5일.

235 고종 24년 5월 3일; 고종 25년 2월 29일.

236 고종 31년 10월 3일.

237 고종 33년 12월 18일.

238 고종 32년 윤5월 20일.

239 고종 36년 2월 24일; 고종 36년 3월 18일; 고종 36년 4월 4일; 고종 36년 4월 27일.

240 고종 44년 6월 22일; 순종 즉위년 7월 31일.

241 순종 즉위년 10월 13일; 순종 즉위년 11월 18일.

242 순종 2년 1월 13일; 순종 2년 1월 29일.

243 L. M. Brockey, 2007, *Journey to the East : the Jesuit mission to China 1579~1724*(Massachusetts, Harvard University Press), pp.43~44, 74~75, 80~81.

244 마테오 리치를 비롯한 16세기 말~17세기 예수회 선교사들은 중국의 지식인과 관료 사회에, 과학과 그 성과로 접근하여 호기심과 호감을 자아내고, 이어 서양의 철학 담론을 매개로 이성에 호소하여, 신념(신앙)을 바꾸려 하였다. 그 연동 과정은 대상인 중국의 과학(우주관)과 철학(심성론)의 분리, 철학에서 고대 유교와 성리학의 분리가 기획된 것이었다. 연동과 분리는 중국과 조선의 지식인들도 마찬가지였다. 일군의 지식인들은 그에 조응하여 서양 과학을 긍정하고 사유 체계를 변화시켰으며 신앙으로까지 나아갔다. 반면 많은 관료나 지식인들은 서양 과학의 우수성은 그것대로 긍정하였으나 서양의 철학과 신앙과 같은 윤리적, 규범적 영역에 대해선 비판적이었다. 서양 과학 자체를 인정하지 않는 지식인들도 존재하였음은 물론이다.

245 예수회가 엘리트 사이의 대화라는 전략만 수용했던 것은 아니다. 선교 초기부터 그들은 여성을 비롯한 보통 남녀에 대한 선교를 지속적으로 수행하였다. 많은 학자들은 예수회가 문사나 엘리트만을 상대했다고 보고 초기부터 일반민을 상대로 올렸던 선교 성과를 축소했는데 그것은 전례 논쟁과 같은 종교·철학 논쟁의 여파이자 그들이 유럽에 전한 보고서를 피상적으로 해석한 결과이다(Brockey, Ibid, p.47).

246 명에서 1640년에 40여 명의 유학자, 불교 승려의 저술을 편집한 《破邪集》에서부터 조선에서 19세기 초에 편집되고 20세기 초에 증편된 《闢衛編》까지 다양한 서적을 들 수 있다.

247 교황청은 1645년에 敬孔 祖祭를 불허하는 훈령, 1656년에 허용하는 훈령, 1707년과 1715년에 다시 불허하는 훈령을 선포하였다. 최종 훈령은 1742년에 내렸는데 불허하는 내용이었다.

248 Brockey, 2007, Ibid, pp.85~86.

249 Brockey, 2007, Ibid, p.87.

250 일본의 예수회는 'Deus'를 '大日'이라는 불교 용어로 표시했지만 얼마 뒤에 오해를 피하기 위해 데우스를 발음대로 옮긴 'でうす'로 표기하였다. 그러나 'でうすだいうそ(大嘘, 큰 거짓)이다'라는 비방이 있게 되었다고 한다(히라카와 스케히로, 노영희 역, 2002, 《마테오 리치 : 동서문명교류의 인문학 서사시》, 동아시아, 114쪽).

251 天主는 1583년에 루지에리와 리치가, 陳氏라는 청년 신자가 자신의 방을 제단으로 만들면서 판자에 천주라고 썼던 데 착안하여 사용하기 시작하였다. 1584년에 루지에리는 《祖傳天主十誡》와 《天主實錄》을 발간하였고 이후 《천주실의》를 통해 널리 알려졌다(김선희, 2008, 〈중세 기독교적 세계관의 유교적 변용에 관한 연구〉, 이화여대박사논문, 64~66쪽).

252 이 책에서는 리치의 저작으로 송영배 등의 역주본 《천주실의》(1999, 서울대출판부)와 송영배의 역주본 《교우론, 스물다섯 마디 잠언, 기인십편》(2000, 서울대출

판부)를 사용하였다. 이하 《천주실의》와 《교우론, 스물다섯 마디 잠언, 기인십편》은 《천주실의》, 《교우론 외 2편》으로 표기하고 대강을 소개한 경우에는 주석을 달지 않았다.

253 《교우론 외 2편》, 474~475쪽.

254 김선희, 2008, 앞 논문, 54~61쪽.

255 《천주실의》, 82쪽.

256 성리학에서 理는 사물에 내재한 條理, 존재의 근원이자 목적 등 다양한 속성을 가진 것으로 설명되었다. 송영배는 천리를 존재의 근원이자 목적으로 파악하는 주재성을 강조하는 설명에서의 理는 개개 사물들의 존재 근거인 일종의 '관념적 실재'로서 아리스토텔레스가 말한 형상인, 목적인, 운동인과 유사하다고 보았다(《교우론 외 2편》, 517~519쪽). 김선희는 리치가 신유학의 태극 개념에서 《신학대전》에서 사변화된 신을 찾을 수 없었던 데 의문을 제기하였다. 그러면서 리치 역시 자신이 소개하는 신이 철학적 신 쪽에 가까우면 가까울수록 태극과의 차별성을 끌어내기 어렵다는 것을 알았던 것을 그의 편지를 통해 소개하였다(김선희, 2008, 앞 논문, 141~145쪽). 김선희에 의하면, 리치 이후의 세대는 태극이 질료라고 못박아 대화의 여지를 남기지 않는 경향과, 천리를 신의 능력으로 절충하는 경향으로 나아갔다고 한다. 특히 알레니는 《聖學觕述》에서 고대 유가의 소환을 통해 신유학을 배제한 리치 식의 접근보다는 신유학과의 직접적 충돌을 피하고 기독교의 핵심 교리를 성리학의 용어를 통해 표현하는 새로운 절충으로 나아갔다고 소개하였다(김선희, 2008, 앞 논문, 216~225쪽). 여하튼 리치가 인격성에 착목하여 기독교의 신을 동양의 상제와 접목하려 한 것 만큼이나 기독교의 신은 태극, 천리 등과 만날 여지도 있었다. 후자에도 내재와 초월 등 닮은 꼴이 많기 때문이다. 다만 인격성과 외재성의 문제는 여전히 조화하기 어려운 문제라고 본다.

257 김선희, 2008, 앞 논문, 182~183쪽, 189~191쪽.

258 《禮記》에서 '사람이 죽으면 魂은 하늘로 올라가고 魄은 땅으로 돌아간다'고

한 이래 魂魄은 인간의 육체와 정신을 구성하는 기운으로 이해되어 개념적으로는 陰陽의 二氣, 鬼神 등과 연결되었다. 形神은 좀 더 직접적으로 인간의 육체와 정신을 지칭하는 표현이었다. 예컨대 司馬遷은 "사람을 살아 있게 한 것은 神(정신)이요, (정신이) 기탁한 것이 形(육체)이다. 신을 지나치게 사용하면 쇠갈하고 형을 지나치게 부리면 병이 나며 신과 형이 분리되면 죽는다. ……신은 생의 근본이요, 형은 생의 도구이다"(《史記》 권130, 〈太史公自序〉)라고 하였다. 그 점에서 形神은 기독교의 아니마를 대체할 만한 후보였고 실제 리치는 육체와 정신을 形神으로도 사용하였다.

259 《靈言蠡勺》의 내용과 소개는 김철범, 신창석 역 《영언여작》(2007, 일조각)과 책의 부록 참조.

260 김선희, 2008, 앞 논문, 216~225쪽.

261 愼後聃, 《西學辨》, 〈靈言蠡勺〉.

262 《정조실록》 12년 8월 3일; 15년 11월 13일.

263 《천주실의》 3편; 5편.

264 《천주실의》 6편, 274~277쪽.

265 위 책, 287~291쪽; 295~299쪽.

266 위 책, 299~310쪽.

267 《교우론 외 2편》, 275~285쪽.

268 安鼎福, 《順菴集》 권17, 〈天學問答〉.

269 한영우, 2007, 《실학의 선구자 이수광》, 260~268쪽.

270 柳夢寅, 《於于野談》, 〈伎利檀〉.

271 崔錫鼎, 《明谷集》 권8, 〈西洋乾象坤輿圖二屛總序〉.

272 《정조실록》 21년 6월 21일.

273 李瀷, 《星湖僿說》 天地門, 〈曆象〉.

274 이용휴, 이언진의 사상과 문학적 성취에 대해서는 강명관의 《공안파와 조선 후기 한문학》(2007, 소명출판) 참조.

275 이언진의 사상과 문학적 성취에 대해서는 박희병의 《저항과 아만》(2009, 돌베개), 《나는 골목길 부처다》(2010, 돌베개) 참조.

276 이용휴와 이언진이 양명학 중에서도 李卓吾를 중심으로 한 양명 좌파와 공안파의 성과를 흡수하고 불교와 도교에 대해 회통하는 성향을 보였고 서학에 관심을 기울였음은 이미 지적되었다(강명관, 박희병의 윗책 참조). 그러나 아직 서학에 대해서는 단편적 언급에 그쳤을 따름이다. 그런데 이언진이 良知를 강조하면서 조물이 만든 평등한 세상과 인간중심적 사고를 전개한 것을 보면(박희병, 《저항과 아만》, 200~203쪽) 마테오 리치가 양지에서 천주의 존재, 만물창조, 인간중심의 논리를 전개했던 것과 유사하다. 이 점은 앞으로 좀 더 천착할 사항이다.

277 이벽의 《중용》에 대한 생각은 정약용의 《與猶堂全書》의 〈中庸自箴〉(2집, 권3)과 〈中庸講義補〉(2집, 권4)에 부분적으로 전한다.

278 黃胤錫, 《頤齋亂藁》 권50, 庚寅年 3월 5일.

279 박제가는 이용휴에 대해서는 '초묘하고 청신하며 속태가 없는 연꽃 같다'고 하였다(朴齊家, 《貞蕤閣集》 권1, 〈戱倣王漁洋歲暮懷人六十首〉). 이가환으로 추정되는 인물은 38수에 노래한 '李注書'이다. 《정유각집》의 편차에 따르면 박제가의 이 시는 1778년(정조 2) 이전에 지은 것으로 추정된다. 이가환은 1777년(정조 원년) 잠시 事變假注書로 근무하였다(《承政院日記》 정조 원년 5월 9일). 시 내용과 이가환이 당시 얻었던 명성은 더욱 부합한다. 박제가는 이주서에 대해 '新書를 참고하여 기하를 부연하고 원고지로 옮길 때 먹글씨가 많아라. 규장의 책문에 임금 비답 빛나니 홍사박학에 부족함이 없구나'라고 하였다. 이가환이 서학에 해박하고 특히 수학에 뛰어나 당시 명성을 떨치고 있었음은 잘 알려진 일이다.

280 《貞蕤閣集》 권2, 〈四悼詩−四首〉.

281 이언진, 박지원, 이덕무의 교류에 대해서는 박희병의 《나는 골목길 부처다》(2010, 돌베개) 참조.

282 강이천, 김건순의 행적에 대해서는 백승종의 《정조와 불량선비 강이천》(2011, 푸른역사) 참조.
283 《천주실의》8편, 411~412쪽.
284 프라센지트 두아라, 문명기·손승희 옮김, 2004, 《민족으로부터 역사를 구출하기》, 삼인, 95~96쪽.
285 두아라, 윗책, 96~101쪽; 이성규, 1992, 〈中華思想과 民族主義〉, 《철학》 32.
286 《禮記》, 〈王制〉.
287 《論語》, 〈憲問〉.
288 《論語》, 〈子罕〉.
289 《論語集註》, 〈子罕〉, 21장.
290 《論語集註》, 〈子罕〉에는 위 인용문에 대한 다양한 주석이 있다.
291 《孟子》, 〈滕文公〉.
292 《孟子》, 〈離婁〉.
293 《孟子》, 〈滕文公〉.
294 漢代의 세계질서는 김한규의 〈漢代의 中國的 世界秩序에 대한 硏究〉(1980, 서강대 박사논문) 참조.
295 노태돈, 1988, 〈5세기 金石文에 보이는 高句麗人의 天下觀〉, 《한국사론》 19, 42~50쪽.
296 《三國志》, 蜀志, 〈諸葛亮傳〉 裵松之 注.
297 宋代의 華夷觀에 대해서는 박지훈의 〈宋代 華夷論 硏究〉(1990, 이화여대 박사논문) 참조.
298 《朱子大全》 권42, 〈答胡廣中〉(3書); 권42, 〈答胡廣中〉(5書).
299 《朱子大全》, 권30, 〈答張敬夫〉(9書); 권36, 〈答陳同甫〉(6書); 권36, 〈答陳同甫〉(8書).
300 《朱子大全》, 권42, 〈答胡廣中〉(3書).
301 《朱子語類》 권4, 〈人物之性氣質之性〉.

302 두아라, 앞 책, 97~99쪽.

303 이경구, 2007,《조선후기 安東 金門 연구》, 일지사, 251~252쪽.

304 張維,《谿谷集》권4,〈送高書狀善行赴京師序〉.

305 《谿谷集》권5,〈送陳奏上使月沙李先生赴皇都序〉.

306 송시열의 활동은 이 책 1장을 참조.

307 金履安,《三山齋集》권10,〈華夷辨上〉.

308 《三山齋集》, 권10〈華夷辨下〉.

309 이경구, 앞 책, 263~265쪽.

310 홍대용의 사상에 대해서는 박희병의《한국의 생태 사상》(1999, 돌베개) 참조.

311 洪大容,《湛軒書》권3,〈毉山問答〉.

312 박희병, 앞 책, 289쪽.

313 박희병, 앞 책, 262쪽.

314 박희병, 앞 책, 262쪽.

315 박희병은 홍대용의 결론이 '화이의 구분 자체에 대한 부정'이었다고 파악하였다(박희병, 앞 책, 289쪽). 큰 맥락에서는 그 견해에 동의하지만, 구분 자체를 부정한다는 것은 구분이 없어지거나 혼용되는 의미로도 이해될 수 있으므로 좀 더 섬세한 서술이 필요하다고 본다. 홍대용은 형세에 따른 차이는 인정하였기 때문에 구분 자체를 부정한 것이 아니라 그 구분이 가치 판단에 장애가 되지 않는, 따라서 구분은 존재하지만 현실에서 무의미한 상태를 지향했다고 볼 수 있다.

316 《湛軒書》권3,〈又答直齋書〉.

317 강희제나 건륭제 연간의 문자의 옥이 그것이다. 건륭제는 선제인 옹정제가 출판한《대의각미록》을 금서화하고 유지로 살려주었던 曾靜 등을 처형하였다. 또 건륭제는《滿洲源流考》라는 만주족의 전승 서사를 통해 불변하는 만주족의 아이덴티티를 정의하여 하였다(두아라, 앞 책, 111쪽). 화이론 언급 자체를 부정하는 기조는 19세기까지 그대로 이어졌다.

318 《大義覺迷錄》 권1, 1장.

319 《大義覺迷錄》 권1, 11장.

320 《大義覺迷錄》 권1, 40~43장.

321 와타나베 히로시, 박홍규 옮김, 2007, 《주자학과 근세일본사회》, 예문서원, 70~71쪽.

322 와타나베 히로시, 윗책, 72~74쪽.

323 박홍규, 2001, 〈17세기 德川日本에 있어서의 華夷문제〉, 《한국정치학회보》 35, 291쪽.

324 이 단락은 박희병의 〈淺見絅齋와 洪大容〉(2002, 《대동문화연구》 40)을 요약한 것이다.

325 《의산문답》은 당대에 공개되지 않은 채 제한된 지식인만 열람하였으므로 구체적인 영향을 확인하기 어렵다. 널리 알려진 것은 1939년 정인보 등이 《담헌서》를 鉛活字로 간행하면서였다. 그러나 주로 한국의 지식인들은 주체성 정립의 민족주의적 사고 혹은 천문학 등 근대 과학의 성과를 확인하는 수준에서 독해하였다(박희병, 앞 논문, 410쪽).

326 김용구, 2001, 《세계관 충돌과 한말 외교사 1866~1882》, 제1장 참조.

327 鄭觀應, 《易言》, 〈論公法〉.

328 19세기 중후반 위정척사파의 거두였던 李恒老는 청의 군주를 蠻夷의 천자로 인식하였고, 다만 청나라의 중국 지배는 현실적으로 인정하는 형편이었다(김도형, 1994, 《大韓帝國期의 政治思想硏究》, 지식산업사, 228쪽).

329 金允植, 《續陰晴史》 권5, 宜田記述評語三十四則, 〈開化說〉.

330 崔益鉉, 《勉菴先生文集》 권4, 〈辭議政府贊政疏〉; 柳驎錫, 〈宇宙問答〉.

331 문명·야만관의 전환에 대해서는 길진숙의 〈《독립신문》·《매일신문》에 수용된 '문명/야만 담론의 의미 층위〉(이화여대 한국문화연구원 편, 《근대계몽기 지식개념의 수용과 그 변용》, 2004, 소명출판) 참조.

332 중국어 야만을 조선에선 '오랑캐'로 번역하였고(《易言》, 〈論公法〉), 야만 자체를

이적과 동일하게 사용하였다(《新韓國報》, 1910년 7월 12일, 〈棄我短取彼長〉).

333 《周易》, 〈乾〉; 《書經》, 〈舜典〉; 杜光庭, 《賀黃云表》; 焦贛, 《易林》〈節之頤〉.

334 18세기 이전까지는 주로 바른 정치와 世道, 道統 등이 실현된 사회로 쓰였다(《默齋集》, 〈序-蘇世讓〉; 《聾巖集》 年譜 권2, 〈附錄-祭文〉; 《旅軒集》 권7, 〈道統說〉). 18세기에 들어서 朴齊家는 조선이 바로 문명한 사회라고 보기도 하였고(《貞㽔閣三集》, 〈城市全圖應令〉), 洪良浩는 문명의 기운이 바로 중화 세계라 하며 문명을 곧 중화로 인식하였다(《耳溪集》 권7, 燕雲續詠, 〈途中望見撫寧昌黎諸山文明之氣眞是中華世界 詩以賦之〉).

335 《漢城旬報》 제6호, 〈通籌天下大局策引〉; 제8호, 〈華人可爲工局董事論〉; 제10호, 〈日本更新〉; 제14호, 〈歐洲各國兵備一覽表〉; 제16호, 〈星學源流〉; 제18호, 〈天時兩異常正常對考略〉; 제19호, 〈議立中外求生船總會章程〉; 제19호, 〈廈門設立博聞書院〉; 제19호, 〈論牛痘來歷〉; 제20호, 〈書本報中西傳言後〉; 제20호, 〈美國金山〉; 제29호, 〈論賠償兵費爲歐洲敵國相維之法〉; 제32호, 〈西友述福州戰事〉.

336 《고종실록》 19년 8월 5일.

337 《漢城旬報》 제1호, 〈地球論〉.

338 《漢城旬報》 제3호, 〈會社說〉; 제10호, 〈在上不可達民情論〉; 제15호, 〈學校〉·〈泰西郵制〉.

339 중국원류설에 대해서는 노대환의 《동도서기론 형성과정 연구》(2005, 일지사) 참조.

340 《고종실록》 29년 11월 27일.

341 《漢城旬報》 제11호, 〈中西關係論〉.

342 《漢城旬報》 제14호, 〈亞細亞洲總論〉.

343 최한기에 대한 연구 성과와 기학 체계, 세계 구상에 대해서는 이행훈의 〈崔漢綺의 運化論的 世界觀과 近代性에 관한 硏究〉(2004, 성균관대 박사논문) 참조.

344 최한기의 문명관에 대해서는 이행훈의 앞 논문 168~180쪽 및 박희병의 《운화

와 근대》(2003, 돌베개) 참조.

345 박희병, 앞 책, 60~70쪽; 125~125쪽.

346 단적인 사례는 서양 의학의 수용에서 잘 드러난다. 개항 이전 서양 의학 이해의 최고봉이었던 최한기는 영국인 홉스의 漢譯書《全體新論》의 인체 해부도를 저서에서 생략했다. 우주적 기학 체계를 구상한 그에게 서양 의학의 각론은 부차적 관심이었기 때문이다. 그것은 해부도가 동시대 일본과 중국에 미친 영향과는 큰 대조를 이룬다(신동원, 2004,《호열자 조선을 습격하다》, 역사비평사, 298~301쪽).

347 《康南海文鈔》,〈君與國不相關不足爲輕重存亡論〉.

348 《康南海文鈔》,〈民族難定漢族中亦多異族而滿洲亦祖黃帝考〉.

349 캉유웨이의 대동 구상과 현실 인식의 분열성에 대해서는 이혜경의〈康有爲 새로운 普遍原理로서의 大同世〉(1996,《애산학보》18) 참조.

350 캉유웨이, 이성애 옮김, 2006,《大同書》, 을유문화사, 26~27쪽; 649~651쪽; 97~99쪽; 201쪽; 328쪽; 35쪽.

351 나카에 조민의 생애와 사상에 대해서는 이혜경의〈나카에 조민의 이상사회〉(2003,《철학사상》17) 참조.

352 나카에 조민, 수유+너머 일본근대사상팀 옮김, 2005,《삼취인경륜문답》, 소명출판, 66~69쪽; 38~41쪽; 81~83쪽.

353 木下眞弘(1824~1897)은 太政官 관리로《新舊比較表》를 저술하였다. 그가 이 논설은 썼는지는 확인되지 않았다. 다만 이 논설은 대강의 내용이 萬國公議政府와 宇內無上憲法을 구상한 우에키 에모리의 주장과 흡사하다는 지적이 있다(장인성, 2008,《근대한국의 국제관념에 나타난 도덕과 권력》, 서울대출판부, 69쪽).

354 《漢城旬報》제6호,〈銷兵議〉.

355 《漢城旬報》제26호,〈隣交論〉.

356 예컨대 나카에 조민은《三醉人經綸問答》에서 자신의 이상을 주로 양학 신사의 입을 빌어 전개하였다. 그의 또다른 분신인 남해선생과 호걸군은 중도적

입장과 부국강병의 논리를 피력하였다.

357 비판은 크게 보아 세 갈래로 나눌 수 있다. '자본주의 맹아론'의 부조성·자의성을 지적하는 비판, 민족주의와 근대에서 기반한 전체주의적·일원주의적 경향이 짙다는 탈민족주의적 시각과 미국 학계의 비판, 서양 근대의 과도한 적용이라는 전근대 연구자들의 비판이다(박찬승, 2007, 〈한국학 연구 패러다임을 둘러싼 논의〉, 《한국학논집》 35).

358 박찬승, 윗논문; 이헌창, 2007, 〈한국사 파악에서 내재적 발전론의 문제점〉, 《한국사시민강좌》 40; 김정인, 2010, 〈내재적 발전론과 민족주의〉, 《역사와 현실》 77; 이영호, 2011, 〈'내재적 발전론' 역사인식의 궤적과 전망〉, 《한국사연구》 152.

359 이 단락은 이 책의 서장 참조.

360 나인호, 2011, 《개념사란 무엇인가》, 역사비평사, 40쪽.

361 일례로 한국실학학회 2004동계학술대회(주제 '18세기 전후의 廣州와 京畿 實學')의 기조발표를 들 수 있다. 발표는 대회의 주제 인물인 순암 안정복에 대해 '순암은 도학과 실학 논리가 내재적인 연계 없이 무매개적으로 도학 논의의 우세 속에 병존한다. …… 조선 후기에는 순암 유형의 사상가가, 현재 실학 사상가로 판명된 사람보다 월등히 많을 수도 있다. 이런 사상가를 어느 한쪽으로 몰아서 규정하려고 하면 사상의 다른 한 쪽을 희생시키거나 그 사상 전체의 모습이 일그러지고 만다. 이런 일이 반복되면 마침내는 사상사가 왜곡된다. 더욱 우려스러운 것은 실학의 정체성이 무너진다는 점이다. 그야말로 실사구시적으로 접근하여 있는 그대로 규정해서 도학과 실학 외의 제 3의 갈래를 인정할 필요가 있다'고 하였다. 발표에서 실학의 정체성이 무너지는 것에 대한 우려와 실사구시적 접근이 공존하고 있다. 그리고 전자는 실사구시적 접근의 한계를 미리 규정하는 요소로 작용한다. 따라서 실학 개념에 대한 문제 제기는 개념을 건드리지 않은 채 제3의 길을 가정하게 하였다. 공고하게 인정되어 접근을 불허하는 '실학' 담론의 지위를 볼 수 있는 것이다.

362 이태훈, 2004, 〈실학담론에 대한 지식사회학적 고찰〉, 전남대 박사논문.

363 이봉규, 2006, 〈총설; 21세기 실학연구의 문법〉,《한국실학사상연구》1, 29~31쪽.

364 지두환은《조선왕조실록》의 기록을 검토하고 강경 위주의 공부를 실학이라 지적하며 실학이 모호한 개념이 아니라 구체적인 표현임을 지적하였다(지두환, 1987, 〈조선후기 실학연구의 문제점과 방향〉,《태동고전연구》3). 다만 그는 실록에 등장하는 모든 실학 용례를 검토하지는 않았다.

365 이하《실록》의 구체적 전거는 특별한 경우 외에는 이 책의 부록2 참조.

366 "과거에서 詞章을 답습하는 폐단을 없애고 窮經實學之士를 뽑으려 疑義를 파하고 講論을 두었으나 경학에 뛰어난 선비는 나오지 않고 문장력도 떨어졌다. 강론을 파하고 의의를 위주로 하되 경의를 보충하여 시행할 것이다"(《태종실록》7년 3월 24일).

367 《중종실록》31년 2월 6일.

368 《중종실록》34년 8월 4일.

369 "擧子 가운데 實學으로 이름난 사람[나라 사람들이 講經으로 業을 삼는 사람들에 대해 '실학한다' 고들 한다]이 있으면 製述이 형편없어도 방문해 가며 뽑아야 하니 참으로 한심할 따름입니다"(《현종개수실록》원년 1월 25일).

370 《영조실록》10년 1월 18일.

371 이용후생의 사례에 대해서는 이 책 4장 참조.

372 《고종실록》11년 6월 13일;《고종실록》21년 7월 22일.

373 《한성순보》1884년 3월 24일.

374 《고종실록》36년 4월 27일;《고종실록》36년 6월 24일.

375 《매일신문》광무 2년 12월 7일.

376 《순종실록-부록》14년(1921) 3월 31일.

377 김길환, 1972, 〈栗谷性理學에 있어서 實學槪念과 體系〉,《아세아연구》15, 99쪽.

378 나종현, 2010, 〈17세기 磻溪 柳馨遠의 實理 개념과 古禮 추구〉, 서울대 석사논문, 13쪽.

379 황의동, 1994, 〈栗谷 經世思想의 哲學的 背景〉, 《충남대학교논문집》 21, 238~243쪽.

380 《정조실록》 16년 10월 24일.

381 正祖, 《弘齋全書》 日得錄 〈文學〉.

382 黃胤錫, 《頤齋續稿》 권6, 〈溪上錄〉.

383 洪大容, 《湛軒書》 내집 권3, 〈贈洪伯能說〉.

384 홍대용, 소재영 등 주해, 《주해 을병연행록》, 태학사, 374~375쪽; 《을병연행록》의 이 단락은 《湛軒書》의 기록과 정반대이다. 《湛軒書》(외집 권7) 〈吳鏞問答〉에는 "학문을 3등분하는 것은 세속 선비의 고루한 소견이다. 의리를 버리면 경제는 공리에 흐르고, 문장은 浮藻에 빠지니 학문이 될 수 없다. 또 경제가 아니면 의리를 펼 데가 없고, 사장이 아니면 의리를 나타낼 수 없다. 그러므로 3가지 중 하나라도 버리면 학문이라 할 수 없다. 그렇다면 의리가 근본이 아니겠는가?"라고 하여 의리에 기반한 경제, 문장의 학문을 모두 긍정하였다. 《을병연행록》의 기록이 생생한 상황을 전달하고 또 〈贈洪伯能說〉과도 내용상 일치하므로 《을병연행록》을 따랐다. 그러나 《을병연행록》과 〈湛軒燕記〉를 정밀히 대조할 필요는 있다.

385 崔南善, 〈朝鮮歷史通俗講話開題〉.

386 鄭寅普, 《陽明學演論》; 《朝鮮古文解題》.

387 이태훈, 앞 논문, 49~51쪽.

388 이태훈, 앞 논문, 20~23쪽.

389 새로운 근대성 이론에 대해서는 김상준의 〈중층근대성 ― 대안적 근대성 이론의 개요〉(2007, 《한국사회학》 41) 참조.

390 특별한 표기 없이 사용한 문명은 중화를 포함한 문명 일반을 가리킨다. '문명' 혹은 서양 문명은 자본주의와 더불어 발흥한 서양 근대 문명을 가리킨다.

391 이 책 4, 5장 참조.
392 강정인, 2004,《서구중심주의를 넘어서》, 아카넷; 강정인은 제1부 4장 〈서구중심주의와 중화주의〉에서 중화주의와 서양중심주의의 '기원과 적용범위', '인종주의', '종교(이념체계)와의 관계', '전개과정', '국제질서관', '고상한 야만'의 다양한 측면에 대해 동일점과 차이점을 고찰했다. 그 고찰은 이 책에도 도움이 되었다.
393 우월한 타자의 설정은 이른바 '고상한 야만'의 설정과도 통한다(강정인, 앞 책, 141~142쪽).
394 이 책 5장 참조.
395 《동환봉사》는 조헌이 質正官으로 중국에 다녀온 후 올린 〈質正官回還後先上八條疏〉와 〈擬上十六條疏〉를 安邦俊이 편집한 책이다.
396 朴齊家,《北學議》,〈序〉.
397 조선중화주의의 의미와 역사적 전개에 대해서는 정옥자의《조선후기 조선중화사상연구》(1998, 일지사) 참조.
398 《宋子大全》에서 '끝내 이적과 금수가 되고 말았다卒爲夷狄禽獸之歸'는 구절은《麗史提綱》에는 '끝내 윤리강상이 어그러지게 되었다卒爲倫綱弗正之歸'로 되어 있다.《예사제강》의 표현이 일반적인 데 비해,《송자대전》에서 이적과 금수를 사용하여 보편 윤리를 갖추지 못한 존재임을 직설적으로 표현한 점이 주목된다.
399 《宋子大全》권137, 〈麗史提綱序〉.
400 陰이 성한 위기의 시대에 陽은 비록 미약하지만 미래에 치성하리라는 기대는《周易》剝卦의 '碩果不食'(큰 과일은 먹지 않음)으로도 표현되었다. 송시열도 세도 표현의 방법으로 사용했으며(《宋子大全》권39, 〈與權思誠〉) 19세기 후반 서양의 압박으로 인한 위기 상황에서 유교의 명맥을 지켜 다시 일으킨다는 의미로 유학자들이 종종 사용했다.(金平默,《重菴集》권45, 〈祭柳羲元文〉; 田愚,《艮齋集後編》권7, 〈答金東㬎〉; 柳麟錫,《毅菴集》권17, 〈與李敬器〉; 奇宇萬,《松沙集》

권19, 〈司僕內乘贈兵曹參議李公旌閭記〉)

[401] 18세기 전후 청, 조선, 몽골, 일본, 유구, 베트남, 미얀마의 중화·자국 의식에 대해서는 인하대학교 한국학연구소의 《중국 없는 중화》(2009, 인하대출판부) 참조.

[402] 韓元震, 《南塘集》 권38, 〈雜識-外篇下〉.

[403] 吳光運, 《藥山漫稿》 권15, 〈昭代風謠序〉.

[404] 漢山居士, 《漢陽歌》.

[405] 이 책 5장 참조.

[406] 《고종실록》 3년 8월 3일.

[407] 서양 문명을 중화의 대칭 문명으로 생각했다면 civilization의 번역어는 '서화 西華'로, 내용상으로는 '서구중심주의'가 되어야 할지도 모르겠다. 서구중심주의에 대해서는 강정인의 앞 책 참조.

[408] 이 책 5장 참조.

[409] 윤치호에게 중국은 썩은 물이 괸 웅덩이, 낡아빠진 집, 늙은 바보영감으로 완전히 평가절하되었다(허동현, 2006, 〈개화기 윤치호의 해외체험과 문화수용〉, 《한국문화연구》 11, 133~134쪽).

[410] 김도형, 2003, 〈대한제국 초기 문명개화론의 발전〉, 《한국사연구》 12, 175쪽.

[411] 김도형, 위 논문, 177~178쪽.

[412] 1880년대 《漢城旬報》는 서양의 과학을 동서양에 통용하는 公學으로 인정하지만 기독교 스타일의 종교를 배척했다. 한편 고종과 유림 일반은 국교로서의 유교를 강조했다(장석만, 1992, 〈개항기 한국사회의 '종교' 개념 형성에 관한 연구〉, 서울대 박사논문, 41~47쪽, 54~58쪽).

[413] 이 책 4장 참조.

[414] W. F. 샌즈, 신복룡 역, 1999, 《조선비망록》, 집문당, 100~101쪽.

[415] 이진구, 1995, 〈근대 한국 개신교의 타종교 이해〉, 《한국기독교와 역사》 4, 137쪽.

416 김도형, 〈大韓帝國 초기 文明開化論의 발전〉, 《한국사연구》 121, 184~187쪽.

417 이향순, 2003, 〈미국 선교사들의 오리엔탈리즘과 제국주의적 확장〉, 《선교와 신학》 12, 240~241쪽 재인용.

418 두 그룹의 조우를 상징적으로 보여주는 일이 1919년 4월 14일에 미국 필라델피아에서 개최한 '제1차 한인회의'[The First Korean Congress, '대한인총대표회의']다. 서재필은 개회연설에서 미국의 복음 전도는 병원·학교의 건설, 과학·예술·음악의 가르침, 자주독립과 민주주의 정신을 함께 수반했다고 말했다. 톰킨스 목사는 선교사의 호소에 한국처럼 신속하고 강하게 응답해왔던 나라는 없다고 했다(안종철, 2009, 〈문명개화에서 반공으로〉, 《동방학지》 145, 197쪽).

419 김도형, 앞 논문, 183~184쪽.

420 이승만, 《독립정신》(1999, 한국독립운동사연구소 편), 290~291쪽.

421 안종철, 앞 논문, 192쪽, 195쪽, 201~202쪽.

422 이승만, 앞 책, 292~294쪽.

423 이진구, 앞 논문, 139~142쪽.

424 이진구, 앞 논문, 158쪽; 오리엔탈리즘은 서양이 동양을 타자, 주변화시키는 인식 체계다. 타자화의 인식 체계라는 점에 주목한다면 동양의 오랜 중심-주변화 논리, 이른바 화이관 속에도 오리엔탈리즘적 사고는 존재해 있다.

425 서학의 수용론과 동도서기론의 형성에 대해서는 노대환의 《동도서기론 형성 과정 연구》(2005, 일지사) 참조.

426 안드레 슈미드, 2004, 〈오리엔탈 식민주의의 도전: 앵글로-아메리칸Anglo-American 비판의 한계〉, 《역사문제연구》 12, 169~172쪽.

427 안드레 슈미드, 앞 논문, 174쪽.

428 H. B. Hulbert, *The Passing of Korea*, 33(안드레 슈미드, 앞 논문, 175쪽 재인용).

429 안드레 슈미드, 앞 논문, 176쪽.

430 허명섭, 2009, 〈이승만의 초기 기독교 사회사상〉, 《한국교회사학회지》 24, 303~307쪽.

[431] 장규식, 2004, 〈개항기 개화지식인의 서구체험과 근대인식〉, 《한국근현대사연구》 28, 29~31쪽.

[432] 허동현, 앞 논문, 148쪽.

[433] 허동현, 앞 논문, 135쪽.

[434] 박훈, 〈幕末維新정치사와 '士大夫的 정치문화'의 도전: '근세' 동아시아 정치사의 모색〉, 2013년 1월 일본역사학연구회 국제심포지엄발표문.

[435] 1881년 領選使로 파견된 金允植이 리홍짱 등과 수차례 회담하며 미국과 수교를 비롯한 다양한 문제를 논의할 때, 조선이 가장 강경하게 요구한 것은 기독교 교당 설립을 불허하는 것이었는데 그 근거는 기독교를 허용할 경우 불러오는 민심의 이반이었다(金允植, 《天津談草》).

[436] 윤해동, 2010, 〈정치 주체 개념의 분리와 통합〉, 《개념과소통》 6; 송승철, 2009, 〈미래를 향한 소통 — 한국 개념사 방법론을 다시 생각한다〉, 《개념과소통》 4.

[437] 송승철, 위 논문.

[438] '가중심의 이중성'에 대해서는 이 책 7장의 결론 참조.

찾아보기

【ㄱ】

가假중심 219, 222, 225, 234
강이천 137
강희제 88, 98, 128
개념 34, 40, 111, 177, 226, 227, 228, 229, 233
개념사 12~6, 19, 20, 29, 173, 174, 176, 177, 197, 229, 231, 233, 234
개신교 215, 219
개화 186
건륭제 91
경도經度 59
경세학經世學 56
경전 227
경학 182, 183, 184
계몽 사상 21, 22
계몽주의 232
고구려 147
고속古俗 64, 79, 103
고전 227
고제古制 105
고종 123, 124, 185
공관병수公觀併受 97
공도립 133
공안파公安派 77

공자 45, 46, 58, 100, 145, 146, 205, 232
과거의 현재 19
교敎 27, 112, 214, 224
교황청 128
권도權度 59, 60
권선징악 133
그리스 227
근대 13~6, 18, 20, 29, 175, 228, 229
근대화론자 232
금 103
기독교 27, 28, 212, 214~224
기준[時宜] 101
김건순 138
김상헌 41, 42, 104
김원행 69, 71, 188, 192
김응하 91, 92
김이안 152~4
김정중 95
김종후 101
김창업 87, 88, 90, 92~4
김창협 72, 77, 78
김창흡 72, 77
김하재 74, 75

【ㄴ】

나카에 조민 166, 168, 169
낙론 47, 48, 49, 50, 51, 69, 71, 72
내재적 발전론 173, 174, 175, 176, 178, 194, 196, 197
노론 44, 69, 70, 208

【ㄷ】

대동大同 99
《대동서》 165
대명의리 89
《대의각미록》 157
《대학》 35
데우스Deus 128, 130
《독립신문》 160, 211
독일 12, 13
동도서기 160, 201
동아시아 13~5, 18, 24, 171
동양 15, 163, 201, 202
《동이고》 47
〈동환봉사東還封事〉 64, 204
두발 90, 92

【ㄹ】

로드리게스 J.Rodrigues 127
롱고바르도 N.Longobardo 127
루이지에 M.Ruggieri 127

【ㅁ】

마테오 리치 21, 26, 37, 38, 126, 127, 129, 131, 132, 133, 134
마펫 215
맹자 21, 22, 146, 227
명 83, 84, 90, 98, 149, 151, 204
명종 119
모더니즘 17
모던 17, 18
몽고 88, 89, 96
무부무군無父無君 139
문명 106, 111, 143, 144, 145, 159, 160, 161, 162, 163, 170, 201, 202, 209, 210~12, 217, 222
문명개화 201
문일평 194
문체반정 122, 188
문학 77
문화 93, 154
〈물종류도物宗類圖〉 37, 38
미국 214
미발未發 50, 51
민권民權 22
민주民主 24
민주주의 227

【ㅂ】

박규수 87, 186, 105, 106, 107, 137,

209
박제가 77, 79, 80, 81, 84, 87, 94~7, 102, 103, 105, 114, 186, 193, 209
발데르 226
발전 175
벽파 76
변발 89
병자호란 41
《북학의》 107
북학파 85, 90, 92, 113, 137
불교 61, 132, 187
붕당 41, 77

【ㅅ】
사대부 35, 66, 67
사무라이 223
사문시비斯文是非 47, 70
사유 구조 226
사장 182, 183, 184
삼무분설三無分說 49
삼비아시Sambiasi 131
《삼취인경륜문답》 167
상제上帝 128, 130
《서경西經》 113, 115, 116, 118, 120
서교西敎 112, 136, 137, 138, 219
서양 14, 18, 162, 163, 201, 202, 234
서양 근대 20
서양 문명 170

서양인 121
서울 67, 69
서학西學 21, 112, 125, 135, 136, 137, 219
서호수 88, 89, 91
선교사 214
선비 223
성리학 26, 33~5, 38~42, 52, 58, 184, 218, 219
성聖·속俗 61
성인聖人 98, 101, 146, 147, 156, 166
《성학십도》 38
세도가 191
세속 61
소중화 89, 151, 204
소통 86
〈소병의〉 168
속俗 60, 77, 81
속俗·아雅 62
송頌 62
송시열 42, 44, 45, 72, 77, 205, 206, 207
수레 121
수차 121
숙종 119
순조 122, 123
순종 124, 125
시 81

시간 57, 58, 93
《시경》 62, 63, 79, 80, 103
시세 99
시속時俗 64, 79
시時 57, 74, 75, 76
시양時樣 66
시의時義 101
시의時宜 58, 60, 69, 72, 73, 73, 75
시의時議 74
시중時中 58
시체時體 16, 17, 18, 19, 65, 66, 68
시파時派 73, 76
신기선 124
신념 40
신유박해 138
신후담 132
실공 188
실리 187
실사구시 120, 184
실사實士 192, 188
실심實心 194
실용 100
실용 189
실학 173, 174, 178~193, 195, 196, 197, 198
실효 188
16세기 41
17세기 33, 41, 56, 83

18세기 17, 18
심각 126

【ㅇ】
아니마 Anima 130, 131
아리스토텔레스 38, 39
아사미 케이사이 158, 159
아雅 62, 103
아雅·속俗 63, 64, 78
아雅·송頌 63
아亞중심 222, 230
안재홍 194
안정복 133
알레니 G.Aleni 131
야마자키 안사이 158, 159
야만 143, 144, 145, 160, 161, 163, 170, 202
양득중 120, 184
어문일치 106
《어유야담》 134
언어 229, 233, 39
〈여사제강서〉 205
역관 85
역성혁명易姓革命 22
《역외춘추》 99, 104
역외춘추론 154
연행기 95
《연행일기》 87

《열하일기》 84, 94, 104
《영언여작》 131
영조 16, 17, 55, 56, 65, 66, 66, 73, 74, 120
《영처고嬰處稿》 80, 81, 103
영혼 127, 130, 132
예수 39
예수회 125~7, 128, 231, 232
오광운 78, 208
오규 소라이 102
오랑캐 146, 149, 151
오리엔탈리즘 218
오삼계 90, 91
옹정제 157
우에키 에모리 166
원굉도 77
원중거 102
위백규 67, 68
위정척사 160, 201
유교 23, 25, 33, 41, 61, 216, 229, 231
유길준 160, 211
유럽 12~4, 126, 134, 232
유몽인 134
유속 68, 69
유속流俗 64, 65, 77
유행流行 16, 18, 19, 65, 66
유형원 188
윤기 68

윤치호 215, 221, 222
윤휴 43
의리 26, 42, 56, 71, 74, 98
의미장 182
의복 90
《의산문답醫山問答》 80, 99, 154, 155, 193
이가환 136, 137
이념 40, 42, 48, 56, 69, 98, 111
이단 98, 99
이덕무 66, 80
이데올로기 144, 224
이돈화 27
이벽 136, 137
이수광 134
이승만 28, 215, 216, 221, 222
이압 89
이언진 81, 136
이용 113~6
이용사利用司 123
이용후생 112, 114, 117, 119, 120, 121, 122~5, 185, 189
이용휴 81, 136, 137
이익 72, 73, 135~7, 191
이인상 55, 56
이적 143, 150, 152, 156, 202
이지조 126
이탁오 77

이토 진사이伊藤仁齊 102
이황 36, 38
인·물 논쟁 49
인물성人物性 50, 51
인민 23
인조 119
〈일동조아발日東措雅跋〉 102
일본 17, 107, 125, 157, 166, 220, 223
일용日用 52, 190
일용지학日用之學 56

【ㅈ】
자본주의 맹아론 174, 178, 196
장기 근대 230
장기지속 24, 25, 29
장유 150, 151
쟈크 제네르 39
전근대 13, 20, 29
전통 16
전통—근대 패러다임 16, 19, 20, 29
정관잉 159
정덕 113, 117, 120, 124
정덕이용후생 124
정두원 134
정범조 124
정약용 20, 21, 22, 23
정이程頤 59
정인보 194

정조 46, 73~6, 120, 121, 122, 185, 189~191
조민 167
조선 33, 146, 149~151, 153, 154, 204, 208, 230
《조선왕조실록》 180, 181
조선중화주의 205
조헌 64, 83, 204
존주 107
존주의리尊周義理 104
《주역周易》 115, 116
주자 44~9, 71
《주자대전》 122
《주자대전차의朱子大全箚疑》 43
〈주자어류朱子語類〉 34
《주자언론동이고朱子言論同異攷》 45, 46
《주자전서朱子全書》 46
주자주의朱子主義 33, 40, 43, 46~8, 71, 72, 111, 113, 137
주자학 111, 112, 222
주희 38, 42, 59, 146, 148, 149, 155, 203, 205, 217
중국 145, 147, 150, 161, 162, 211, 220
〈중국변〉 158
중국원류설 162
《중용》 137
중화中華 56, 93, 95, 143, 144, 146,

147, 150, 153, 154, 156, 161, 162, 170, 203, 204, 207, 208, 211, 212, 217, 219, 221, 223
《지봉유설》 134
〈증원현천귀전사贈元玄川歸田舍〉 102
진보 175, 202
진사眞士 192, 193

【ㅊ】

창춘원 92
〈척사윤음〉 210
천관우 194
천당지옥 132
천도교 27
천리天理 26, 130
천명 22, 23
천문학 121
천자 22
천주天主 26, 127, 128, 129, 130, 132, 138, 139
천주교 26, 121, 126, 138, 191, 214, 224, 231,
《천주실의》 37, 38, 129, 131, 132
천주학 126
철종 123
청 70, 83~6, 88, 90, 91, 93, 94, 96, 152, 154, 157, 230
최남선 193

최덕중 88
최석정 135
최제우 26
최한기 164
《춘추》 100, 148, 152
춘추대의 205
춘추의리 207, 209
친서파 136

【ㅋ】

캉유웨이 165, 168, 169
코젤렉 R.Koselleck 12, 17, 19, 177
코헨 19

【ㅌ】

〈탕론〉 20, 21, 22, 23, 24
〈태극도〉 36, 38, 39
트리고 N.Trigault 127

【ㅍ】

패관소품 190, 191
패러다임 13, 14, 20, 24, 29, 175
풍風 62, 63
풍속 62, 63, 69

【ㅎ】

하나님 27, 28
하느님 25~8

하늘 25~7, 156
하야시 라진 157
한국 13, 14, 20, 33, 220
한국인 28
한문 39, 113
《한성순보》 160, 168
〈한양가〉 208
한우근 194
한원진 44, 45, 47, 49, 71, 208
한유漢儒 59
한자전용론 106
한자漢子 24
향촌 67
허형 89
헌종 123
헐버트 H.B.Hulbert 27, 220
현재의 과거 19
호락논쟁 46~52, 71
호론 47, 48, 51, 71
호복 89
홍대용 50, 80, 91, 94, 96, 98, 99, 100, 101, 102, 104, 105, 135, 154, 155~8, 164, 169
홍승주 91
홍직필 72
화양서원묘정비 71
화이관 49, 100, 143, 144, 145, 148, 149, 157, 159, 160, 163, 170, 203

화이론 158
회회인 96
효종 135
후생 113, 114, 116
후쿠자와 유키치 160

조선 후기 사상사의 미래를 위하여
-개념과 사유 체계의 지속과 대립으로 본 18, 19세기 한국의 사상

- ⊙ 2013년 5월 29일 초판 1쇄 인쇄
- ⊙ 2013년 5월 31일 초판 1쇄 발행
- ⊙ 지은이   이경구
- ⊙ 발행인   박혜숙
- ⊙ 영업·제작   변재원
- ⊙ 종이   화인페이퍼
- ⊙ 펴낸곳   도서출판 푸른역사
  우) 110-040 서울시 종로구 통의동 82
  전화: 02) 720-8921(편집부) 02) 720-8920(영업부)
  팩스: 02) 720-9887
  전자우편: 2013history@naver.com
  등록: 1997년 2월 14일 제13-483호

ⓒ 푸른역사, 2013

ISBN 978-89-94079-93-6 93900

· 잘못 만들어진 책은 교환해드립니다.